古代地方寺院の
造営と景観

梶原義実

吉川弘文館

は し が き

　筆者は卒業論文以降これまで，一貫して古代瓦の研究，とくに国分寺を中心とした奈良時代の地方造瓦組織の研究に携わってきた。その成果は『国分寺瓦の研究―考古学からみた律令期生産組織の地方的展開―』（名古屋大学出版会，2010年）として纏め，以来，国分寺の瓦研究は，筆者の代表的な研究となっている。

　そういった中で筆者が絶えず感じていたこととして，〈寺院〉に葺かれる〈瓦〉を研究しているにもかかわらず，肝心の〈寺院〉について理解できていないことが多いという悵悵たる思いがある。とくに地方をフィールドとしている筆者にとって，国分寺という一大国家事業にしても，その他数多くの地方寺院にしても，その造営に携わった多くの人々が，〈なぜ〉膨大な時間と労力と費用をかけて寺院造営をおこなったのか，それを知りたく思ってきた。

　言うまでもないことだが，この〈なぜ〉という部分を考古学的に論証することは，考古学という学問の方法論的性質上，たいへん難しい課題である。しかしながら，古代寺院が権威権力を示すモニュメント的な役割を果たしていたということが，多くの研究者によって大前提として語られる中で，谷筋の奥部など，かならずしもそうとは言えない場所に造営された寺院が，意外と多いことに気がついた。寺院の立地というものを軸に，寺院造営者が寺院を誰に，どのように見せたかったのか，また逆に見せたくなかったのかという可能性も含め，寺院に関する当時の人々の認知に迫れるのではないかという考えに思い至った。

　そのような思いを，前著出版後，不慮の事故で若くして亡くなった後輩へ，今後の自身への決意表明として論文を献呈し（「選地からみた古代寺院の造営事情」『遠古登攀―遠山昭登君追悼考古学論集―』2010年），その後継続的に研究をおこなってきた。本書は，それ以来 7 年をかけておこなってきた，寺院立地に関する筆者の研究のひとまずの集大成である。

　なにぶんにも先例の少ない研究手法でもあり，試行錯誤を繰り返しながら研究をおこなってきたが，まだまだ不備や問題点も多いことは自覚している。今後へ向けてのとりあえずの到達点として，本書を世に問うものである。多くの方々の比正を乞いたい。

目　　次

はしがき

序章　研究史および本書での指針 …………………………………………… *1*

　はじめに ……………………………………………………………………… *1*

　　1　寺院立地と景観に関する研究史 ……………………………………… *3*

　　2　古代寺院の選地とその意味——作業仮説として …………………… *6*

　　3　寺院選地の諸類型 ……………………………………………………… *11*

第Ⅰ章　近江地域における寺院選地 ……………………………………… *19*

　はじめに ……………………………………………………………………… *19*

　　1　滋　賀　郡 ……………………………………………………………… *19*

　　2　栗太郡・甲賀郡 ………………………………………………………… *21*

　　3　益須郡・蒲生郡 ………………………………………………………… *24*

　　4　神崎郡・愛知郡・犬上郡 ……………………………………………… *27*

　　5　坂田郡・浅井郡・伊香郡 ……………………………………………… *30*

　　6　高　島　郡 ……………………………………………………………… *31*

　　7　近江地域における古代寺院の選地傾向 ……………………………… *36*

　おわりに ……………………………………………………………………… *39*

第Ⅱ章　伊勢地域における寺院選地 ……………………………………… *41*

　はじめに ……………………………………………………………………… *41*

　　1　北　勢　地　域（桑名郡・員弁郡・朝明郡・三重郡）……………… *41*

　　2　中　勢　地　域（河曲郡・鈴鹿郡・奄芸郡・安濃郡）……………… *44*

　　3　南　勢　地　域（一志郡・飯高郡・飯野郡・多気郡）……………… *46*

　　4　伊勢地域における古代寺院の選地傾向 ……………………………… *51*

　　　(1)　北勢・中勢地域 …………………………………………………… *51*

　　　(2)　南　勢　地　域 …………………………………………………… *55*

　おわりに ……………………………………………………………………… *57*

第Ⅲ章　尾張地域における寺院選地 ……………………………………… *59*

はじめに……………………………………………………………………… 59

1　尾張の地勢と交通路………………………………………………… 59

2　尾張北西部（葉栗郡・丹羽郡・中島郡・海部郡）……………… 59

3　尾張南東部（春部郡・山田郡・愛知郡・知多郡）……………… 64

4　尾張地域における古代寺院の選地傾向…………………………… 66

5　出土瓦との関係……………………………………………………… 71

おわりに……………………………………………………………………… 73

第Ⅳ章　下総・上総地域における寺院選地……………………………… 75

はじめに……………………………………………………………………… 75

1　下総地域における古代寺院の選地………………………………… 75

2　下総地域における寺院の展開過程………………………………… 83

3　上総地域における古代寺院の選地………………………………… 86

4　上総地域における寺院の展開過程………………………………… 91

5　軒瓦の展開との関わり……………………………………………… 94

おわりに……………………………………………………………………… 94

第Ⅴ章　播磨地域における寺院選地……………………………………… 97

はじめに……………………………………………………………………… 97

1　東　播　地　域（明石郡・賀古郡・印南郡・美嚢郡・賀毛郡・託賀郡）…… 98

2　東播地域の古瓦と寺院………………………………………………103

3　東播地域における古代寺院の選地傾向……………………………108

4　西　播　地　域（飾磨郡・神前郡・揖保郡・宍粟郡・佐用郡・赤穂郡）……112

5　西播地域の古瓦と寺院………………………………………………118

6　西播地域における古代寺院の選地傾向……………………………119

おわりに………………………………………………………………………120

第Ⅵ章　備前・備中地域における寺院選地………………………………123

はじめに………………………………………………………………………123

1　備前地域における古代寺院の選地…………………………………123

2　備前地域における寺院の展開過程…………………………………129

3　備中地域における古代寺院の選地…………………………………131

4　備中地域における寺院の展開過程…………………………………137

おわりに………………………………………………………………………141

第Ⅶ章　讃岐地域における寺院選地 ………………………………… 143

はじめに ……………………………………………………………………… 143

1　東　讃　地　域（大内郡・寒川郡・三木郡・山田郡・香川郡）……… 143

2　中　讃　地　域（阿野郡・鵜足郡・那珂郡・多度郡）………………… 147

3　西　讃　地　域（三野郡・刈田郡）……………………………………… 151

4　讃岐地域における寺院の選地と動向 …………………………………… 153

　⑴　東　讃　地　域 ………………………………………………………… 153

　⑵　中讃・西讃地域 ………………………………………………………… 156

おわりに ……………………………………………………………………… 157

第Ⅷ章　豊前・筑前地域における寺院選地 ……………………… 159

はじめに ……………………………………………………………………… 159

1　豊前地域における古代寺院の選地 ……………………………………… 159

2　豊前地域における寺院の展開過程 ……………………………………… 165

3　筑前地域における古代寺院の選地 ……………………………………… 168

4　筑前地域における寺院の展開過程 ……………………………………… 176

おわりに ……………………………………………………………………… 179

終章　古代寺院の選地傾向についての考察 ……………………… 181

はじめに ……………………………………………………………………… 181

1　第0期：7世紀第2四半期 ……………………………………………… 182

2　第1期：7世紀中葉～第3四半期ごろ ………………………………… 183

3　第2期：7世紀第3四半期後半～8世紀初頭ごろ …………………… 186

4　第3期：7世紀末～8世紀初頭ごろ …………………………………… 190

5　第4期：8世紀前半～中葉ごろ ………………………………………… 194

6　第5期：8世紀中葉～末ごろ …………………………………………… 198

7　ケース・スタディ——西三河の事例 …………………………………… 200

おわりに ……………………………………………………………………… 203

主要参考文献 ……………………………………………………………… 207

あとがき——今後の課題 …………………………………………………… 215

索　　　引 …………………………………………………………………… 218

図 表 目 次

図 1 摂津・四天王寺伽藍と大和・法隆寺伽藍の正面観 …………………………………………… 3
図 2 河内・高宮廃寺伽藍と眺望の視点 ………………………………………………………………… 4
図 3 近江における古代寺院の分布 ……………………………………………………………………… 5
図 4 播磨における古代寺院の分布 ……………………………………………………………………… 7
図 5 近江・雪野寺の周辺地形と伽藍配置 …………………………………………………………… 8
図 6 比蘇寺の地形と風水模式図 ………………………………………………………………………… 8
図 7 河内・高井田廃寺の立地 …………………………………………………………………………… 9
図 8 三河国府・国分二寺の立地 ………………………………………………………………………… 9
図 9 草津市北西地域の古代寺院 ……………………………………………………………………… 10
図10 北野廃寺式軒丸瓦分布図 ………………………………………………………………………… 10
図11 官衙・官道隣接型（三河国分寺） ……………………………………………………………… 13
図12 河川型（三河・北野廃寺） ……………………………………………………………………… 13
図13 港津型（近江・花摘寺廃寺） …………………………………………………………………… 13
図14 眺望型（河内・高井田廃寺） …………………………………………………………………… 13
図15 開発拠点型（近江・宇曽川流域の諸寺） ……………………………………………………… 14
図16 水源型（豊前・虚空蔵寺） ……………………………………………………………………… 14
図17 聖域型（近江・雪野寺） ………………………………………………………………………… 14
図18 山林寺院（近江・崇福寺） ……………………………………………………………………… 14
図19 村落内寺院の一例（成田市郷部遺跡） ………………………………………………………… 15
図20 選地パターンからみた古代寺院の造営背景 …………………………………………………… 16
図21 本書地図で使用する凡例 ………………………………………………………………………… 17
図22 近江地域南部における古代寺院および関連諸遺跡 …………………………………………… 20
図23 滋賀郡・栗太郡・益須郡の軒瓦 ………………………………………………………………… 22
図24 石居廃寺周辺の地形 ……………………………………………………………………………… 23
図25 近江地域東部における古代寺院および関連諸遺跡 …………………………………………… 25
図26 蒲生郡・神崎郡・愛知郡・犬上郡・坂田郡・浅井郡・伊香郡・高島郡の軒瓦 ………… 26
図27 金堂廃寺・木流廃寺の周辺地形 ………………………………………………………………… 28
図28 近江地域北部における古代寺院および関連諸遺跡 …………………………………………… 29
図29 三大寺廃寺周辺の地形 …………………………………………………………………………… 30
図30 津里廃寺周辺の地形 ……………………………………………………………………………… 31
図31 近江地域西部における古代寺院および関連諸遺跡 …………………………………………… 31
図32 北勢地域における古代寺院および関連諸遺跡 ………………………………………………… 42
図33 北勢・中勢地域の軒瓦 …………………………………………………………………………… 43
図34 中勢地域における古代寺院および関連諸遺跡 ………………………………………………… 45
図35 伊勢国分寺周辺の地形 …………………………………………………………………………… 46
図36 南勢地域における古代寺院および関連諸遺跡 ………………………………………………… 47
図37 南勢地域の軒瓦 …………………………………………………………………………………… 48

図38	天華寺廃寺周辺の地形	49
図39	逢鹿瀬廃寺周辺の地形	51
図40	尾張地域北西部における古代寺院および関連諸遺跡	60
図41	尾張地域南東部における古代寺院および関連諸遺跡	66
図42	尾張地域の軒瓦	67
図43	尾張元興寺の地形	68
図44	鳴海廃寺周辺の地形	68
図45	尾張地域における同笵・同文瓦の分布	72
図46	下総地域西部における古代寺院および関連諸遺跡	76
図47	下総地域中部における古代寺院および関連諸遺跡	77
図48	下総地域東部における古代寺院および関連諸遺跡	78
図49	下総地域南部・上総地域北西部における古代寺院および関連諸遺跡	79
図50	下総地域の軒瓦	80
図51	下総国分寺周辺の地形	80
図52	木下別所廃寺周辺の地形	81
図53	上総地域中部における古代寺院および関連諸遺跡	86
図54	上総地域北東部における古代寺院および関連諸遺跡	87
図55	上総地域の軒瓦	88
図56	上総国分寺周辺の地形	89
図57	九十九坊廃寺周辺の地形	90
図58	真行寺廃寺周辺の地形	90
図59	播磨国府系瓦	97
図60	東播地域南部における古代寺院および関連諸遺跡	99
図61	東播地域北部における古代寺院および関連諸遺跡	100
図62	東播地域の軒瓦	101
図63	石守廃寺・西条廃寺周辺の地形	102
図64	繁昌廃寺周辺の地形	103
図65	吸谷廃寺周辺の地形	103
図66	加西地域の集落分布と古代寺院	109
図67	西播地域東部における古代寺院および関連諸遺跡	113
図68	西播地域西部における古代寺院および関連諸遺跡	114
図69	西播地域の軒瓦	115
図70	金剛山廃寺周辺の地形	116
図71	小神廃寺周辺の地形	116
図72	長尾廃寺周辺の地形	116
図73	備前地域における古代寺院および関連諸遺跡	124
図74	備前地域の軒瓦	125
図75	賞田廃寺周辺の地形	126
図76	須恵廃寺付近の地形	127
図77	備中地域西部における古代寺院および関連諸遺跡	132
図78	備中地域東部における古代寺院および関連諸遺跡	133
図79	備中中枢部における古代寺院および関連諸遺跡	134

図80	備中地域の軒瓦………………………………………………………………………	135
図81	日畑廃寺周辺の地形………………………………………………………………	136
図82	備中国分寺周辺の地形……………………………………………………………	140
図83	東讃地域の軒瓦……………………………………………………………………	144
図84	東讃地域における古代寺院および関連諸遺跡…………………………………	145
図85	願興寺跡周辺の地形………………………………………………………………	146
図86	中讃・西讃地域の軒瓦……………………………………………………………	148
図87	中讃地域における古代寺院および関連諸遺跡…………………………………	149
図88	法勲寺跡周辺の地形………………………………………………………………	150
図89	善通寺跡周辺の地形………………………………………………………………	150
図90	西讃地域における古代寺院および関連諸遺跡…………………………………	152
図91	豊前地域北部における古代寺院および関連諸遺跡……………………………	160
図92	豊前地域南部における古代寺院および関連諸遺跡（1）……………………	161
図93	豊前地域南部における古代寺院および関連諸遺跡（2）……………………	162
図94	豊前地域の軒瓦……………………………………………………………………	163
図95	上坂廃寺周辺の地形………………………………………………………………	164
図96	木山廃寺周辺の地形………………………………………………………………	164
図97	塔ノ熊廃寺周辺の地形……………………………………………………………	165
図98	相原廃寺周辺の地形………………………………………………………………	166
図99	筑前地域北部における古代寺院および関連諸遺跡（1）……………………	169
図100	筑前地域北部における古代寺院および関連諸遺跡（2）……………………	170
図101	筑前地域西部における古代寺院および関連諸遺跡……………………………	171
図102	筑前地域中南部における古代寺院および関連諸遺跡…………………………	172
図103	筑前地域の軒瓦……………………………………………………………………	173
図104	春日平野周辺の地形………………………………………………………………	174
図105	第1期における造寺のあり方……………………………………………………	185
図106	加賀末松廃寺と白山………………………………………………………………	186
図107	インドネシア東ジャワの古代寺院と山（CANDI JAWI, 12世紀ごろ）……	187
図108	第2期〜第3期における造寺のあり方…………………………………………	189
図109	弥勒寺遺跡群の構造………………………………………………………………	190
図110	那須地域の古墳分布と主要遺跡…………………………………………………	191
図111	遠江地域における古代寺院の展開と古瓦………………………………………	192
図112	第3期における評家・郡家隣接寺院のあり方…………………………………	193
図113	第5期における造寺のあり方……………………………………………………	199
図114	西三河地域における7世紀後半の造寺活動……………………………………	201
図115	西三河地域における8世紀の造寺活動…………………………………………	202

表1	古代寺院の選地パターンとそこから想定される寺院認知……………………	12
表2	近江地域の寺院立地と出土瓦…………………………………………………	32〜37
表3	近江地域の古代寺院数と式内社数………………………………………………	37
表4	伊勢地域の寺院立地と出土瓦…………………………………………………	52〜53
表5	尾張地域の寺院立地と出土瓦…………………………………………………	62〜65

表6　尾張における寺院遺跡以外から出土した寺院関係遺構・遺物……………………………… *69*

表7　下総地域の寺院立地と出土瓦…………………………………………………………… *84〜85*

表8　上総地域の寺院立地と出土瓦…………………………………………………………… *92〜93*

表9　播磨地域の寺院立地と出土瓦………………………………………………………… *104〜107*

表10　備前・備中地域の寺院立地と出土瓦………………………………………………… *138〜139*

表11　讃岐地域の寺院立地と出土瓦………………………………………………………… *154〜155*

表12　豊前地域の寺院立地と出土瓦………………………………………………………… *166〜167*

表13　筑前地域の寺院立地と出土瓦………………………………………………………… *176〜177*

表14　各国における奈良期修造瓦をもつ寺院の数と割合（1）………………………………… *195*

表15　各国における奈良期修造瓦をもつ寺院の数と割合（2）………………………………… *196*

序章　研究史および本書での指針

は じ め に

　6世紀末の飛鳥寺の造営以降，日本国内では，都鄙を問わず全国各地に，多くの寺院が造営された。『扶桑略記』持統6（692）年条に，全国で545もの寺院が存在したとされるとおり[1]，とくに7世紀後半は寺院造営の激増期であり，その状況は考古学的にも，全国で600以上の瓦出土遺跡として確認されている[2]。また奈良時代に入っても，国家の政策として，各国に国分寺や国分尼寺が造営されている。

　古代における寺院造営というのは，礎石建ち瓦葺建物の建築工法や，梵鐘や相輪といった大型青銅製品の鋳造など，従来にはない様々な新技術が必要であり，かつ造営や維持に，膨大な費用がかかるものであった。とくに地方豪族にとって，寺院造営というのは大きな負担だったはずである。にもかかわらず，なぜ日本において，これだけたくさんの古代寺院が造営されたのであろうか。

　その造営背景については，これまでの研究でも多くの理由が提示されている。森郁夫氏は，「よく言われること」として，次の3項目をあげる（森1998）。

　①権威の象徴としての建造物

　高層の塔を含む巨大建造物は，前時代に造営された古墳に代わって，権威を示すモニュメントとしての機能が期待されたことは疑いない。それは，実際に寺院を造った造営者の権力をあらわす[3]と同時に，「造らせた」側，つまり，律令に基づくあらたな集権国家を築きあげようとしていた王権側の権威を示すものでもある。建造物としての寺院ばかりでなく，仏教という従来とは異質な文化・宗教および，それに伴う荘厳な法会，きらびやかな金銅仏や華やかな仏画・堂内荘厳なども，人々を惹きつけ畏敬の念を起こさせるに十分だったであろう。

　②防衛施設としての性格

　大垣や大溝で囲繞された寺院は，防衛施設として活用できたに違いないと森氏は説く。皇極2（643）年に，蘇我氏の軍勢に襲われた山背大兄王が斑鳩寺に入った例[4]，皇極4（645）年の乙巳の変で中大兄皇子が軍勢を率いて飛鳥寺に入った例[5]，大化5（649）年に，謀反の嫌疑を掛けられた蘇我倉山田石川麻呂が山田寺に入った例[6]などが，寺院が防衛施設としての性格をもっていた根拠として示される[7]。

　③あらたな文化集積の場

　先にも触れたが，礎石建物の造営技術や造瓦技術など，寺院造営に伴ってもたらされた諸技術は，それまでの日本には存在しなかったものが多く，仏教の教義や，それをあらわす多くの経典，深い知識を備えた僧侶たちも，寺院が存在するからこそもたらされ集積されるものである。森氏は「そのような幅広い新しい文化が古代国家の体質改善に役立つことになった」と述べる。

そのほかにも，以下のような造営背景が考えられる。

④祖先信仰の場としての寺院

群馬県に残る古碑である上野三碑のひとつである山ノ上碑（天武10〈681〉年建立）には，放光寺の僧である長利が，亡母の供養をおこなったことが記されており[8]，またおなじく金井沢碑（神亀3〈726〉年建立）には，七世の祖先の菩提と父母の安寧を仏に祈願するために建碑されたと記される[9]。また考古学的にも，古墳に近接して寺院が造営される例は数多い。三舟隆之氏は，「古代仏教は（中略）東アジア世界での祖霊信仰と結びついた七世父母的な祖先信仰と追善供養を原理とする」（三舟2013）と，古代寺院における祖先信仰の役割を強調する。

⑤有力氏族層の経済的権益確保のため

寺院造営を奨励した王権側は，造寺活動に対しての優遇策を打ち出している。『日本書紀』大化2年条には，造寺の奨励とそれに伴う田や山の所有の認可が記されており[10]，その一方で同天武8年条には食封の要不要の整理[11]，同天武9年条には食封を30年に限る措置[12]が出されており，寺田や封戸といった造寺に対する経済的優遇策が，一定の成果をあげていたことを示す。また，『続日本紀』霊亀2年条のいわゆる「寺院併合令」においては，地方の豪族たちが寺院を維持せずに荒廃させている様子が示されている[13]。間壁葭子氏は，「地方在地豪族が，律令体制の完備してゆくなかにあって，従来自分たちの支配下にあった経済的な基盤を，公にするのをのがれるために，土地・奴婢の所有が認められている寺に振り替えるかたちで，公収をまぬがれる口実にしたのではないか」（間壁1970）と述べている。

⑥水源祭祀・境界祭祀等の場

河川沿いに造営される古代寺院は数多い。それらは水上交通路沿いとして一元的に論じられてきたが，さらに詳細にみていくと，平野部に河川が流出していく場所や，河川の合流・分岐点，いわゆる「川合の地」に造営された寺院も存在する。また，扇状地の扇端部など，湧水点に造営される寺院もある。その一方で山と寺院の関係も濃厚であり，山麓に存在する寺院や，また山林寺院を中心に，国境または郡境に位置する寺院も存在する。久保智康氏は，平安期の国境・郡境の山林寺院について，「疫疾消除を求めて，（中略）薬師悔過や十一面悔過を勤修」（久保1999）したものと捉えている。

⑦純粋な仏教信仰の場

むろん当たり前の話として，寺院はいずれもこの性格をもつが，とくに奈良時代以降，集落の一角に掘立柱の小堂を設け，それを仏堂としている例が，関東地方などを中心に多く確認されてきている。須田勉氏はこれらの寺院に「村落内寺院」（須田1985）の用語を与えている。これら非瓦葺の小堂は，権威の象徴のためのモニュメントではありえず，そのぶん仏教信仰が一般集落の構成員まで浸透していった結果と捉えることができよう[14]。

寺院造営は，これらの諸条件の複数が互いに輻輳する形で，推し進められたものと思われる。そしてそれは必ずしもすべての寺院で共通ではなく，それぞれの個別事情があるものと思われる。それを個々に解釈したうえで，さらに総合化して，いくつかの傾向性を見出していくことで，地方豪族が寺院を造った意味や，人々が寺院をどのように認知していたのかという問題に対して，学問的

に迫れるのではないかと，筆者は考えている。

それを考えるための属性として，本書では寺院の建てられた場所，寺院立地を中心に取り上げ，さらに他の諸属性を含めつつ試論をおこないたい。

1　寺院立地と景観に関する研究史

古代寺院の立地については，とくにその大部分を占める平地寺院が，陸路・水路など交通路沿いに造営されていることは，古くから多くの研究により指摘されるところである。しかし，寺院立地に関する指摘は，長くその域を脱していなかったといえよう。

寺院の伽藍配置についても同様であり，四天王寺式・法隆寺式など，中央の寺院にみられる伽藍配置と地方寺院のそれの共通性をもって，中央から地方への仏教扶植の証左とみる研究がほとんどであった。

古代寺院の伽藍配置について，上原真人氏は，仏教儀式をおこなう空間構造として伽藍配置を捉え，とくに回廊をもって区画された内部を「仏地」，講堂・僧坊などを含みその外側に広がる空間を「僧地」と区別し，その時期的変遷から，初期寺院と7世紀後半以降の寺院では，仏教儀式のあり方や寺院認識に違いがあったことを示した（上原1986）。

さらに近年になって，とくに関東地方の国分寺などを中心とした広域的な寺院調査の成果から，伽藍の外側に広がる付属雑舎群の様相も次第にあきらかになってきており，「伽藍地」とこれら雑舎群を含みこむ「寺院地」の用語が規定されるようになった（山路1994，須田1998）。

これらの動向をうけ，山路直充氏・網伸也氏によって，古代寺院の伽藍に関して，「景観」という視点が，はじめて明示的に打ち出された。

山路氏は，法隆寺式伽藍配置について，「其の中門を入りて左右に金堂と塔婆を仰ぎ見るは四天王寺が如く金堂が高き塔婆に蔽はるるより優れりとせられたのであろう」（図1）という関野貞氏の記述（関野1941）を引用しつつ，「（王権統治の）装置として寺を捉えるならば景観という観点は無視できない」と，伽藍配置の選択における景観という観点を指摘した（山路1999）。

網氏は，北山背や近江，河内などの代表的な寺院の伽藍配置や付属院地のあり方から，在地寺院の伽藍配置には，古道や河川など交通路からの景観を意識した配置が意図されているという山路氏

図1　摂津・四天王寺伽藍と大和・法隆寺伽藍の正面観

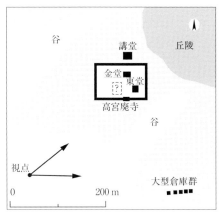

図2 河内・高宮廃寺伽藍と眺望の視点
（網2006）

の論を支持した（図2）。また付属院地については、7世紀代の創建当初には設けられず、8世紀に入ってから整備される例が多いことを指摘し、奈良時代における寺院統制の中で、付属院地を整備することで寺院経営をおこなっていったと論じた（網2001・2006）。

両氏の議論は以上のように、今後の古代寺院研究、伽藍配置研究のひとつの方向性を示すにあたって、多くのきわめて重要な指摘をもつと筆者は考えるが、とくに地方寺院においては、須田氏なども指摘するように、明瞭な伽藍配置をもつ寺院は少なく、瓦葺の小堂程度のものも多かったことがあきらかになっている。伽藍配置のわかる寺院のみからの検討では、これらの寺院のあり方を取り上げることができず、また数量的にも議論の俎上にあがる寺院・地域が限られざるをえない。

寺院立地に関する議論とはやや離れるが、本書で扱う方法論へのひとつの指針として、菱田哲郎氏の研究も見逃せない。菱田氏は地方寺院の消長について、補修瓦の有無がそのひとつの参考になるという立場から、近江地域を題材として検討をおこなっている（菱田2002）（図3）。この菱田氏論は、寺院認知の時期的差異を抽出するにあたり、有効な方法論として本書でも採用していきたい。

一方、立地の問題に関しては、歴史地理学の側からの指摘もある。上杉和央氏は、古代寺院の立地について、地形条件や集落・古墳・陸上交通路・河川・他寺院とのそれぞれの距離をデータ化することで、「複数の景観構成要素との相互関連を通じての検討」を試みた（上杉1999）。この試みは独創的であり多くの示唆に富むが、そこから導き出されている結論は、従来の論を大きく超える成果を産み出しているとは言い難い。これは、上杉氏論では立地について、畿内からの距離や、また東海道や山陽道などの行政区画ごとの括りでデータ化をおこなっていることに原因があると思われる。たとえばおなじ東海道の尾張と三河においても、その地勢は大きく異なっており、寺院立地においては当然地勢も大きく関わってくる以上、それを同列にデータ化する手法には、やはり限界があるといえよう。

しかし、とくに地方においては、明確な伽藍配置がわかっていない寺院や、瓦の散布から寺院に比定されている遺跡も多く、山路氏や網氏の用いた伽藍配置からの議論のみでは汲み上げられなかった多くの寺院について検討をおこなえる可能性を、上杉氏論はもつのではないかと筆者は考える。

これら諸研究を踏まえつつ、筆者は以下のように論を進めていこうと考えている。
①まずは古代寺院の立地について、上杉氏が述べるような諸属性を抽出し、データ化をおこなう。
②各寺院および周辺遺跡や古道等の位置を、個別に地図上にプロットする。
③各寺院のデータを、実際にそれぞれの現地を訪れることで、とくに周辺の微地形等とのあり方を視覚的側面から詳細に検討し、個別の寺院がそこに建てられた意図を考察する。
④一国単位、または河川流域単位など小地域ごと、また7世紀と8世紀など年代ごとにデータを

1 寺院立地と景観に関する研究史　5

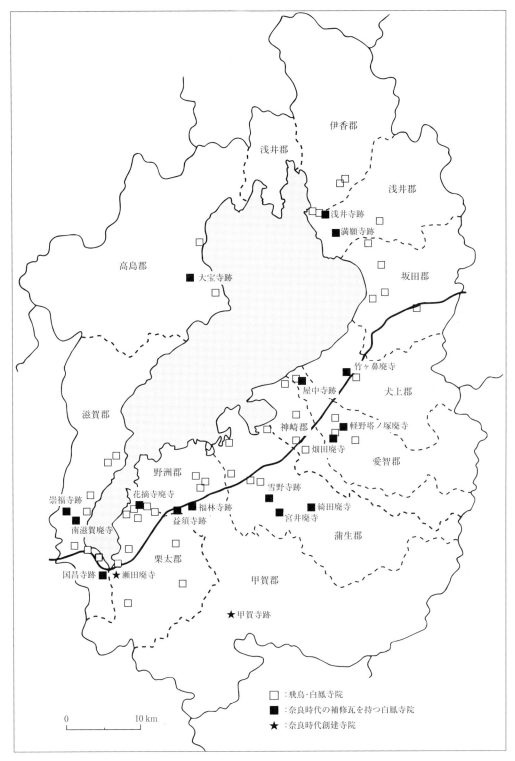

図3　近江における古代寺院の分布（菱田2002）

総合していき，寺院立地の指向性についての地域差・時期差を抽出する。

⑤そこから，古代寺院の立地が示す，当時の寺院造営者，また寺院を観る人々の，寺院に対する認知のあり方およびその変化を復原する。

このように，データそのままを総合化するのではなく，個別事例を詳細に検討し，そこから復原できる傾向性や意識のあり方を総合化し検討するという手法が，本研究では有効であると考える。

ひとくちに古代寺院と言っても，古代前半期においてはほとんどすべての寺院が，中央地方の有力者等を檀越とする私寺である以上，その造営背景は突き詰めれば各個の檀越（または知識集団）の個別的事情に基づくものであり，安易に一括りにして論じられるものではない。実際，本書で今後分析していくが，古代寺院の立地や周辺遺跡との関係は，時期的にも地域的にも多様な様相を示している。

しかし，ただ多様性を強調するだけでは，本質的な問題の解決とはならないことも事実である。以上のような分析を多くの地域においておこない，総合化していくことで，古代における寺院立地について，いくつかの傾向性を見出していくことができ，ひいてはそれが，古代社会における寺院への認知のあり方を復原していくための重要な手掛かりとなるのではと考えている。

なお本書では，古代寺院の立地について，造営者がそれぞれ限られた地域・地勢の中で，各々の寺院造営の意図に沿いつつ，積極的にその地を選び取ったという観点を強調するため，〈選地〉という用語をもちいていることを記しておく。また，本書では寺院の選地について，地形とともに，古道・河川・山地・他寺院・官衙・集落・前方後円墳[15]・群集墳との関係性を主としてみていく。

2　古代寺院の選地とその意味——作業仮説として

以上のような目的のもと，古代寺院のさまざまな立地状況について，それぞれどのような意識のもとで選地されたかを考えていく。

まずは，交通路と寺院の関係について考えていく。先にも触れたが，古代寺院が陸上交通路や河川沿いに多く立地していることは，すでに枚挙に暇がないほど指摘されており，古代寺院が交通の要衝に造営されているという見解が与えられてきた。しかし，陸路と水路の意識の違いについては，触れられることが少ないように思う。

たとえば播磨では，賀古郡・賀毛郡など東播地域では，加古川の河岸に多くの寺院が造営されるのに対し，揖保郡・讃容郡など西播地域では，山陽道・美作道の陸路を意識する形で寺院が存在することが指摘されている（図4）。

これらの意識の違いは，なにを意味するのであろうか。

たとえば，このような可能性は考えられないであろうか。陸上交通路，とくに山陽道などのし道や，また美作道など幹線路線は，官道として，公的な使節や任地に赴く官人など，他国からの人々が多く通る交通路である。山陽道はとくに，外国の使節が通行する唯一の大路として，駅家の白壁瓦葺がとくに推し進められていることが，『家伝下　武智麻呂伝』[16]や『日本後紀』大同元（806）年条[17]に記載されている。これは，寺院を見せる対象として，在地の人間ばかりでなく，中央か

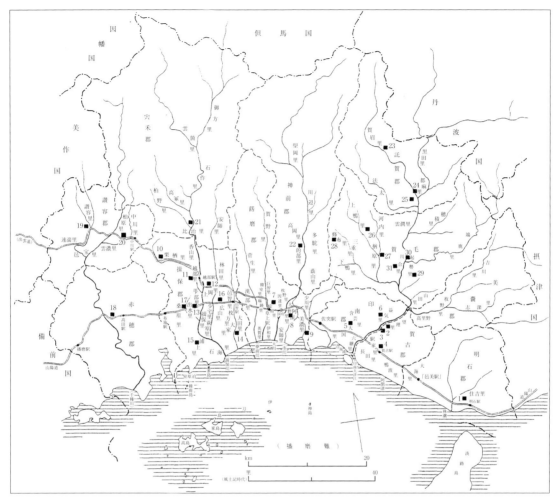

図4　播磨における古代寺院の分布（今里2003）

ら往き来する人々をもその対象として考えた，いわば中央指向性の高い立地のあり方といえるのではないだろうか。

　それに対し，河川など水路について考えると，日本においてはよほど大きな大河を除いて，基本的に1本の河川はほとんどが1国内，多くても2つの国を流れる程度であり，そのことからも，他国との往来に河川交通が使用されることは少ないと考えてよい。その一方で，古代においては多量の物資を運搬する手段としては舟運が重視されており，河川というのは基本的に，在地の人々が国内で荷を運ぶための移動で使用する，国内向けの交通路といえる。そこから考えると，河川沿いに建つ寺院は，その見せる対象としては，国内の人々をおもに意識した，在地指向性の高い立地のあり方といえるのではないだろうか。

　河川はまた，交通路としての意味合いばかりではなかったとも考えられる。網氏も取り上げた近江雪野寺が，例示として好適であろう（図5）。雪野寺においては，雪野山の南西山麓に貼り付くように立地した伽藍の，さらにすぐ西方と南方が日野川によって区画され，狭隘な伽藍地を構成している。後背地の雪野山には多くの後期群集墳が築造され，山頂には4世紀の大型前方後円墳であ

図5　近江・雪野寺の周辺地形と伽藍配置
（小笠原ほか1989に加筆）

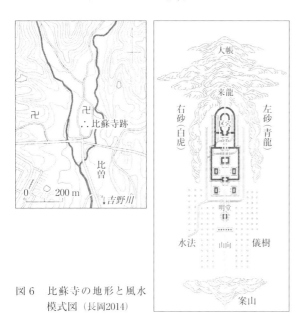

図6　比蘇寺の地形と風水
模式図（長岡2014）

る雪野山古墳があるなど，古墳時代においては一貫して墓域として使用されてきた場所である。このような立地状況からは，日野川が河川交通路であるとともに，伽藍や古墳の所在する場所と周辺の集落や水田とを隔てる，境界としての役割をももっていたことが想起されよう。

　また，河川とともに山への意識も重要であろう。筆者が本書でこれから指摘していくが，7世紀代に創建された寺院は，ほとんどが平地寺院ではあるものの，そのうち相当数が，山麓または山を強く意識した場所に立地している。上原氏は，8世紀段階において，国分寺やその他の在地寺院と密接な関係をもつ山林寺院が存在することを取り上げ，薗田香融氏の述べる密教山林修行の作法としての〈求聞持法〉の論（薗田1957）を引きつつ，僧尼の個人的修行と深く関わる平地寺院と山林寺院のネットワークを強調する（上原2000・2002）。また久保智康氏は，山林寺院に関する検討の中で，「山林寺院の寺域を「聖地」，檀越らが居住する平地部を「俗地」と捉えた場合に，その間のとくに山から平地部に出た山麓部に，関係性の強い寺社や墓地が営まれる，いわば「里の聖地」というべき場所が存在する事例」を指摘する（久保2001）。7世紀代の地方寺院においては，遺跡としての山林寺院は見出しにくいが，滝や岩場など，修行の場としての山林を意識し，あえて山林に近接した場所に寺院を造営したという解釈は成り立つ。

　7世紀の地方寺院が単に地方豪族の示威的なモニュメントであるとすれば，四方から見渡しのよい平滑な地を選地すればよく，周囲からの眺望が山に遮られるような場所をわざわざ選地しているという事実は，これら寺院が山林と密接に繋がった宗教性のもとで造営されているとも考えられ，"見えない"または"特定の方向からしか見えない"ことも重要視されていたのかもしれない。長岡龍作氏は，大和比蘇寺の地形について，北と東西を山で囲み南方が開けており，河川が寺院南方で合流しさらに南流することから，「中国伝来の風水思想によって選ばれた土地の寺である」（長岡2014）と指摘する（図6）。

　また，先の雪野寺の例などを引きつつ，網氏は伽藍の配列が，寺院の"見せ方"に大きく関わってくるとしている。雪野寺の場合は，3堂の配置が北西―南東方向に並ぶ不定形な配列をとること

から，南西方向からの視点を重視した配置だと述べている。他の寺院においても，その伽藍の配列から，見せる方向，見せたい方向を想定することは，ある程度可能であろう。

おなじく網氏は，伽藍に近接して付属院地が存在するか否かで，寺院を維持していくための経済基盤の整備状況が復元できると考えたが，発掘がおこなわれていない多くの地方寺院においても，付属院地の存否は，後背地の広狭からある程度推定可能な例もある。たとえば雪野寺の場合，伽藍のすぐ後ろに山地を背負っており，付属院地として必要な広さの後背地を求めることは難しい。南西側には狭隘ながらもやや空間の余裕があるが，寺院の"見せ"を意識したとき，伽藍の前面に掘立柱建物などの雑舎群が広がるとは考えにくい。網氏も述べるが，雪野寺には，少なくとも寺院に近接した形での付属院地は存在しなかったと考えるのが妥当であろう。

また，おなじ交通路沿いということでも，交通路からのアクセスの問題もある。国分寺造営詔の中に，国分寺を造る「好所」として，「人家に近すぎて薫臭の及ぶところであっても，遠すぎて人々が帰集するのに

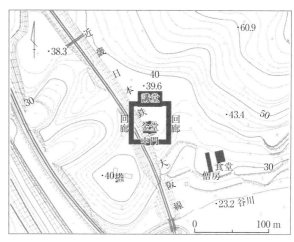

図7　河内・高井田廃寺の立地（柏原市教育委員会2011）

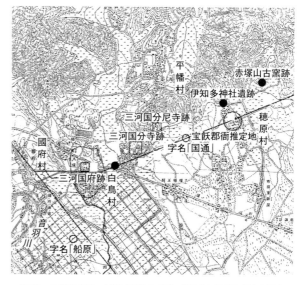

図8　三河国府・国分二寺の立地（豊川市教育委員会2005）

不便な場所であってもいけない」[18]とあるが，これは，交通路や集落からの距離ばかりでなく，現実的なアクセスの難易を規定する，高低差というものも含めて考えるべきであろう。たとえば河内高井田廃寺は，大和川と石川の合流地点付近で，しかも東高野街道と竜田道の交点のやや南方という，水陸の交通の要衝に造営されているが，とくに塔は河川や陸路からはるかに高く聳えた丘陵端部に立地しており，アクセスよりもモニュメント性をより強く意識した選地といえよう（図7）。河川沿いに立地する他の寺院の多くも，河川からわざわざ船を下り，河川堤防上の寺院に参詣するのはかなりの手間であり，やはりモニュメント性の強い選地といえるだろう。それとは反対に，三河国分寺や国分尼寺は，東海道の支道である二見道に隣接した微高地上にそれぞれ立地しており（図8），周辺の人々や近接する国府からの参詣や，国家としての法会などに伴う，アクセスの容易さを重視した選地であるといえよう。

隣接する寺院間の距離や，特定地域内での寺院数などから，寺院間の関係を考えていく視点も重

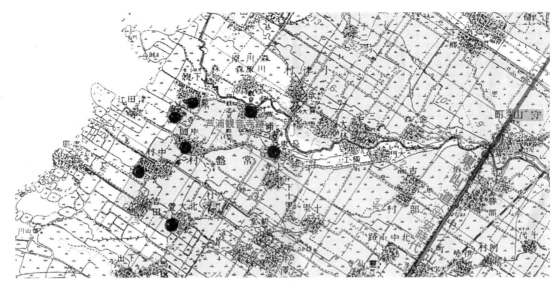

図9　草津市北西地域の古代寺院（島方ほか2012に加筆）

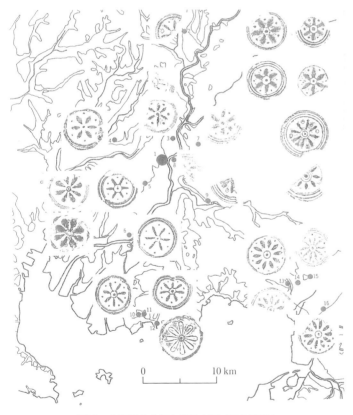

図10　北野廃寺式軒丸瓦分布図（梶山1997b）

要である。滋賀県草津市の旧湖岸線付近には，花摘寺廃寺や宝光寺跡など，狭い地域に多くの寺院が隣接して造営されている（図9）。寺院間の距離は，狭いところでは500mを切っており，軒を接するようにという表現がふさわしい状況であることがわかる。寺院造営は基本的には，各地の豪族が自分の本拠地に造営するというのが一般的理解のように思うが，草津市域のこれらの寺院は，それぞれ使用されている軒瓦の系譜が異なっていることも含め，この小地域の豪族だけで，これだけ多くの寺院を造営したとは考えにくい。この地以外に勢力をもつ豪族たちも含め，比較的広い範囲の人々が，琵琶湖岸のこの地域を，寺院を建立するにあたっての適地として，造営を進めたとも考えられよう。

　また愛知県の西三河地域においては，矢作川沿いに分布する多く

の寺院のほとんどにおいて，北野廃寺式という，特異な文様でかつ製作技法の共通性も高い軒瓦を採用している（図10）。北野廃寺式瓦の分布は，矢作川沿いに郡を越え，さらに国境を越えて信濃の伊那地域まで広がっていく。同文瓦の分布や瓦工人の移動については，氏族の紐帯などを通して考える説も多いが，西三河の場合は，矢作川という河川交通路を軸としたかなり広い地域で，瓦工人の共有がなされていたと考えられる。

これらの2例はいずれも，豪族単位での寺院造営を越えた，広域的な造寺計画の存在を示唆する。複数寺院の関係については，先述の平地寺院と山林寺院という関係や，また僧寺と尼寺という関係も考えられるが（上原1986），地域によってはさらに多くの寺院が，計画的に造営されていたとも考えられ，その意味や寺院間の役割について，今後議論がなされていくべきであろう。

最後に寺院と古墳との関係についても，ひとこと述べておきたい。古代寺院が古墳に近接して造営されることは多く，古代寺院の役割のひとつとして，祖先信仰に関しての役割があったことも指摘されている[19]。しかし，これら古墳との近接についても，寺院造営の時期とは時代的にかけ離れた，巨大前方後円墳を意識するのか，寺院造営者の数代前の直接の祖先の墓域である，群集墳を意識するのとでは，やや意味合いが異なってくるであろう。父や祖父など直接の祖先ではなく，モニュメント性の高い巨大前方後円墳を意識した寺院立地から，単なる祖先信仰にとどまらず，それら巨大古墳の造営者との系譜関係を擬制し，巨大古墳造営者からの地域支配権の継承を視覚的に表象する意思を読み取るのは，やや言い過ぎの感もするが，あながち的外れではないと考える。

3　寺院選地の諸類型

以上のような視点に基づき，まずは寺院選地について，おおまかにいくつかのパターンを抽出しつつ，それぞれのパターンから想定される選地の意味を考えたい（表1）。もっとも寺院の立地は単純ではなく，すべてがこのパターンにあてはまるわけではなく，また1つの寺院が複数のパターンに属する場合も当然ありうる。

①官衙・官道隣接型（図11）

郡衙遺跡をはじめ，大規模な掘立柱建物群や木簡・墨書土器・陶硯などを伴う遺跡，もしくは主要官道に隣接して造営された寺院。郡名寺院などいわゆる〈郡寺〉と呼ばれる寺院などもこれにあたることが多い。郡衙遺跡の多くは主要官道に隣接して設置されており，とくに陸上交通路からのアクセス性を強く意識した選地ともいえる。平城京内の寺院はもちろん，畿内においてもこのパターンは多く，仏教を国家として管理統制し，国家仏教の拠点として仏教儀式をおこなっていくにあたっては，いちばんモデルケース的なパターンであろう。

②河川型（図12）

河川や湖沼など，水上交通路沿い，とくにその要衝を選んで造営された寺院。その立地の状況は，水上交通路からの景観を強く意識しているものの，河川堤防の高所や河川に向かって張り出した尾根筋の端部に造寺される例も多く，むしろそこから直接寺院に参詣できるかという意味では，アクセス性はかならずしも高くないといえる。仏教的な礼拝や儀礼をおこなう施設というよりむしろ，水上から伽藍の偉容を眺める，造営者の権力の象徴としてのモニュメント的色彩のほうが強かった

12　序章　研究史および本書での指針

表1　古代寺院の選地パターンとそこから想定される寺院認知

選地パターン	地　形	周辺施設	選　地　の　特　徴	選地からみた寺院認知
官衙・官道隣接型	沖積低地・段丘上等	国府・郡家・官道・集落	国府・郡家など官衙遺跡や，主要官道に隣接。公的拠点および陸上交通路からのアクセスを重視した選地。	国分寺の選地はほぼこれ。不特定多数の人々の参集が容易で，国家仏教の拠点としてのモデルケース的な選地。
河川型	河川堤防・河川沿いの低位段丘端部等		河川はおもに舟運で物資を運ぶ国内交通路。水上から伽藍を眺める視点を重視した選地。	アクセス性は高くなく，造営者の権力の象徴としてのモニュメント的意味合いが強い。見せる対象は限定的。
港津型	河口付近の台地上等	港津・集落	海港や湖津に隣接。国外への物資の集散地であり，郡家別院・国府津など公的機関が設けられる例も。	おなじ河川流域の選地でも，河川型よりも公的色彩が強く，官衙・官道隣接型に近いか。
眺望型	段丘端部・低丘陵端部等	条里地割	丘陵頂部や段丘裾部など，周囲の集落や条里（水田地帯）を，高地から広く見渡せる選地。	河川型と同様，地域内のモニュメント的色彩が強い選地。河川型より見せる対象はさらに限定される。
開発拠点型	段丘上・扇状地・沖積低地等	集落・条里地割	条里地割が敷設された沖積低地や扇状地など，水田地帯の微高地を選地し，複数寺院が密集して造営。	モニュメントや宗教拠点としては寺院数が多く，高燥地を中心としたあらたな水田開発に伴い，寺田としての確保という経済的事情も存在か。
水源型	扇央部・段丘端部・湧水点等	条里地割	小河川が山地から平野部に流出する扇央部やその付近を選地。農業用水の湧出地を扼す役割か。	農業開発と濃厚にリンクするが，開発拠点型よりも伝統的な湧水祭祀の役割を引き継ぐか。
聖域型	山　麓	古　墳	前面に河川，背後に山を背負う狭隘な選地。後背山林には古墳が築造される例も。集落や条里からの隔絶。	「俗界」と隔絶し，古来の山岳信仰や祖先信仰等との融合。聖域的な場。寺院への視点はかなり限定され，対象は限定的。
山林寺院	山　林		平野部から遥かに隔絶した山中に造寺。アクセス性は低く，また周囲から伽藍を見渡すこともできない。	山岳信仰や境界祭祀などと関わり。奈良期にはその一部が，僧尼の修行の場として国家仏教の中に包摂。
村落内寺院	沖積低地・段丘上等	集　落	集落内に造営された小堂的な建物。非礎石建・非瓦葺で，墨書土器の内容から仏教施設と知れる例も多い。	モニュメントとしての意味合いは皆無で，集落の住民たちの純粋な宗教施設。

と考えられる。

　③港津型（図13）

　海港や湖津に隣接して造営された寺院。港津は国外への物資の集散地であり，郡家や郡家別院・郡津・国府津など公的機関が設けられる例もある。おなじ河川流域でも，河川型よりも公的色彩が強く，むしろ官衙隣接型に近いパターンと考えられる。

　④眺望型（図14）

　聖域型とは逆に，丘陵の頂部や台地・高位段丘の端部など，周囲と比高差のある高所で，一方または複数方向を広く見渡せる場所を選んで造営される寺院もある。このような選地は水運型の寺院と同様モニュメント性が強く，とくに集落や水田からの眺望を強く意識したものと考えられる。前方後円墳と同様，寺院を眺望できる範囲は，おおむね造営者の勢力圏を示すとも考えられ，寺院に

3 寺院選地の諸類型　13

図11　官衙・官道隣接型（三河国分寺）

図12　河　川　型（三河・北野廃寺）

図13　港　津　型（近江・花摘寺廃寺）

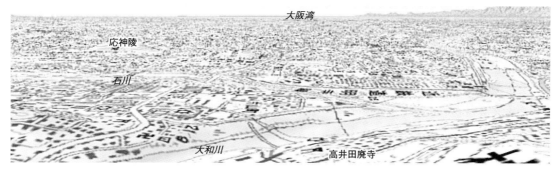

図14　眺　望　型（河内・高井田廃寺）

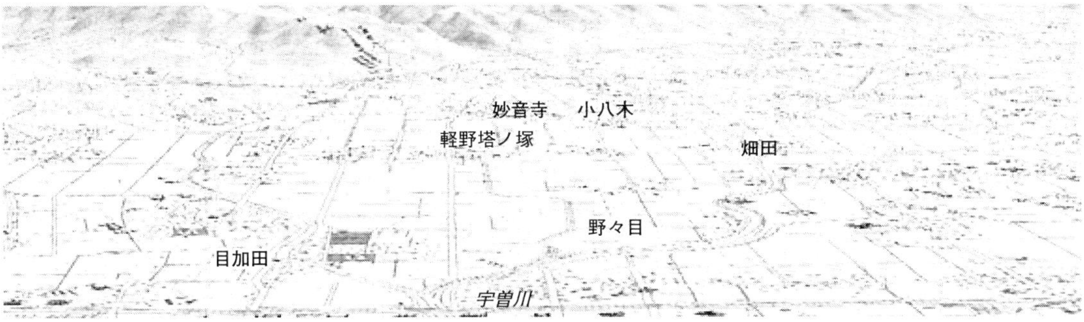

14 序章 研究史および本書での指針

図15 開発拠点型（近江・宇曽川流域の諸寺）

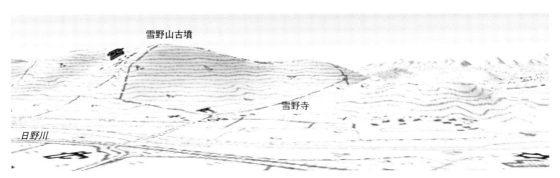

図16 水　源　型（豊前・虚空蔵寺）

図17 聖　域　型（近江・雪野寺）

図18 山 林 寺 院（近江・崇福寺）

よってはその造営の経済的背景をある程度推し量ることもできよう。

⑤開発拠点型（図15）

　扇状地や低位段丘上，もしくは沖積低地の条里敷設地域内の微高地などに，複数の寺院が密集して造営される例もある。第Ⅰ章で詳述するが，近江愛知郡東部の諸寺は，宇曽川中流域の扇状地を中心に，多くの寺院が集中して造営される。これらの諸寺のほとんどは湖東式軒瓦を採用しており，同一または関係の深い檀越によって計画的に造営されたと考えられる。単なるモニュメントや宗教拠点としてならこれだけ多くの寺院が集中して必要とも思われず，むしろ間壁氏（間壁1970）が述べるような，開発地を寺田の形で確保するといったような経済的な理由も含まれる可能性もあろう。寺田と封戸を保証し経済的基盤を与えることで寺院造営を推進した7世紀後半代の政策には，ある意味，模範的に適合する寺院の形であるといえよう。

⑥水源型（図16）

　小河川が山地から平野部に流出する扇央部付近や谷底平野の奥部に近い段丘上，また扇端部の湧水点などを選地して造営される寺院も多い。これらは平野部を潤す農業用水の湧出地を扼す役割が考えられよう。そういった意味で農業開発と密接に繋がった選地と考えられるが，おなじく農業開発をベースとした開発拠点型に比して，湧水祭祀など伝統的な農業祭祀を引き継ぐ認知のもとで造営されたと捉えたい。

⑦聖域型（図17）

　水路沿いの寺院の中には，前面に水路，背後に山を背負った非常に狭隘な場所を選地して造寺された例が多いことに気づく。水路がなくても，独峰的な山塊の谷筋の最奥など，かならずしも周囲からの眺望が利かない場所に寺院が造営される例もみられる。その山塊には後期古墳が多く分布することも多く，祖先信仰的な意識や，集落や条里などのいわゆる〈俗界〉とは隔絶し，また寺院への視点を限定するような聖域としての意識が強い。まさに久保氏の述べる「里の聖地」ともいうべき選地である。長岡氏が指摘する風水思想の影響に加え，古来からの自然信仰，山岳信仰や，境界祭祀に関わるモニュメント的な意味合いもそこには含まれてこよう。多様な選地と背景をもつこれらの寺院は，今後さらなる細分が必要とも思われるが，本書ではとりあえず聖域型として一括した。

⑧山林寺院（図18）

　集落域や平野部からは遥かに隔絶した山中を選地して造営される寺院もある。山林に寺院が造営された意味については，聖域型と同様に山岳信仰や境界祭祀との強い関わりも想定できるが，奈良期には国分寺をはじめとした平地寺院の僧尼の修行の場として，山林寺院が国府により管理されるようになると

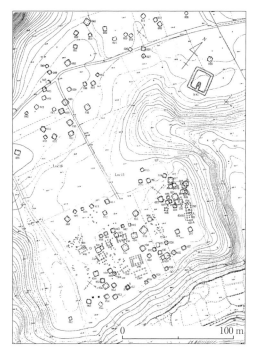

図19　村落内寺院の一例（成田市郷部遺跡：須田1985）

16　序章　研究史および本書での指針

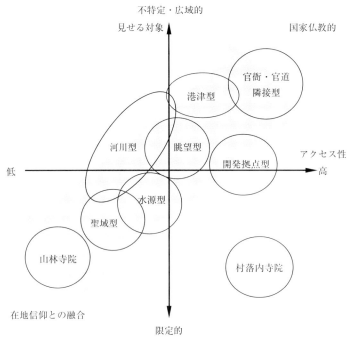

図20　選地パターンからみた古代寺院の造営背景

の指摘もあり（上原2002など），その意味合いは時代や状況によって多様に変化していたとも考えられる。

⑨村落内寺院（図19）

関東地方などを中心に，集落内に小堂的な仏教施設を造営している例が，遺構や遺物の検討などから知られるようになってきている。これらの施設は大規模な伽藍をもたず，その多くは瓦葺ではないことから，国家仏教や権力の象徴としてのモニュメント的な性格は考えにくい。集落内ということでアクセス性は高く，村落の住民たちが純粋に仏教を信仰し仏像を礼拝するための施設であると考えられる。民間布教を積極的におこなった行基が建立したとされる，いわゆる〈行基四十九院〉も，多くはこのような建物であった可能性も考えられる（竹原2002，梶原2010b）。

　これらの分析を模式的に示したのが，図20である。縦軸として寺院を見せる対象の広狭を設定し，対象が不特定・広域的であるほど，寺院のモニュメント性が高いものと位置づけた。また横軸にアクセス性の高低を設定し，アクセス性が高いものほど，宗教施設としての具体的な利便性・公共性をもつものと位置づけた。モニュメント性・アクセス性とも高いあり方が，律令期の国家仏教に関する施設としての理想的なあり方に近く，逆にそれらが低いものほど在地的であり，在地信仰との親和性が高いものというように，寺院造営者の寺院に関する認知構造を捉えた。

　以上のような仮説を，実際の寺院・寺院群にあてはめていくことで，その傾向性のあり方や変化の度合を確認しそこから該期の仏教思想・仏教政策に基づく古代寺院のあり方について検討していきたい。

　なお，本書で使用する地図に関しては，図21の凡例のとおりとする。国土地理院発行の旧版地図を下図とし，官道の位置および条里地割については，『日本古代道路事典』（古代交通研究会2004），『地図でみる西日本の古代』（島方ほか2009），『地図でみる東日本の古代』（島方ほか2012）を基礎とし，一部その他の研究等も参照した[20]。寺院は瓦出土遺跡をできる限り悉皆的に網羅することを目指し，その存続時期については，基本的には瓦の年代により示したが，一部についてはその他遺物や文献史料の記載等も参照した。代表的な集落およびその存続時期等については，各地の諸研究

卍：飛鳥時代（7世紀～8世紀初頭ごろ）創建の寺院　卍：奈良時代（8世紀前半ごろ以降）創建の寺院
卍：飛鳥時代ごろ創建で，奈良時代以降の修造瓦をもつ寺院
□：飛鳥時代ごろの官衙系遺跡　■：奈良時代ごろの官衙系遺跡　■：飛鳥～奈良時代の官衙系遺跡
△：飛鳥時代ごろの生産遺跡　▲：奈良時代ごろの生産遺跡　▲：飛鳥～奈良時代の生産遺跡
○：飛鳥時代ごろの集落遺跡　●：奈良時代ごろの集落遺跡　◎：飛鳥～奈良時代の集落遺跡
◄►：前方後円墳等　　▲：群集墳（5～10基以上）　　Ⅱ：神社
　　　　：条里地割が残存する地域・推定される地域

図21　本書地図で使用する凡例

および自治体史等により，古墳については各県別遺跡地図および『前方後円墳集成』（近藤編
1992～2000）によった。一部の寺院の詳細な立地については，カシミール3D地図および国土地理
院電子国土の色別標高図を使用した。

註
（1）　『扶桑略記』持統6年9月条
　　　　　有勅令計天下諸寺凡五百四十五寺。
（2）　奈良国立文化財研究所1983『飛鳥白鳳寺院関係文献目録』などによる。
（3）　須田勉氏は，地方寺院の機能として，「地域共同体の内面的結合の強化をはかるための象徴」としての性格を
　　　　強調している（須田1980）。
（4）　『日本書紀』皇極2年11月丙子条
　　　　　蘇我臣入鹿，遣小徳巨勢徳太臣・王仁士師娑婆連，掩山背大兄王等於斑鳩。（中略）於是，山背大兄王等，
　　　　　自山還，入斑鳩寺。軍将等即以兵囲寺。（中略）終与子弟妃妾一時自経俱死也。
（5）　『日本書紀』皇極4年6月甲辰条
　　　　　中大兄即入法興寺，為城而備。凡諸皇子諸王諸卿大夫臣連伴造国造，悉皆随侍。
（6）　『日本書紀』大化5年3月己巳条
　　　　　大臣，仍陳説山田寺衆僧及長子興志，与数十人曰，夫為人臣者，安構逆於君。（中略）所以来寺，使易終時。
（7）　しかしながら，山背大兄王と倉山田石川麻呂の例は，戦うためでなく自害のために寺院に入ったのであり，中
　　　　大兄皇子の例も，飛鳥寺の広闊な寺地で，集まってくる人々を待ち編成したにすぎず，いずれも実際の防衛目的
　　　　として寺院が使用されてはいない。壬申の乱のさいに，大津宮の四至に存在した寺院が，まったく防衛目的で使
　　　　用されていないことを含め，筆者は防衛施設としての性格づけには疑義をもっている。
（8）　銘文は以下のとおり。
　　　　　辛己歳集月三日記
　　　　　佐野三家定賜健守命孫黒売刀自此
　　　　　新川臣児斯多々弥足尼孫大児臣娶生児
　　　　　長利僧母為記定文也　放光寺僧
（9）　銘文は以下のとおり。
　　　　　上野国群馬郡下賛郷高田里
　　　　　三家子□為七世父母現在父母
　　　　　現在侍家刀自他田君目頬刀自又児加
　　　　　那刀自孫物部君午足次蹄刀自次若蹄
　　　　　刀自合六口又知識所結人三家毛人
　　　　　次知万呂鍛師礒マ君身麻呂合三口
　　　　　如是知識結而天地請願仕奉
　　　　　石文

神亀三年丙寅二月廿九日

(10) 『日本書紀』大化2年3月辛巳条

又於脱籍寺，入田与山。

(11) 『日本書紀』天武8年4月乙卯条

詔曰，商量諸有食封寺所由，而可加々之，可除々之。

(12) 『日本書紀』天武9年4月条

勅，凡諸寺者，自今以後，除為国大寺二三，以外官司莫治。唯其有食封者，先後限卅年。若数年満卅則除之。

(13) 『続日本紀』霊亀2年5月庚寅条

今聞，諸国寺家，多不如法。或草堂始闘，争求額題，幢幡僅施，即訴田献，或房舎不脩，馬牛群聚，門庭荒廃，荊棘弥生。遂使無上尊像永蒙塵穢，甚深法蔵不免風雨。多歴年代，絶無構成。（中略）又聞，諸国寺家，堂塔雖成，僧尼莫住，礼仏無聞。檀越子孫，摠摂田献，専養妻子，不供衆僧。因作諍訟，誼擾国郡。

(14) 仏教史学の立場からは，直木孝次郎氏をはじめとして，宮瀧交二氏や吉田一彦氏らによる，『日本霊異記』に関する一連の研究などで，民衆の仏教のあり方が指摘されている（直木1978，宮瀧1989，吉田1995など）。その一方で須田氏は，「農民の流民化や人口減による村落秩序の動揺」に伴い，「村落秩序を維持するため」の「精神面での結合再強化」を意図したものとして，その政治的役割を強調しており（須田1985），上川通夫氏は「『日本霊異記』が，仏教政策の範型に沿った述作ではなく，社会の実態またはその伝承を写したものかどうかは，検討がいる」と慎重な立場をとる（上川2013）。

(15) 本書では，古墳時代前〜中期を中心とした大型墳を指すものとし，とくに前方後方墳等，他の墳形との区別はおこなっていない。なお本書第Ⅳ章で扱う下総・上総地域では，7世紀まで前方後円墳が造られ続けており，この時期の前方後円墳も地図上では同様に示しているが，寺院との関係性における解釈については別途留意した。

(16) 『家伝下　武智麻呂伝』

仍営飾京邑及諸駅家，許人瓦屋赭堊渥飾。

(17) 『日本後紀』大同元年5月丁丑条

勅，備後，安芸，周防，長門等国駅者，本備蕃客，瓦葺粉壁。

(18) 『続日本紀』天平13年3月乙巳条

必択好所，実可久長，近人則不欲薫臭所及。遠人不欲労衆帰集。

(19) 三舟2013など。本章「はじめに」参照。

(20) 官道については，発掘調査等で位置が確定している場所はかならずしも多くなく，また度々のルート変更も指摘されている。また条里地割についても，その敷設時期には諸論あり，本書で扱う飛鳥〜奈良時代には敷設されていなかったという見解のほうがむしろ多い。本書では官道については，各地域における研究史をできるだけ取り入れつつも，官道に準じるような幹線交通路の推定路も含む形で，また条里については該期における条里地割の有無というより，後代に条里が敷設されるような，水田耕作の適地としての低地部（一部段丘上や扇状地等も含む）という意味合いで捉えることとする。

第Ⅰ章　近江地域における寺院選地

は じ め に

　近江地域は，海には面していないが，中央に琵琶湖を抱えており，湖上交通や琵琶湖に注ぐ大小の河川など，水上交通の一大要衝である。またその地勢は，湖西部は山が琵琶湖に接しており平野部が少ないが，湖東や湖北地域には，広闊な平野部が広がり，条里地割もよく残存している。とくに湖東平野東部の高燥な扇状地は，７世紀以降に大規模な開発がおこなわれたとされている。湖南〜湖東の湖岸沿いには網の目状の小河川と微高地からなる沖積低地が広がり，その所々に独峰的な山地も多くみられる。このような近江地域は，地形と寺院の関係を考察するには好適な地勢といえよう。

　『近江の古代寺院』（小笠原ほか1989）によると，近江には約80の飛鳥〜奈良期創建の寺院遺跡が存在するとされている。以下これらの諸寺院について，一郡または数郡の小地域ごとに，その立地および周辺環境についての検討を加える。

1　滋　賀　郡 （図22）

　滋賀郡では10の寺院遺跡が確認されている。そのうち衣川廃寺と穴太廃寺からは，飛鳥期に遡ると考えられる軒瓦が出土している。衣川廃寺は比叡山塊から伸びる丘陵の先端部に造営され，寺域の東側には古西近江路に向かって比高差約３ｍの急斜面となっている。飛鳥寺式素弁蓮華文軒丸瓦が少量出土している。穴太廃寺は湖岸に向けて広がる扇状地の端部に位置し，山背幡枝窯の瓦と類似した豊浦寺式の有稜素弁蓮華文軒丸瓦が少量出土している。いずれの寺院も複数の基壇建物で構成されるが，それは白鳳期のもので，飛鳥期には小堂程度の建物であったと考えられる。

　大津宮期に入ると，両寺の本格的造営とともに，大津宮（錦織遺跡）付近を中心に寺院の新造がはじまる。以下詳細にみていく。

　崇福寺は天智６（667）年，天智天皇の勅願により大津宮北西方の山中に造営された山林寺院である。比叡山から東方に延びる尾根筋末端を開析し，２つの平坦地上に小金堂・塔・弥勒堂などが造営される。創建瓦は大和川原寺出土の瓦と同笵であることが知られる。

　南滋賀廃寺は扇状地の頂部に位置しており，古西近江路へは５ｍ以上の比高差がある。大津宮直前と思われる創建期には素弁系や側視蓮華文の方形系統の瓦が使用され，大津宮期には川原寺式の瓦が入る。南滋賀廃寺の川原寺式瓦の多くは縦置型一本作りという特殊な技法で製作されている。

　園城寺は詳細不明ながら，一本作りの軒丸瓦などが出土している。またこの時期には穴太廃寺においても，軸線の変更を伴った伽藍の大幅な建て替えがおこなわれている。

20　第Ⅰ章　近江地域における寺院選地

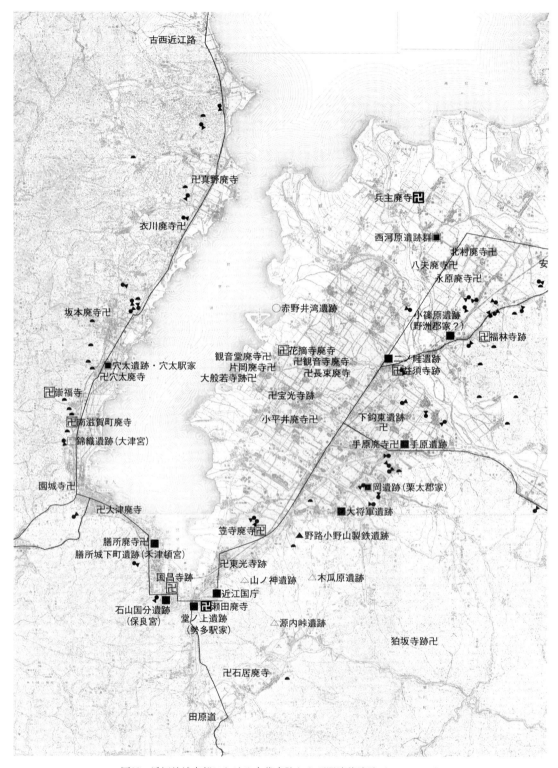

図22　近江地域南部における古代寺院および関連諸遺跡（1：150,000）

これら大津宮周辺に所在する諸寺院は，古西近江路や，それと山中越路・小関越路との交差点付近に立地している[1]。衣川廃寺や南滋賀廃寺などの立地は，古西近江路の想定路から，かなり比高差をもった崖面上を選地しており，距離が近いからといってかならずしも，陸上交通路からのアクセスが容易とはいえない。むしろ本書序章で取り上げた河内高井田廃寺例のように，陸路を強く意識しつつも，交通路から遥かに見上げるような，モニュメント的色彩が濃くあらわれた選地であるといえよう。

古墳との関係性だが，当該地域には多くの群集墳が形成されており，穴太廃寺に近接した穴太野添・飼込古墳群，南滋賀廃寺に近接した太鼓塚遺跡などが存在する一方，墳長60mの前方後方墳である皇子山古墳付近には寺院が存在しない。群集墳を築造した在地の有力氏族が，みずからの本拠地に寺院を造営したという流れと考えてよい[2]。

滋賀郡南部では平野部が多少広くなるが，この地域に大津廃寺・膳所廃寺・国昌寺の諸寺院は，古道（平安期東海道）の推定路にほぼ面しつつ，扇状地上などの高燥な場所を選ぶ形での立地である。この付近は，聖武天皇の禾津頓宮とされる膳所城下町遺跡や，淳仁天皇の保良宮跡ともいわれる石山国分遺跡など，奈良期の重要な遺跡が所在する場所であり，その付近からは奈良時代の瓦も出土するものの，平安期に国分寺に転用された国昌寺を除く2寺は，奈良期の軒瓦で修造した痕跡は見受けられない。

2　栗太郡（図22）・甲賀郡

栗太郡では15という数多くの寺院跡が確認されており，甲賀郡には甲賀寺1寺のみが所在する。栗太郡には奈良期に近江国府が置かれ，国庁や倉庫群・勢多駅家など関連遺跡の様相が，発掘調査によってあきらかにされている。

栗太郡の寺院立地で注目されるのは，草津市域の琵琶湖岸沿いに，花摘寺廃寺・宝光寺跡など計7寺が集中して造営されていることであろう。これらの諸寺は約2.5km四方の地域に，軒を接するようにという言葉が適切なくらい隣接して造営されている。この地域は現在では圃場整備により水田が広がっているが，現在より琵琶湖の水位が高かった古代の状況は，湖または湿地帯の中に浮かんだ小島や半島のような微高地ごとに，寺院が乗っていた景観が想定でき，あきらかに琵琶湖を意識し，湖畔に密集して造営された寺院群である。すぐ北側は野洲川の旧河道で，栗太郡と益須郡の境界地点にあたり，さらにその北に所在する赤野井湾遺跡は，船積みの瓦が落ちたと考えられる完形平瓦群の出土などから，琵琶湖の港湾関係遺跡と想定されている。この寺院群は湖岸の中でも湖上交通の要衝を選地したものであり，琵琶湖を渡る船からの視点を強く意識したものと考えられる。

これら寺院群の造営主体であるが，寺院群に隣接して所在する印岐志呂神社古墳はわずか4基の群集墳であるなど，後期古墳の分布が希薄であることが指摘されている（小笠原ほか1989）。また7寺院がそれぞれ異なる軒瓦を採用していることからも，単一の造営主体によるものとは考えにくい。宝光寺の出土瓦の中に，南滋賀廃寺などから出土する方形平瓦や，縦置型一本作りに近い嵌め込み技法の軒丸瓦が出土することからは，対岸の大津北郊地域との近縁性が指摘でき，対岸に膨大な群集墳を築いた氏族たちを中心に，湖を挟んだ水運の要衝であるこの地をそれぞれ好適地として選地

22　第Ⅰ章　近江地域における寺院選地

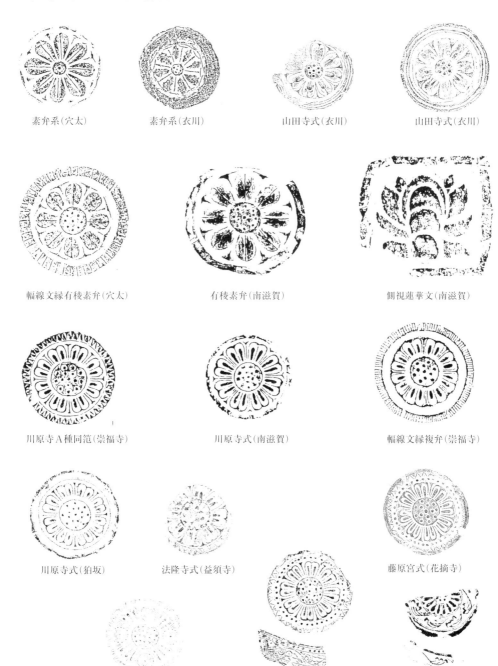

図23　滋賀郡・栗太郡・益須郡の軒瓦（1：8）（小笠原ほか1989）

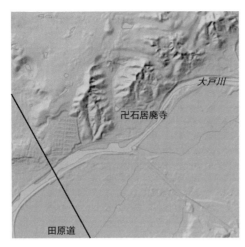

図24 石居廃寺周辺の地形（右：南より）

し，寺院を造営していったとも考えられる。水上交通の要衝と湖上からの景観を優先し，豪族の本拠地以外の場所を選地して集中的に寺院造営がおこなわれた例であるといえよう。しかし，白鳳期に密集して造営されたこれら7寺であるが，奈良時代の軒瓦が出土するのはわずかに花摘寺廃寺1遺跡である。

一方で栗太郡北東部の手原廃寺周辺には，木瓜原遺跡や野路小野山遺跡などの大規模製鉄遺跡群が所在し，それに近接した東山道周辺にも，栗太郡家とされる岡遺跡をはじめ，掘立柱建物群をもつ該期の遺跡が多く発見されており，郡家を中心とした複合的な遺跡展開が看取される地域である。近江国府に近い東光寺跡，笠寺廃寺は，いずれも東山道に面した場所の中で，高燥な地を選んで造営されている。とくに東光寺の乗る台地は，南方に大きく地形が落ち込んでいる狭隘な台地で，モニュメント的色彩が強いものと考えられる。いずれも近接して7～8世紀の掘立柱建物群が発見されており，集落のすぐ脇に隣接して建てられた寺院であることがわかる。下鈎東遺跡や小平井廃寺なども含め，栗太郡では湖岸部ばかりでなく内陸部においても，多くの寺院がひしめき合っていた様子がわかる。

石居廃寺は田上平野の北端に所在する。平野部からは大戸川で画された，瀬田丘陵の南端の狭隘な扇状地の最奥に立地し，瀬田川畔を通っていたであろう田原道（奈良期東山道か）からは，尾根筋が邪魔で直接見渡せない場所である（図24）。南方に広がる田上平野からの眺望を意識しつつも，そこからは河川で画されアクセス性の低い場所を選地したものと考えられる。集落や田地など俗地とは隔絶された聖的な場所として選地された可能性があろう。

国府系の飛雲文系瓦を創建瓦とし，一時期近江国分寺であったともいわれる[3]瀬田廃寺は，近江国府の南側を走る東山道の南にほぼ接しているが，想定道路面からかなり比高差のある台地上に造営されている。国分寺の選地は，官道からのアクセスを重視し，古道に面した比高差の少ない場所を選地する例が多いが，瀬田廃寺はそれとはやや異なるようである。

狛坂寺は，白鳳期の地方には珍しい山林寺院である。造営当初の様相は不明ながら，一堂または数堂程度の規模だったのであろう。対応する平地寺院としては手原廃寺がもっとも近いが，先述の草津市域の諸寺や国府との関係を含めた，さらに広い地域の諸寺における山林修行を担った場であ

る可能性もあろう。

甲賀寺（内裏野遺跡）は紫香楽宮（宮町遺跡）近傍の山中，丘陵頂部に位置する奈良期の寺院であり，聖武天皇が盧舎那仏を造り始めた「甲賀寺」とされる。平城還都後は近江国分寺として機能したものと考えられている（畑中2010）。

3　益須郡（図22）・蒲生郡（図25）

益須郡では6寺，蒲生郡では11寺が確認されている。

益須郡の寺院は，東山道沿いの寺院と西側の氾濫平野の寺院に分けられる。東山道沿いの郡名寺院である益須寺は，野洲川の旧河道と東山道の交点付近に位置し，二ノ畦遺跡など官衙系遺跡に隣接している。福林寺跡も野洲郡衙ともいわれる小篠原遺跡に近接するが，こちらは妙光寺山の山麓を選地しており，山内には平安期の磨崖仏群もみられるなど，山への意識も見受けられる。2寺からは白鳳期ばかりでなく，奈良時代以降の修造軒瓦も出土しており，継続的に維持されていたことがわかる。

氾濫平野部には，白鳳期に北村・永原・八夫の3寺が造営される。いずれも平野内の微高地を選んでいる。これら3寺は，北村廃寺からごく僅かに縄叩き平瓦が出土するのみで，奈良期の軒瓦はみられない。奈良期にはむしろ，湖岸に近く木簡等も出土する官衙系遺跡である西河原遺跡群に近接して，あらたに兵主廃寺が造営されている。

蒲生郡の諸寺の多くは日野川の流域に集中しており，日野川の河川交通を強く意識した選地であるといえるが，その中でも，東山道に隣接した寺院，琵琶湖に面した独峰裾部の寺院，日野川中流域の平野部に位置する寺院の3類型に分けることができる。

東山道沿いの千僧供廃寺は，瓶割山の東麓，白鳥川と東山道の交点付近にあたる。隣接して後期群集墳である千僧供古墳群や，蒲生郡家といわれる御館前遺跡が存在しており，蒲生郡の中心部に造営された寺院である。やや古手の素弁蓮華文軒瓦や，宮井廃寺と同様の紀寺式軒瓦が出土している。長光寺は瓶割山から北東方に伸びる尾根筋の端部に位置し，東山道沿いながらやや比高差がある。安養寺廃寺は日野川沿いの中位段丘上に位置するが，東山道の推定ルートからはすこし離れている[4]。

湖岸沿いの寺院としては，船木廃寺が湖岸近くの低地部に所在しており，また安土山の周辺には，安土廃寺をはじめ複数の瓦出土地が確認されている。これらの場所はいずれも，前面に琵琶湖を望み，後ろは山地で囲まれるという場所であり，周辺の集落や条里からのアクセス性と可視性を拒否しつつ，湖上からの視点のみを意識した選地といえよう。

日野川中流域には，もっとも多くの寺院が存在する。雪野寺跡は日野川右岸，竜王山の南西山麓に位置しており，北と東を山地に，南と西を日野川に画されたやや狭隘な場所を選地している。竜王山には前期古墳である雪野山古墳をはじめ，新巻C古墳群や八幡社古墳群など，多くの群集墳が築造されており，これらを築いた豪族によって造営された寺院と考えられる。また対岸の日野川左岸では，顕著な古代遺跡は検出されていないものの，蒲生郡の条里が広く敷設されており，古墳群の存在する山塊を背負い，条里域からは河川で隔絶された場所を意識的に選地したものと思われる。

図25 近江地域東部における古代寺院および関連諸遺跡 (1:150,000)

26　第Ⅰ章　近江地域における寺院選地

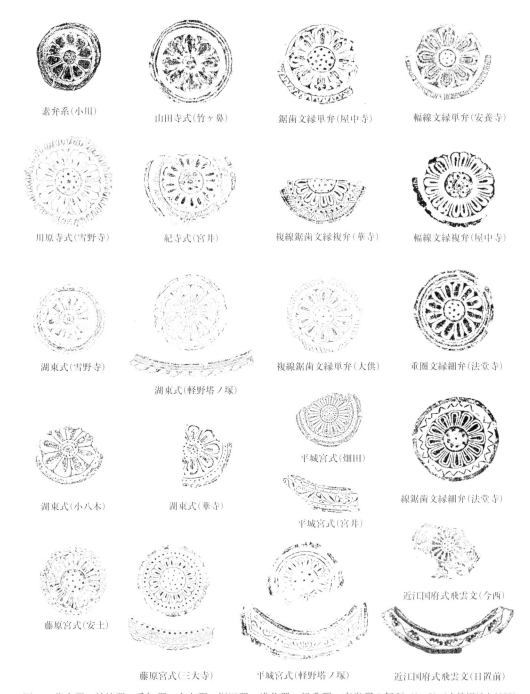

図26　蒲生郡・神崎郡・愛知郡・犬上郡・坂田郡・浅井郡・伊香郡・高島郡の軒瓦（1：8）（小笠原ほか1989）

栗太郡の石居廃寺などと同様，アクセス性を排した聖地的な選地であるといえよう。出土瓦としては，山背高麗寺系列の川原寺式軒瓦や，湖東式軒瓦，奈良期の均整唐草文瓦など多様な軒瓦がみられる。雪野寺跡の北西方に所在する倉橋部廃寺も，雪野寺と類似した選地をとっている。

　一方，雪野寺跡の南東方の諸寺は，やや異なっている。宮井廃寺は日野川右岸の平野部の微高地上に位置するが，周囲は全体的に開けており，寺域に隣接した北方には墨書土器が出土した能瀬遺

跡が所在し，西方には蒲生郡条里が広がっている。また川を渡って東側，日野川と佐久良川に挟ま
れた平野部は，市子遺跡や麻生遺跡など，古墳時代中期ごろに大規模な開発がはじまり，平安期に
は市子荘，麻生荘などの荘園が置かれていた，生産性の高い地域である。出土軒瓦は，湖東式や雷
文縁をもつ紀寺式，偏行唐草文，平城宮式の均整唐草文など多様な瓦が確認されている。佐久良川
右岸の河川堤防上に位置する綺田廃寺も宮井廃寺と類似した立地であり，湖東式や細弁蓮華文，均
整唐草文などの瓦が出土している。蒲生堂廃寺は平野部南端付近の山麓に所在し，石塔寺は鈴鹿山
脈から東に伸びる丘陵上に築かれた白鳳期の三重石塔である。

　雪野寺跡と宮井廃寺は地理的近接や，また双方ともに湖東式軒瓦が存在するという出土瓦の共通
性などから，両寺は密接な関係をもった寺院であったとも考えられている（小笠原2007）。2つの寺
院が近接して造営される例については，「僧寺」と「尼寺」などという役割の違いをあらわす可能
性も指摘されている（上原1986）。日野川中流域の例では，宮井廃寺が平野部に向かって広く開け
た場所であるのに対し，雪野寺跡は2方を山地で，もう2方を河川で挟まれた場所であるという，
選地の面での対称性も存在することは興味深い。

4　神崎郡・愛知郡・犬上郡 （図25）

　神崎郡では6寺院，愛知郡では9寺院，犬上郡では2寺院がそれぞれ確認されている。

　神崎郡の寺院は，神崎郡家とされる大郡遺跡周辺および，神崎郡北部の湖岸に近い諸寺に分けら
れる。大郡遺跡は観音寺山と箕作山に挟まれた狭隘な地を東山道が抜けていく場所にあたり，また
愛知川も近くを流れており，水陸交通の要衝にあたる。近接して清水駅家とされる山本遺跡や，集
落遺跡である木流遺跡なども存在する神崎郡の中心部である。ここに所在する木流廃寺と金堂廃寺
は，東山道を挟んで両側に造営され，道路からはすこし離れた山麓を選地している（図27）。道路
に面した駅家や集落からやや奥まって寺院が造営される例は，山陽道など他地域でも散見する。白
鳳期の単弁系や複弁系の瓦が出土している。

　北部の湖岸沿いおよびその付近には，小川廃寺・法堂寺廃寺・猪子廃寺が所在する。小川廃寺は
古代においては，衣笠山の北側から湖岸に向けて形成された氾濫平野部の湖岸沿いかその付近にあ
たると考えられる。素弁蓮華文軒丸瓦が出土しており，近江では数少ない飛鳥時代の寺院とされる。
猪子廃寺は衣笠山の北端に接する場所に立地している。法堂寺廃寺は墨書土器や木簡も発見された
官衙系遺跡である斗西遺跡に隣接している。法堂寺廃寺からは，白鳳期の単弁系，複弁系の瓦のほ
か，奈良期の瓦も出土している。

　愛知郡の寺院は東山道沿いには確認されておらず，湖岸沿いの寺院と宇曽川中流域の扇状地上の
寺院群に分けられる。愛知川旧河道が琵琶湖へ注ぐ河口部には，左岸の神崎郡側には普光寺跡が，
右岸の愛知郡側には屋中寺・下岡部廃寺が所在する。屋中寺と下岡部廃寺は隣接しており，荒神山
の南麓近くに位置している。琵琶湖・愛知川とともに，荒神山をも意識した選地と考えられる。出
土瓦は鋸歯文縁単弁系，川原寺式複弁系，輻線文縁複弁系などがあり，とくに後者は崇福寺や南滋
賀廃寺など，滋賀郡の諸寺との関係が指摘されている（小笠原ほか1989）。また屋中寺と下岡部廃寺
は白鳳期の軒瓦がほとんど共通しており，セットとして造営された可能性も指摘されている（小笠

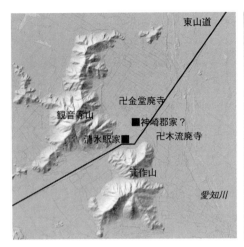 

図27　金堂廃寺・木流廃寺の周辺地形（右：観音寺山より東を望む）

原2007）。

　宇曽川の中流域を中心とした河川沿いの扇状地上には，古代寺院が集中して分布している。宇曽川中流域のこれら6寺は，かならずしも河川に隣接して造営されておらず，小河川の間に形成された比較的高燥な地にそれぞれ立地する形で，旧蚊野郷・大国郷を中心に，面的な分布を示す。軽野塔ノ塚廃寺は宇曽川右岸の扇状地中央部に位置し，塔跡の土壇および心礎などが検出されている。出土瓦は湖東式の軒瓦が中心で，奈良中期の平城6225-6663系の瓦も存在する。湖東式瓦は畿内をはじめとした国内の他地域にほとんど類例がなく，むしろ朝鮮半島などにその系譜が求めうる瓦である。この湖東式の瓦が，野々目廃寺・妙園寺廃寺・小八木廃寺・目加田廃寺と，この地域のほとんどの寺院で採用されている。これらの諸寺が同一あるいは関係の深い檀越，おそらく依智秦氏などを中心とした渡来系氏族（小笠原ほか1989）により，きわめて計画的に造営された様子が推測できるが，湖東式と依智秦氏との関係については異論も示されている（重岡1997）。周囲には上蚊野古墳群をはじめとした多くの群集墳が築かれており，これらの古墳にも渡来系の要素が指摘されている。畑田廃寺はこの地域で唯一，湖東式軒瓦が出土しない寺院である。宇曽川左岸，支流との間に形成された扇状地の高所に位置する。細弁蓮華文，三重弧文，奈良期の均整唐草文瓦などが確認されている。「畑田」の地名や「秦」などの書かれた習書木簡の出土などから，こちらも依智秦氏との関連が指摘される寺院である。

　犬上郡の2寺，高宮・竹ヶ鼻の両寺は，犬上川の右岸に造営されている。高宮廃寺は東山道に隣接するが，竹ヶ鼻廃寺はやや離れる。竹ヶ鼻廃寺は犬上郡家とされる竹ヶ鼻遺跡に隣接しており，山田寺式，川原寺式瓦のほか，平城宮系の均整唐草文瓦も出土している。

　その一方で，犬上郡南部の扇状地や段丘上には，現在のところ寺院跡の存在は確認されていない。この地域には，四十九院遺跡や雨降野遺跡など，白鳳～奈良時代の大規模集落遺跡が多く存在しており，すぐ南の愛知郡宇曽川中流域と同様，この時期に大規模開発がおこなわれた地域であると想定できる。宇曽川中流域との寺院分布の好対照な状況は，寺院造営の意義を考えるにあたって特筆すべきであろう。

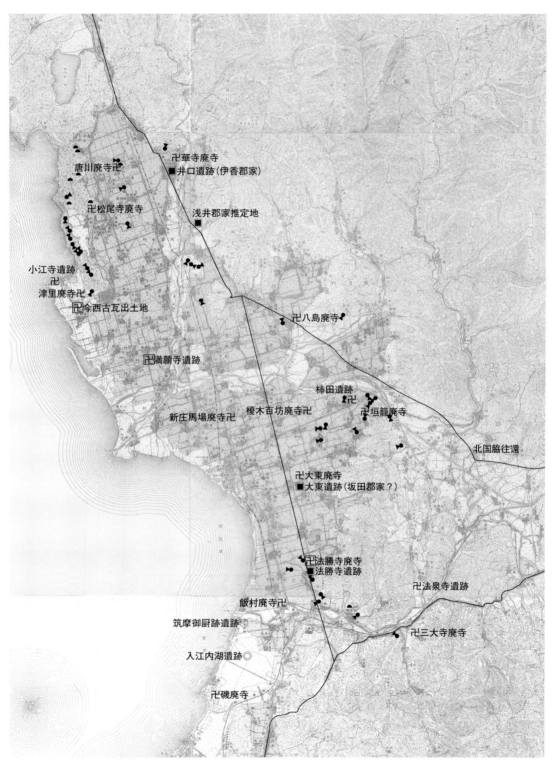

図28　近江地域北部における古代寺院および関連諸遺跡（1：150,000）

5 坂田郡・浅井郡・伊香郡（図28）

　坂田郡には9寺，浅井郡には5寺，伊香郡には3寺がそれぞれ確認されている。
　坂田郡の磯廃寺は，琵琶湖に向かって突き出した磯山の東側の山麓に，鋭角の尾根筋に両側を包み込まれるように立地している。唯一開口された南東側は，入江内湖が広がっていたとされ，ここからは古墳時代から古代の漁具などが多く出土しており，湖または湿地帯であったと考えられる。雪野寺跡などと同様，山地と水によって周囲を画された選地であると考えることができる。付近には筑摩御厨が存在したとされる。
　三大寺廃寺は東山道に近い場所ではあるものの，東山道との間には尾根筋が入り込んでおり，街道から直接見渡せる位置にないことがわかる（図29）。これまでは交通の要衝として，東山道や横川駅家との関係が積極的に指摘されてきた寺院であるが，この選地からはむしろ，基幹交通路から寺院をあえて隠す形での意識が強く働いたと考えるのが妥当であろう。
　法勝寺廃寺・大東廃寺はそれぞれ長浜平野南部の微高地上に立地しており，法勝寺遺跡や坂田郡家とされる大東遺跡など，官衙系の大規模集落に隣接して造営されている。坂田郡北部の新庄馬場廃寺や榎木百坊廃寺なども，地勢としては類似した場所を選地している。垣籠廃寺は横山丘陵の山麓に位置しており，姉川およびその河畔を通る後世の北国脇往還など，東側や北側からは直接見渡せない場所である。西からの眺望を重視し，長浜平野の東の最奥に，古墳群の乗る山を背負う形で選地されたものと思われる。
　浅井郡の八島廃寺は伊吹山から西へ伸びる丘陵の裾部に位置しており，北国脇往還にも隣接している。南滋賀廃寺系の方形瓦なども出土している。満願寺廃寺は湖岸に近い氾濫平野部に位置しており，白鳳期から奈良期以降に降る瓦も出土している。
　小江寺遺跡・津里廃寺は，いずれも余呉川右岸，余呉川と湖岸に聳える山本山に挟まれた場所に立地しており，両者を強く意識した選地といえよう（図30）。山本山には古墳時代前期から続く大規模古墳群である古保利古墳群が所在しており，また尾上浜遺跡は琵琶湖の水運を管理したと考え

図29　三大寺廃寺周辺の地形（右：東より）

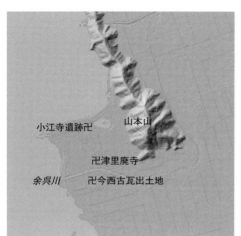

図30　津里廃寺周辺の地形（右：余呉川河口より東を望む）

られる古代の大規模集落遺跡である。古墳前期から続く湖上交通の要衝に，古保利古墳群と同様，おもに琵琶湖からの視点を強く意識しつつ，引き続き寺院が造営されたものであろう。余呉川対岸の今西地区からは，奈良期の近江国府系の飛雲文瓦が出土しており，この地の重要性が窺える。

伊香郡の松尾寺廃寺，唐川廃寺は，いずれも群集墳の所在する独峰の南麓に位置しており，華寺廃寺は伊香郡家とされる井口遺跡に隣接している。華寺廃寺からは湖東式の軒瓦が出土しており注目される。

6　高　島　郡（図31）

高島郡では5寺が確認されているが，多様な寺院立地がみられる。

大宝寺は大宝寺山の南側の尾根筋が安曇川に接する場所付近の中位段丘端に位置している。南方の安曇川や東方の平野部への眺望が開けた場所である。ここから安曇川下流域に

図31　近江地域西部における古代寺院および関連諸遺跡
　　　（1：150,000）

向けて地形は大きく開け，三角州を形成している。藁園廃寺はその安曇川によって形成された三角州が湖岸へ突出した部分に立地している。いまでも小河川が存在し，安曇川の琵琶湖に注ぐ旧河道のひとつと考えられる。正伝寺南遺跡など，8世紀以降の集落や官衙系遺跡が多くみられる地域である。大供廃寺は饗庭野台地の北東端に位置する。古西近江路と若狭街道の交点のひとつに位置す

32　第Ⅰ章　近江地域における寺院選地

表2　近江地域の寺院立地と出土瓦

遺跡名	旧郡	所在地	地形	伽藍	飛鳥期	白鳳 素弁	輻線文縁・方形瓦	山田寺式単弁	川原寺式複弁	法隆寺式	湖東式
真野廃寺	滋賀	大津市真野町中村	下位段丘端	不明							
衣川廃寺	滋賀	大津市堅田衣川町字西羅	台地端部	塔・金堂	素弁			○			
坂本廃寺	滋賀	大津市坂本本町	中位段丘端	礎石		○			○		
穴太廃寺	滋賀	大津市穴太2丁目	緩扇状地	川原寺式?→法起寺式	有稜素弁		方形瓦		○		
崇福寺跡	滋賀	大津市滋賀里町甲	山地	川原寺式			複弁		同笵・紀寺式同笵・一本作り		
南滋賀廃寺	滋賀	大津市南志賀1丁目字勧学堂	扇頂部	川原寺式		○	素弁・複弁・方形瓦		同笵・一本作り		
園城寺	滋賀	大津市園城寺町	扇頂部・丘陵裾	不明		○	方形瓦		一本作り同笵		
大津廃寺	滋賀	大津市中央3丁目	緩扇状地	不明					○		
膳所廃寺	滋賀	大津市昭和町	緩扇状地	不明					○		
国昌寺跡	滋賀	大津市光が丘町	中位段丘端	礎石							
瀬田廃寺	栗太	大津市野郷原1丁目字桑畑	中位段丘端	四天王寺式							
石居廃寺	栗太	大津市田上石居町	扇央部	金堂					○		
東光寺跡	栗太	大津市大萱2丁目	中位段丘端	不明			特殊文				○
笠寺廃寺	栗太	草津市南笠町	下位段丘	心礎?					○		
大般若寺跡	栗太	草津市志那中町	湖岸平野	不明							
観音堂廃寺	栗太	草津市下寺町	湖岸平野	礎石		○	素弁		○		
花摘寺廃寺	栗太	草津市下物町	氾濫平野	心礎?・礎石							
宝光寺跡	栗太	草津市北大萱町	湖岸平野	瓦積基壇(講堂)		○	方形瓦・特殊文		一本作り		
片岡廃寺	栗太	草津市片岡町	湖岸平野	不明							
観音寺廃寺	栗太	草津市芦浦町	氾濫平野	礎石		○					
長束廃寺	栗太	草津市長束町	氾濫平野	不明					○		
手原廃寺	栗太	栗東市手原	緩扇状地	不明					○		○
下鈎東遺跡	栗太	栗東市蜂屋	緩扇状地	基壇・方形区画					○		
小平井廃寺	栗太	栗東市小平井	氾濫平野	不明							
狛坂寺跡	栗太	栗東市大字荒張字狛坂	山地	礎石					○		
甲賀寺跡	甲賀	甲賀市信楽町黄瀬	山地	東大寺式							
益須寺跡	益須	守山市吉身町	緩扇状地端	不明		○				○	
福林寺跡	益須	野洲市小篠原字桜生	扇頂部・丘陵裾	礎石?					○	軒平	
永原廃寺	益須	野洲市永原	氾濫平野	不明							
北村廃寺	益須	野洲市北	氾濫平野	不明		○					
八夫廃寺	益須	野洲市中主町八夫	氾濫平野	不明							
兵主廃寺	益須	野洲市中主町兵主	氾濫平野	礎石?							
安土廃寺	蒲生	近江八幡市安土町安土山付近	扇頂部?・丘陵裾	不明				○			
船木廃寺	蒲生	近江八幡市船木町	扇頂部・丘陵裾	不明				鋸歯文縁			
安養寺廃寺	蒲生	近江八幡市安養寺町	中位段丘	土壇?・礎石?			単弁	○			

（土　瓦）　諸地形・諸施設との関係（○：隣接　△：近接）

その他白鳳期瓦	藤原宮式	平城宮式	近江国府式・凸布	平安期	古道	河川湖沼	山地	他寺院	官衙	集落	前・中期古墳	群集墳	類　型
○					△	○	○				○	○	官道隣接・眺望
					○	△	△			○		○	官道隣接・眺望
						△	○					○	官道隣接
					○	△	△			○		○	官道隣接
			（凸布）	○	○		○					○	山林寺院・官道隣接
○		○	○	○	○	△	△			○		○	官道隣接・眺望
					○	△	○						官道隣接
					○	△	△						官道隣接
	○				○	△							官道隣接
	○	○	○		○	○			○			△	官道隣接
			○	○	○	○			○				官衙・官道隣接・眺望
			△		△		○						聖域
			○		○					○			官道隣接・眺望
			○		○	○				○		○	官道隣接・眺望
忍冬蓮華						○		○					港津
						○		○					港津
	○	均整唐草				○		○					港津
						○		○					港津
						○		○					港津
						○		○					港津
						○		○					港津
					○			○	○	○			官衙・官道隣接
					△			○	△	○			官衙・官道隣接？
高句麗系					△								開発拠点？
							○						山林寺院
					○		○	△					山林寺院
		恭仁宮式○			○	○			○				官衙・官道隣接
			○	○	○		○		○		△	○	官道隣接
○								△					開発拠点？
								△					開発拠点？
								△					開発拠点？
	偏行唐草○	単弁○				○			○				港津・官衙隣接
						○							聖域
		○				○	○						聖域
		○			△		△						官道隣接・河川

遺跡名	旧郡	所在地	地形	伽藍	年代（出期）						
					飛鳥期	白鳳				法隆寺式	湖東式
						素弁	輻線文縁・方形瓦	山田寺式単弁	川原寺式複弁		
千僧供廃寺	蒲生	近江八幡市千僧供町	氾濫平野	不明		○			紀寺		
長光寺	蒲生	近江八幡市長光寺町	丘陵端部	不明					重弧軒平		
倉橋部廃寺	蒲生	近江八幡市倉橋部町	氾濫平野・丘陵裾	不明				鋸歯文縁			
雪野寺跡	蒲生	竜王町川守	扇状地・丘陵裾	塔・金堂他				○	○・重圏文縁紀寺		
宮井廃寺	蒲生	東近江市宮井町	氾濫平野	塔・金堂他					紀寺		軒平
蒲生堂廃寺	蒲生	東近江市蒲生堂町	緩扇状地・丘陵裾	不明							
綺田廃寺	蒲生	東近江市綺田町	河川堤防	土壇		○					○
石塔寺	蒲生	東近江市石塔町	山地	三重石塔							
木流廃寺	神崎	東近江市五個荘木流町	緩扇状地	不明				○			
金堂廃寺	神崎	東近江市五個荘金堂町	緩扇状地	不明					○		
法堂寺廃寺	神崎	東近江市佐野町	氾濫平野	塔・金堂		○			○		
猪子廃寺	神崎	東近江市猪子町	氾濫平野・丘陵裾	不明			方形瓦	○	○		
小川廃寺	神崎	東近江市小川町	氾濫平野	不明	飛鳥寺式						
小八木廃寺	愛知	東近江市小八木町宮後	緩扇状地	土壇							○
妙圓寺廃寺	愛知	愛荘町香之庄小字沢	緩扇状地	不明							○
野々目廃寺	愛知	愛荘町南野々目	緩扇状地	不明							○
目加田廃寺	愛知	愛荘町目加田	緩扇状地	不明							○
軽野塔ノ塚廃寺	愛知	愛荘町軽野	緩扇状地	法隆寺式							○
畑田廃寺	愛知	愛荘町畑田	緩扇状地	礎石							
普光寺跡	愛知	彦根市普光寺町	湖岸平野	心礎							
下岡部廃寺	愛知	彦根市下岡部町	氾濫平野	不明			複弁	鋸歯文縁			
屋中寺跡	愛知	彦根市上岡部町	氾濫平野	法隆寺式？法起寺式？		○	複弁	鋸歯文縁			
竹ヶ鼻廃寺	犬上	彦根市竹ヶ鼻町	河川堤防	礎石				○			
高宮廃寺	犬上	彦根市高宮町遊行塚	緩扇状地端部	心礎？				○			
磯廃寺	坂田	米原市磯堂谷	扇頂部・丘陵裾	不明							
三大寺廃寺	坂田	米原市枝折	扇状地・丘陵裾	基壇				○			
飯村廃寺	坂田	米原市飯	河川堤防	不明				○			
法勝寺廃寺	坂田	米原市高溝	河川堤防	礎石				○			
大東廃寺	坂田	長浜市東町	緩扇状地	不明				○			
榎木百坊廃寺	坂田	長浜市榎木町	緩扇状地	心礎				○			
垣籠廃寺	坂田	長浜市垣籠町	後背低地・丘陵裾	不明				○			
柿田遺跡	坂田	長浜市柿田	緩扇状地			○	○				
新庄馬場廃寺	坂田	長浜市新庄馬場町	氾濫平野	心礎				○			
八島廃寺	浅井	長浜市八島町	緩扇状地・丘陵裾	不明				○			
満願寺跡	浅井	長浜市弓削町	氾濫平野	不明							
今西古瓦出土地	浅井	長浜市湖北町今西	河川堤防	不明					○		○
津里廃寺	浅井	長浜市湖北町津里	河川堤防	不明					○		
小江寺遺跡	浅井	長浜市湖北町尾上	湖岸砂堆	不明					○		
松尾寺廃寺	伊香	長浜市高月町松尾	扇頂部・丘陵裾	不明							
唐川廃寺	伊香	長浜市高月町唐川	自然堤防	不明							

土　瓦）

その他白鳳期瓦	藤原宮式	奈良期		平安期	古道	河川湖沼	山地	他寺院	官衙	集落	前・中期古墳	群集墳	類　型
		平城宮式	近江国府式・凸布										諸地形・諸施設との関係(○：隣接　△：近接)
					○	○	△		○			○	官衙・官道隣接
					○	○	○						官道隣接・眺望
						○	○						河川・聖域
	偏行唐草	均整唐草				○	○				○	○	河川・聖域
	偏行唐草	○				○		○		○			河川・開発拠点？
						○		○	○		△		眺望？
		○				○		○			△	△	河川
								○					山林寺院
					△		○	△	△	○			官衙・官道隣接
					△			△	○	○			官衙・官道隣接
○ 重圏文縁細弁		○						△	○			△	官衙隣接
							○	△	△			○	聖域？
						○							開発拠点？・港津？
						△		○				○	開発拠点
						○		○				○	開発拠点
						○		○					開発拠点
						○							開発拠点
○		○						△				△	開発拠点
○		○				△		△				△	開発拠点
			(凸布)			○							開発拠点？・港津？
						○							開発拠点？・港津？
		均整唐草				△	△	○				○	開発拠点？・眺望？
		○			△	○		△	○				官衙隣接・河川
	○				○	○		△					官道隣接
						○	○					○	聖域
	○				△	○						○	聖域
						○							河川・港津？
					○	○	△		○			○	官衙・官道隣接
						△			○				官衙・官道隣接
						△						△	開発拠点？
					△	○	○	△			○		聖域
獣面文						△		△					開発拠点・河川？
						○							開発拠点？・港津？
					○	○		○					官道隣接？
複弁五弁				○									開発拠点？・港津？
			○			○		○	△		△		港津
						○	○	○	△		○		港津
						○	△	○	○		○		港津
						△	○				○	○	聖域
						○	○				○		聖域

| 遺跡名 | 旧郡 | 所　在　地 | 地　形 | 伽　藍 | 年　代　（出 | | | | | | |
| | | | | | 飛鳥期 | 白　　鳳 | | | | | 期 |
						素弁	幅線文縁・方形瓦	山田寺式単弁	川原寺式複弁	法隆寺式	湖東式
井口廃寺	伊香	長浜市高月町井口	緩扇状地	不明					○・複線鋸歯		○
日置前廃寺	高島	高島市今津町日置前	下位段丘	金堂					○		
大供廃寺	高島	高島市今津町大供	中位段丘端	土壇?		○					
大町廃寺	高島	高島市新旭町岡小字大町	中位面頂部	不明				○			
大宝寺跡	高島	高島市新旭町熊野本宇新田	中位段丘端	不明				複線鋸歯			
藁園廃寺	高島	高島市新旭町藁園	氾濫平野	不明							

るとされる（小笠原など1989）が，若狭街道とは距離があり，古西近江路ともやや比高差がある。むしろ台地上から，琵琶湖および旧今津町の平野部を見渡す立地とみたい。大町廃寺は古西近江路に面した小丘陵の頂部に位置しており，古道や周辺平野部からの眺望の利く場所である。日置前廃寺は箱館山の東南麓に位置し，主要幹線道からはやや外れているようである。隣接する日置前遺跡は奈良時代の官衙系建物群であり，高島郡衙ともいわれている。川原寺式軒瓦と飛雲文軒平瓦が出土する。

7　近江地域における古代寺院の選地傾向

　以上，近江地域の寺院立地について個別的に概観してきたが，この分析結果をもとに，近江地域における古代寺院への認知のあり方が，地域的または時期的にどのような様相を呈しているかをみていく。

　まずは滋賀郡・栗太郡・益須郡を中心とした湖南地域の白鳳寺院については，基本的には官道や主要陸上交通路を強く意識する選地が多い。滋賀郡北部においては平野部が狭隘であり，陸路沿いしか選地の余地がなかった部分もあるが，滋賀郡南部や栗太郡においても，山麓や湖岸部よりもむしろ陸路沿いの寺院が多いことがわかる。このような選地は大和や摂河泉地域などのパターンに近く，崖面上を選地した衣川廃寺例など権力表象的な意義をもつものや，祖先信仰の意味合いをもつであろう群集墳への近接例を含めつつも，基本的には畿内に近い造寺のパターンといえよう。栗太郡北部の湖岸部沖積低地上の寺院のみは例外的であるが，それぞれの檀越が各自の本拠地に寺院を造営せず，1ヶ所にまとめて造寺している様子は，かえって寺院造営に対する地域としての強い規制力を感じさせる。大和盆地においても，盆地周辺の山林寺院においては，ほとんどが葡萄唐草文という特徴的な文様を共通してもちいる（近江1970）など，造営氏族を越えた造寺の法則性や紐帯が強く見受けられることは，栗太郡例の解釈にあたっても参考となろう。

　しかしながら益須郡の沖積低地や蒲生郡以北の湖東・湖北地域では，官道沿い，官衙隣接型の寺院も多く存在するものの，寺院選地のあり方が多様化する様子がみてとれる。とくに湖東・湖北地域に多い平野部の独峰には，その多くの裾部に寺院が造営されるなど，古来から信仰の対象とされ

土 瓦）		奈良期		平安期	諸地形・諸施設との関係（○：隣接　△：近接）								類　　型
その他白鳳期瓦	藤原宮式	平城宮式	近江国府式・凸布		古道	河川湖沼	山地	他寺院	官衙	集落	前・中期古墳	群集墳	
					△	○			○				官衙・官道隣接
			○				○		○		△	○	官衙・官道隣接
○					○		○		○				官道隣接・眺望
					○	△			△				官道隣接・眺望
細弁					△	△						○	聖域
細弁						○			○	○			港津？

てきた，または群集墳の存在する山への意識が非常に強いことがわかる。雪野寺をはじめ，聖域型的な選地をとる寺院もみられる。日野川や宇曽川およびその支流を中心として，河川交通路沿いの寺院も多いが，おなじ河川でも愛知川や姉川のように，さほど強く意識されない地域も存在する。また，宇曽川中流域の諸寺をはじめ，開発拠点型の寺院群も多い。このような様相からは，この地域においては，仏教とそれに伴う寺院造営というものが，それぞれの小地域ごとの事情や信仰と融合しつつ，個別的な形で受容されていった様子が窺えよう。その中でも，官衙や集落，条里などに隣接する寺院群とは性格・意識が異なるものとして，祖先信仰や山岳信仰，湖への意識などと強く結びつく形でも，多くの寺院が造営されていったことがわかる。

表3　近江地域の古代寺院数と式内社数

	古代寺院数	式内社数
滋賀郡	10	8
栗太郡	13	8
甲賀郡	1	8
益須郡	6	9
蒲生郡	11	11
神崎郡	5	2
愛知郡	9	3
犬上郡	2	7
坂田郡	9	5
浅井郡	5	14
伊香郡	3	46
高島郡	5	34

　この湖南地域と湖東・湖北地域の違いについては，式内社と寺院の分布のあり方にもあらわれている。表3は近江における各郡の寺院数と式内社数であるが，滋賀郡・栗太郡・益須郡・蒲生郡では寺院と式内社数に大きな差がみられないのに対し，甲賀郡や神崎郡以北では，寺院数と式内社数が反比例の関係にあることがわかる。仏教政策と神祇政策は当然ながら律令国家の中では両立しているものであり，相反する概念ではありえないのだが，中央からより遠い湖東・湖北地域においては，〈神（≒旧来の地域信仰）の領域〉と〈仏の領域〉を分ける，さらに言うならば，寺院造営にあたっては，古来からの地域的な信仰・祭祀とある部分では積極的に融合させつつも，その特定の部分については逆に，あえて避けるといったような観念が働いていたようにも思う。湖東・湖北地域の古代寺院の選地において，山が強く意識されたと述べたが，しかしながら三上山や伊吹山など，古代からもっとも信仰されたであろう神奈備的な山の山麓には，ほとんど古代寺院が作られていないことも考え合わせる必要があろう。さらに他地域の事例に鑑みつつ，考えていきたい。

　奈良期に入ると，全国的に白鳳期に比して造寺活動が低調化していく。霊亀2（716）年のいわゆる〈寺院併合令〉が引き合いに出されることが多い[5]が，近江においては，平城宮・京系や国

府系などをはじめとした奈良期の軒瓦をもちいて新造または修造された寺院はかなり少ない。もちろん，奈良時代の軒瓦が出土しないことをもって即，寺院が廃絶していたとはいえず，実際，軒瓦はなくともごく少量の奈良期の丸瓦・平瓦が出土する寺院も多いものの，すくなくとも都城系・国府系などの軒瓦の文様をわざわざ他所から持ち込んで補修するような寺院については，それらの瓦が出土しない寺院に比して，奈良期においても積極的に伽藍の維持管理が意識されていたということはいえよう。このような都城系・国府系の軒瓦が出土する寺院に関しては，菱田哲郎氏により定額寺との関連が指摘されており，地方における仏教政策のあり方を考えるうえで重要な指摘である（菱田2002）。

　湖南地域においては，滋賀郡の崇福寺や南滋賀廃寺という，官寺およびそれに近い役割が想定されている寺院が，国府系や平安京系などの瓦によって，継続的な修造がおこなわれている。しかしながら，穴太廃寺や衣川廃寺など飛鳥期から存続する寺院や，大津廃寺のような川原寺同笵瓦で造営された寺院についても，奈良期の修造の対象とはなっていない。また，国府に近接する国昌寺・瀬田廃寺・笠寺廃寺で国府系飛雲文の瓦が出土しており，国府の主導により近隣寺院が新造・修造された結果と考えられる。その一方で，国府や官道からやや距離があり，聖域型の石居廃寺は修造の対象とならない。栗太郡の湖岸沿いの諸寺では，花摘寺廃寺のみから奈良時代の均整唐草文瓦が出土している。寺院の選択的な集約化がおこなわれたためであろう。この地域においては，国府などの官衙や官道に近い寺院が積極的に修造の対象となり，その他の寺院集中地帯では，寺院の集約化がおこなわれたものと考えられる。益須郡においても，東山道沿いの官衙隣接型の益須寺跡・福林寺跡については奈良期以降の瓦の出土が確認される一方，沖積低地側の諸寺については，奈良期の軒瓦はみられず，むしろ官衙系遺跡の西河原遺跡群に近接する形で兵主廃寺が新造されるなど，官衙への意識が強まったと想起できる。

　ところが，蒲生郡以北では様相が異なる。奈良期の軒瓦は，東山道沿いで蒲生郡家に隣接した千僧供廃寺，おなじく神崎郡家に隣接した木流・金堂両廃寺からは出土していない。東山道に比較的近く，また河川や山林への隣接から聖域型や眺望型に近い，倉橋部廃寺や長光寺も，修造の対象となっていない。蒲生郡では東山道や蒲生郡家からはむしろ遠い寺院において奈良期の軒瓦が確認されている。雪野寺・宮井廃寺・綺田廃寺という日野川中流域の諸寺および，湖岸沿いの船木廃寺からはいずれも平城宮式の瓦が出土しており，とくに奈良期における，宮井廃寺などを中心とした日野川中流域寺院の集中的な修造は，この周辺の広闊な沖積平野の開発と大きな関連をもつものであろう。神崎郡においても，大規模な官衙系集落である斗西遺跡に隣接した法堂寺廃寺から，奈良期の瓦が出土している。

　愛知郡ではそもそも官道沿いに寺院がみられないが，湖岸沿い，宇曽川流域ともに，寺院の集約化が進められている。湖岸沿いでは屋中寺，宇曽川中流域では軽野塔ノ塚廃寺と畑田廃寺から奈良期の瓦が出土している。とくに宇曽川中流域では，湖東式を採用した諸寺が軽野塔ノ塚廃寺に集約していく一方で，唯一湖東式ではない畑田廃寺が奈良期も存続しており，単に近接する寺院を一元化していったのではなく，寺院の集約にあたっては，その造営氏族や在地の状況・意向などについても強く意識されていたものと考えられる。

　犬上郡では郡家隣接の竹ヶ鼻廃寺が修造の対象となるが，坂田郡以北では郡家隣接寺院以外の湖

岸沿いや官衙系遺跡に隣接した寺院から奈良期の瓦が出土することが多い。三大寺廃寺や磯廃寺，垣籠廃寺など，官衙・集落や大規模な条里地帯などを周囲にもたない，純粋な聖域型に近い寺院は修造の対象とはならない。坂田郡北部や伊香郡では奈良期の軒瓦自体は少ないものの，近江国府系とされる凸面布目丸瓦が少数ではあるが多くの寺院から出土しており（北村1995），国府によって寺院の小規模な修造や維持管理がおこなわれた可能性もある。

　高島郡は寺院数に比して奈良期の瓦の出土割合が多く，高島郡家隣接の日置前廃寺と大供廃寺，大宝寺跡で確認されている。また藁園寺については奈良期の瓦の出土はないものの，『続日本紀』天平神護2（766）年条に記載があり，寺院が存続していたことがわかる。

　以上から，近江における奈良期の寺院のあり方について，いくつかの傾向性が導ける。

　まずは，修造にあたって国府・郡家という官営施設や官道が重視される湖南地域と，かならずしも官道や郡家への隣接が優先されず，在地寺院の統合・集約化という形で寺院の再編が進む湖東・湖北地域という，地域的な差異がみられることである。この差異については，白鳳期の寺院選地の段階でも見受けられたものであり，畿内から遠ざかるにしたがい，寺院の統廃合のあり方についても畿内的な様相が変質していき，在地での事情を強く考慮する形で寺院政策が進められていく過程としてみることができよう。

　次に，近江地域全体に共通する現象として，寺院の修造にあたっては，官衙・官道隣接型，もしくは開発拠点型などの寺院が優先されることが多く，白鳳期に多く造営された聖域型的要素の強い寺院については，大きな開発拠点に近接した地域などを除き，修造の対象となりにくいことがあげられる。奈良期における地方への国家仏教の浸透，国司・国師を中心とした地方寺院への権限強化といった流れの中で，官道や周辺条里から広く見渡すことができ，また地方における法会や僧尼の在住・修行の拠点としての役割が重視され，より〈国家仏教〉的であり，現実的な寺院の諸運用に好適な立地の寺院が選択されていったものと考えられる。それとは対照的に，山林修行の場としての山林寺院の整備も進むが，その狭間で，ある意味中途半端な立地の聖域型寺院や，在地氏族の権力のモニュメント的色彩の強い寺院は，大きく淘汰されていったのであろう。

　最後に，近江地域における国府系瓦の分布が，非常に偏っていることを指摘しておきたい。奈良期後半を中心に，多くの国で，国府系・国分寺系の瓦で在地寺院の修造がおこなわれるようになる。近江においては寺院数に比して，近江国府系の瓦が意外に少なく，栗太郡の国府周辺および滋賀郡の南滋賀廃寺・崇福寺，あとは遠く離れて坂田郡・浅井郡・伊香郡・高島郡など北部地域に，国府系の凸面布目丸瓦を含めた分布域がみられる一方（北村1995），寺院数の多い湖東地域には，まったく採用されていない。その背景についても考えていく必要があろう。

おわりに

　以上，近江を題材として，古代寺院の選地とそこから想定される寺院認知に関するあり方について，地域的・時期的偏差を考えながら考察してきた。その結果，古代寺院の造営にあたっては，その選地はかならずしも交通の要衝というような単純なものだけでは捉えられず，さまざまなパターンが存在し，そのそれぞれが造営にあたっての個別的事情や意図を強く反映している可能性がある

こと，その様相は多様でありつつも，白鳳期と奈良期，また畿内からの遠近などの諸要素によって，大きな傾向性がみられることがあきらかになった。

註

（1） 小笠原好彦氏は，「白村江の戦による緊迫した国際関係のもとに（中略）交通の要衝をおさえる意図によるものとみてよい」（小笠原ほか1989）と，陸上交通路をおさえる軍事的目的が強調されることが多い。しかし先述のとおり，実際にちょうどこの地が舞台となった壬申の乱において，これら寺院は防御施設として使用されてはいない。選地の検討においては，軍事的要素以外の意味合いも考慮すべきであろう。

（2） 近年，南志賀廃寺付近の畑地において「錦寺」と刻まれた緑釉陶器が出土している（寺岡2014）。在地の有力氏族である錦部村主による造営を示すものと考えてよかろう（大橋信弥1990）。

（3） 畑中英二氏はこの見解に否定的であり，甲賀寺から直接国昌寺へと国分寺の機能が遷ったとする（畑中2010など）。瀬田廃寺が国分寺であった否かは，本章では見解を保留しておく。

（4） 安養寺廃寺については近年の調査により，700mほど離れて2つの寺が隣接して存在したものとされている（内田ほか2017）。

（5） 『続日本紀』霊亀2年条や『家伝下　武智麻呂伝』には，近江守藤原武智麻呂の上奏によるものとされ，近江の状況が〈寺院併合令〉の直接の契機のひとつとなったと考えられる。

　　　『続日本紀』霊亀2年5月庚寅条
　　　　近江守従四位条藤原朝臣武智麻呂言，部内諸寺，多割壇区，無不造脩，虚上名籍。（中略）方今，人情稍薄，釈経陵遅，非独近江，餘国亦爾。

第Ⅱ章　伊勢地域における寺院選地

は じ め に

　伊勢は畿内に近接する東海道の大国であり，13郡からなる。伊勢神宮の存在が注目される地域であるものの，寺院の数も比較的多い地域で，『三重県の古瓦』（三重県の古瓦研究会1994）所収の瓦出土遺跡は30遺跡を超える。

　本章では伊勢地域を題材として，古代寺院の立地と周辺諸環境，出土瓦等について総合的な検討をおこない，そこから当該地域における寺院の造営事情について検証していきたい。

1　北 勢 地 域（桑名郡・員弁郡・朝明郡・三重郡）（図32）

　北勢地域においては，桑名郡で5寺が確認されるほかは，員弁郡1，朝明郡1，三重郡1と，一郡一寺的な分布を示すとされる（竹内2008）。なお，北勢地域における東海道の位置については，『地図でみる東日本の古代』（島方ほか2012）では内陸部を通るルートが示されているが，朝明駅家ともされる久留倍遺跡の存在などから，すくなくとも奈良期までは，海岸沿いを通るルート（新田2004）であったと考えるほうが妥当であろう。

　北小山廃寺・南小山廃寺は，揖斐川に注ぎ込む支流である多度川と肱江川に挟まれた丘陵端部の中位段丘上に南北に並んで位置しており，東に広く木曽三川による沖積低地を，尾張方面まで見渡せる場所である。この一角は，榎撫駅家とされる柚井遺跡や桑名郡家ともされる天王平遺跡など，古代の官衙系遺跡が集中している，桑名郡の中心的な場所にあたる。両寺では重圏文縁の素弁および単弁蓮華文軒丸瓦がおもに使用されるが，軒瓦の様相は微妙に異なっている。多度川をさらに遡った谷筋の奥には，多度神宮寺が所在し，尾張国分寺式の軒平瓦が確認されている。

　額田廃寺からは，文様退化のほとんどない山田寺式および川原寺式の軒瓦が出土している。川原寺式は外区鋸歯文帯を削り取って素文にした，大和川原寺出土の軒丸瓦E類と同笵とされ，大和からの製品移動が想定されている（金子1983）。塔が西，金堂が東に並び，その北側に講堂を配する，いわゆる法隆寺式伽藍配置をとるが，中門が伽藍の中軸上になく，塔の前面に所在することは，初の官大寺である大和吉備池廃寺の様相にも似る。7世紀中葉まで創建が遡る伊勢地域で最古の寺院の可能性が高いとともに，この寺院の重要性が指摘できる。立地としては員弁川の中流，河川北岸の丘陵がもっとも川に近接しており，員弁川の水運を扼する場所を選地している。郡域としては桑名郡と員弁郡の境界付近にあたる。周囲に特筆すべき顕著な遺跡は確認されていない。

　西方廃寺は現桑名市中心部を東に広く見下ろす，丘陵部の緩斜面上に位置している。員弁川や東海道などの交通路とはやや離れており，直接の意識は薄いものと思われる。素弁や単弁蓮華文軒丸

42　第Ⅱ章　伊勢地域における寺院選地

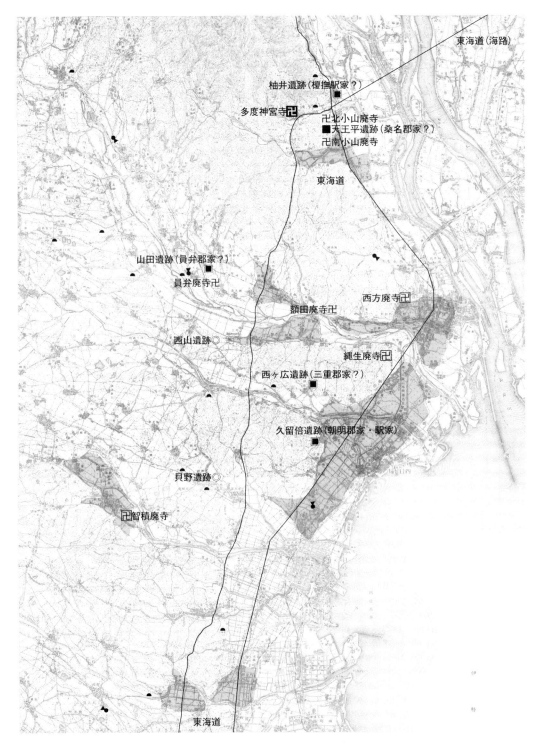

図32　北勢地域における古代寺院および関連諸遺跡（1：150,000）

1 北勢地域　43

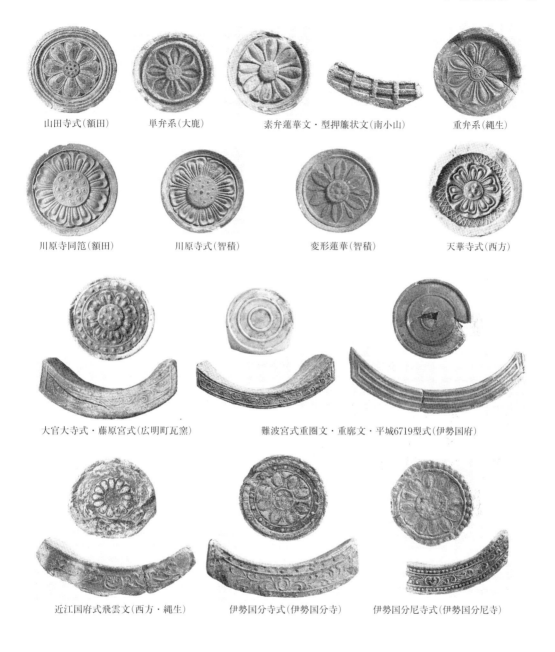

山田寺式(額田)　単弁系(大鹿)　素弁蓮華文・型押簾状文(南小山)　重弁系(縄生)

川原寺同笵(額田)　川原寺式(智積)　変形蓮華(智積)　天華寺式(西方)

大官大寺式・藤原宮式(広明町瓦窯)　難波宮式重圏文・重廓文・平城6719型式(伊勢国府)

近江国府式飛雲文(西方・縄生)　伊勢国分寺式(伊勢国分寺)　伊勢国分尼寺式(伊勢国分尼寺)

尾張国分寺式(多度神宮寺)

図33　北勢・中勢地域の軒瓦（1：8）（三重県の古瓦刊行会1994）

瓦，天華寺式軒丸瓦を含め多種の瓦が確認されているが，特筆すべきは近江国府系の飛雲文軒瓦である。とくに軒丸瓦はその文様が酷似しており，製作技法的にも近江と同様に横置型一本作りで製作されており，近江国府系の工人の影響下で製作されたものであろう。先述の素弁・単弁系の軒瓦についても，文様的には古手の様相を呈するが，瓦当がかなり厚いことや，また瓦当形状も下部が

44　第Ⅱ章　伊勢地域における寺院選地

肥厚した不整円形を呈することなどから，製作技法はすべて横置型一本作りであると筆者は考えており，奈良中期を遡らない瓦と考えられる。天華寺式については2型式がみられるが，いずれも野中垣内廃寺と同笵であり，天華寺式の中では後出にあたる文様の瓦である。

員弁廃寺は員弁川中流域に，その支流とともに形成された広闊な平野部の中央付近の微高地上に位置している。ほぼ隣接して，この地域の拠点的な遺跡であり，員弁郡家ともされる山田遺跡が所在する。南小山廃寺などでもみられる弁端の尖った素弁蓮華文軒丸瓦および，偏行唐草文軒平瓦が確認されている。

縄生廃寺は員弁川下流右岸に張り出す朝日丘陵の東端に位置するが，河川や平野部からは直接見渡しにくい，奥まった尾根筋の南斜面を選地している。調査により塔跡が確認され，舎利容器も出土している。出土瓦は7世紀後半〜8世紀初頭まで遡るものとして，山田寺式の単弁蓮華文や川原寺式の複弁蓮華文，重弁蓮華文が確認されており，川原寺式は額田廃寺と，重弁蓮華文は南小山廃寺と同文である。また8世紀に降る瓦として，飛雲文軒平瓦が出土しており，この瓦は西方廃寺の同種の軒丸瓦とセット関係になるものであろう。

西ヶ谷廃寺は海蔵川左岸，垂坂丘陵南西側の丘陵裾部に位置している。6世紀前半〜7世紀の集落遺跡である西ヶ谷遺跡から，8世紀代と思われる素弁蓮華文と均整唐草文瓦などが出土したことから，該期の寺院の存在が想定された（清水2002）。付近には7〜8世紀の大規模集落である貝野遺跡や，7世紀代の古窯である西ヶ谷古窯などが存在する。

智積廃寺は三滝川の中流域，矢合川との合流地点付近の低位段丘上に位置している。三滝川流域を南東方向に広がる条里の最奥部にあたる。南北に並ぶ基壇建物と2棟の掘立柱建物が確認されている。出土瓦は額田廃寺のものから蓮子周環を欠いた川原寺式軒丸瓦および，剣先状花弁が特徴的な素弁六弁蓮華文軒丸瓦が多くを占める。後者は日本国内ではほとんど類例をもたない特殊な文様であり，朝鮮半島系の文様と考えられている。近似した瓦として国内では加賀末松廃寺の軒丸瓦がある。軒平瓦は重弧文と篦書格子・木葉文が確認され，またわずかではあるが伊勢国分寺式の軒丸瓦も出土している。

2　中勢地域（河曲郡・鈴鹿郡・奄芸郡・安濃郡）（図34）

伊勢国分二寺などの所在する河曲郡や，国府の所在地である鈴鹿郡は，北勢地域に分類されることが多いが，本章では便宜上この項で論じる。河曲郡では国分二寺を含めて3，鈴鹿郡1，奄芸郡1，安濃郡2の寺院が確認されており，北勢と同様，一郡一寺的な様相を呈する。

大鹿廃寺（南浦廃寺）は鈴鹿川下流北岸，鈴鹿川に面した上位段丘端に位置する。西側には大型総柱掘立柱建物群が検出され，河曲郡衙と推定されている狐塚遺跡が隣接しており，また段丘下の鈴鹿川沿いには東海道の想定ルートが走り，河曲駅家もこの周辺に想定されている。おなじ台地上には寺田山古墳群や石薬師東古墳群など，後期群集墳も所在しており，古墳時代以来の中心的な場所のひとつである。創建期の軒瓦としては弁端が尖った素縁単弁蓮華文軒丸瓦や川原寺式軒丸瓦が確認されており，前者は伊勢国分寺の軒丸瓦の祖型にあたるとの説もある（新田1998）。

伊勢国分寺・国分尼寺もおなじ台地上に位置しているが，大鹿廃寺や狐塚遺跡からはやや奥まっ

2　中勢地域　45

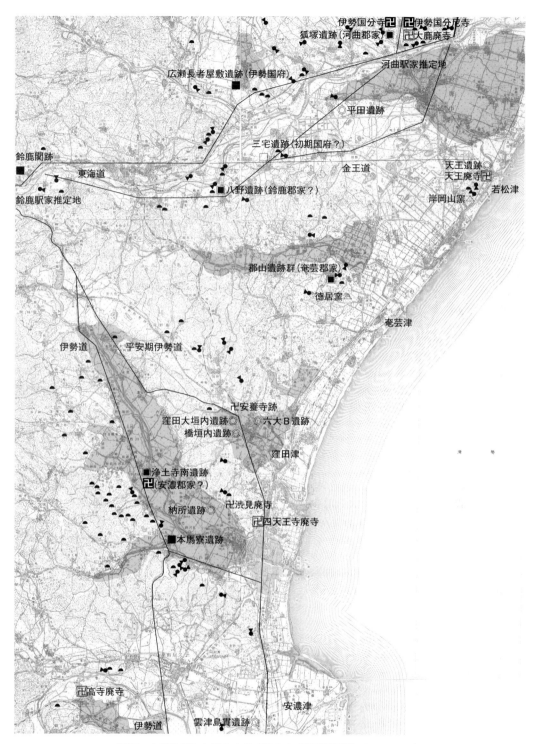

図34　中勢地域における古代寺院および関連諸遺跡（1：150,000）

図35 伊勢国分寺周辺の地形（右：南より）

た場所を選地しており，大鹿廃寺に比べて鈴鹿川からの直接の視点を意識したとは考えにくい。陸路に関しては，東海道またはその支道が，大鹿廃寺の西端を通り，国分寺と国分尼寺の間を北行しているという見解もある。

　天王廃寺は鈴鹿郡の沿岸部，鈴鹿川の支流である金沢川の河口部の独立丘陵の北側に広がる微高地上に位置している。付近には総柱建物を含む約70棟の掘立柱建物群や運河遺構などが検出された天王遺跡や，5世紀後半以降に造営された岸岡山古墳，また須恵器窯である岸岡山窯が所在する。この近辺は潟湖であったと推定されており，穂積裕昌氏は古墳時代中期以降の拠点港津（若松津）のひとつと推定する（穂積2003）。出土瓦は嵌め込み技法の素弁蓮華文軒丸瓦などが確認されている。

　安養院跡は，志登茂川の河口から5kmほど遡った中位段丘上に位置しており，周囲には約120棟の掘立柱建物が検出された橋垣内遺跡，おなじく約60棟が検出された六大B遺跡など，多数の掘立柱建物群で構成される当該期の拠点的遺跡が濃密に分布している。六大A遺跡からは古墳時代の準構造船が出土していることから，この地域は古墳時代から古代にかけて潟湖の最奥部であり，拠点的な港津（窪田津）が想定されている（穂積2003）。山田寺式軒瓦，大官大寺式軒平瓦が確認されている[註]。

　渋見廃寺は安濃側左岸に広がる沖積低地の最奥，丘陵裾部に位置する。大官大寺式軒瓦が出土している。

　四天王寺廃寺は安濃川旧河口部左岸の砂堆上に位置し，大官大寺式軒瓦および，奈良期の複弁蓮華文軒丸瓦，均整唐草文軒平瓦などが確認されている。そのうち大官大寺式軒瓦は，隣接する宏明町瓦窯で焼成されている。

3　南勢地域（一志郡・飯高郡・飯野郡・多気郡）（図36）

　一志郡は中勢地域に含めることが多いが，本章ではこの項で論じる。

　一志郡には伊勢地域でもっとも多い8寺が集中して確認されており，飯高郡5，飯野郡2，多気

3 南勢地域 47

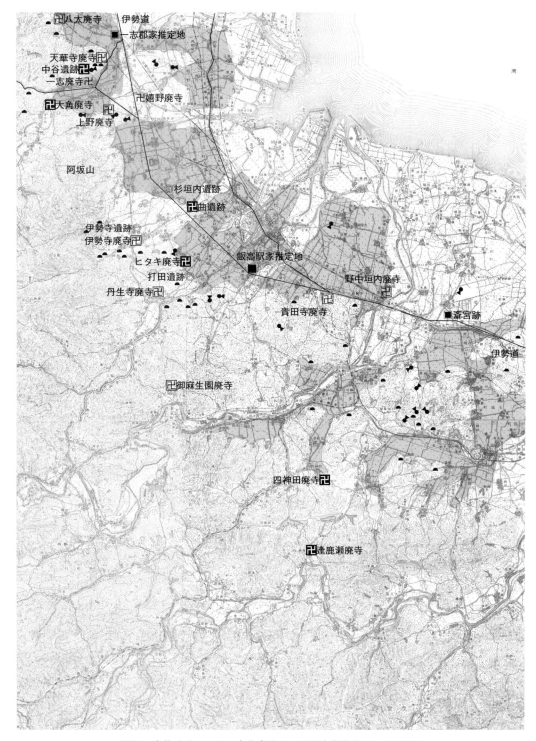

図36　南勢地域における古代寺院および関連諸遺跡（1：150,000）

48　第Ⅱ章　伊勢地域における寺院造営

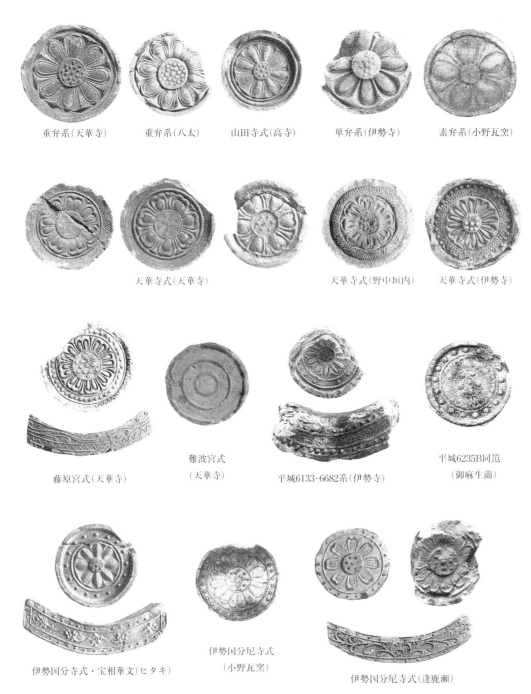

図37　南勢地域の軒瓦（1：8）（三重県の古瓦刊行会1994）

郡2という，比較的多い数の寺院が南勢地域には存在する。度会郡では現在のところ寺院跡は確認されていない。

　大角廃寺は雲出川の支流である中村川右岸の，川に面した低位段丘上に位置している。対岸の山林には後期群集墳の釜生田古墳群などが存在する。難波宮式重圏文軒丸瓦の出土が知られており，聖武行幸のさいの河口頓宮との関係が論じられている（竹内1993など）。

3 南勢地域　49

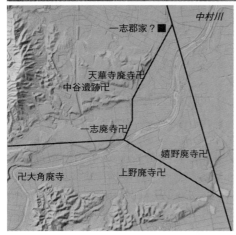

図38　天華寺廃寺周辺の地形（左上：東より中谷遺跡を望む，右上：東より嬉野廃寺を望む，右：東より天華寺廃寺を望む）

　高寺廃寺は雲出川右岸の低位段丘端部に位置しており，背後の丘陵部には後期群集墳の上野山古墳群が存在する。山田寺式や紀寺式の軒瓦が出土している。

　八太廃寺は雲出川右岸山麓の中位段丘端部に位置しており，北東方の沖積低地とは約6mとかなりの比高差がある。この八太廃寺から一志廃寺にかけての後背山林は，薬師谷・ヒジリ谷古墳群など後期群集墳の密集地帯として知られており，西野古墳・筒野古墳など中期古墳の存在も確認されている。また，重弁蓮華文軒丸瓦，天華寺式軒瓦，藤原宮式軒瓦など多岐にわたる瓦が確認されている。八太廃寺の東方約2kmの場所には，掘立柱建物群や道路遺構と思われる側溝が検出された平生遺跡があり，このあたりから南方の中村川流域にかけての地域が，古代一志郡の中心であったと考えられる。

　天華寺廃寺は中村川左岸の丘陵裾の低位段丘上に位置する。東に塔，西に金堂を配する伽藍配置をとる。川原寺式，藤原宮式，難波宮式など多様な軒瓦が数多く出土するが，単弁または複弁蓮華文で外縁に複線鋸歯文（複合鋸歯文）を巡らせる，天華寺式軒瓦の標式遺跡として著名である。寺に隣接して瓦窯が確認されている。

　中谷遺跡は中村川左岸の丘陵裾に位置し，西側から寺院の南北を尾根筋で画された谷の最奥を選地しており，2ヶ所に土壇が確認されている。天華寺廃寺と同笵の難波宮式重圏文軒丸瓦が出土し

ている。

　一志廃寺はおなじく中村川左岸，川に面した低位段丘上に位置している。天華寺式軒瓦が出土している。中村川を約３km遡った場所には，川原寺式瓦や天華寺式軒瓦，凸面布目平瓦，鴟尾などが出土する辻垣内瓦窯が存在し，一志廃寺の瓦窯である可能性が指摘されている（辻1985など）。

　嬉野廃寺は中村川右岸の広闊な台地の東端近くに位置しており，東に沖積低地部を見渡す選地である。中村川左岸には後期群集墳が多いのに対して，右岸には向山古墳・錆山古墳・西山古墳など４世紀末〜５世紀代の前方後方墳が点在しているのが特徴である。天華寺式軒瓦が出土している。

　上野廃寺は嬉野廃寺とおなじ中村川右岸の台地上の，西端付近に位置しており，西に中村川中流域の沖積低地を望む選地である。発掘調査により土壇と掘立柱建物などが確認された。素弁五弁蓮華文軒丸瓦や重弧文軒平瓦，天華寺式軒瓦などが出土している。また寺院のすぐ南にある小野瓦窯からは，上野廃寺の単弁五弁蓮華文軒丸瓦とともに，伊勢国分尼寺式の軒丸瓦も出土しており，この瓦も上野廃寺に供給されている。

　伊勢寺廃寺は阿坂山東南麓に広がる広闊な扇状地上の南端付近，堀坂川左岸の中位段丘上に位置している。寺院西方の山中には，垣内田古墳群，瑞巌寺古墳群など後期群集墳が集中してみられ，寺域北辺には飛鳥〜奈良時代の竪穴住居や掘立柱建物群で構成される集落遺跡である伊勢寺遺跡があり，また寺院東方の扇端部の集落遺跡である杉垣内遺跡では，水源祭祀にかかわると思われる祭祀遺物が多く出土している。出土瓦は単弁蓮華文の創建瓦にはじまり，川原寺式，複線鋸歯文縁細弁系瓦，伊勢国分寺式瓦，均整唐草文瓦など多岐にわたっている。平城宮系の瓦として，6133-6682系のセットが注目されよう。造営や修造に関しては，伊勢氏との関わりが指摘されている。

　曲遺跡は先述の杉垣内遺跡のすぐ東に位置する，扇状端部の湧水点付近の遺跡であり，奈良〜平安期の掘立柱建物で構成されている。大和西隆寺系の平城6235Ｂの複弁蓮華文軒丸瓦が出土しており，瓦葺建物の存在も想定される。

　丹生寺廃寺は阪内川左岸の低位段丘東端に位置しており，東方の低地部とは約５mの比高差がある。整地された方形台状の区画や土塁が残る。出土瓦は素弁系，天華寺式，均整唐草文などが確認されている。素弁蓮華文と均整唐草文瓦は，阪内川対岸の立野瓦窯でも出土しており，また均整唐草文の一部は，多気町牧瓦窯からの供給も想定されている。

　ヒタキ廃寺はおなじく阪内川左岸の低位段丘上に位置しているが，川からはやや離れており，その間に掘立柱建物群で構成される集落遺跡である打田遺跡が所在している。寺院西方の山中には，５世紀代の狼谷古墳や大分山５号墳をはじめ，大分山古墳群，川原表古墳群など後期群集墳も多く存在し，また阪内川の対岸には，船形埴輪の出土で著名な５世紀初頭の宝塚１号墳や，多くの後期群集墳が存在する。寺院の遺構としては３間×３間の総柱の瓦葺掘立柱建物１棟が確認されている。出土瓦は伊勢国分寺式軒丸瓦および素文縁細弁系瓦，他に類例をみない花雲文の軒平瓦が確認されている。

　御麻生薗廃寺は，櫛田川上流の山あい，小扇状地の奥まった緩斜面上に位置する。出土瓦は天華寺式および外区珠文帯複弁蓮華文瓦２種，均整唐草文が出土しており，奈良期の軒丸瓦１種については，西隆寺の瓦（平城6235Ｂ）との同文関係が指摘されている（竹内1993）。天華寺式については，

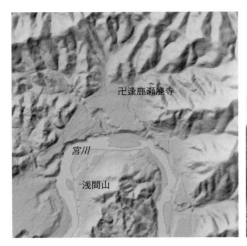

図39　逢鹿瀬廃寺周辺の地形（右：逢鹿瀬廃寺から南を望む）

牧瓦窯から同笵瓦が出土している。

　貴田寺廃寺は櫛田川下流左岸に広がる丘陵の北端，中位段丘奥部に位置しており，北方に台地部が大きく開けており，その先の低地部に伊勢道のルートが想定されている。丘陵部には坊山古墳群，高田古墳群という，4世紀後半の首長墓群が築造されている。出土瓦は藤原宮式軒丸，天華寺式および，平城6133系が退化したと思われる細弁蓮華文軒丸瓦や平城6682系の均整唐草文軒平瓦も出土している。

　野中垣内廃寺は櫛田川左岸に面した河川堤防上に位置しており，対岸には斎宮の遺跡群が広がっている。出土瓦は天華寺式瓦を中心に，藤原宮式偏行唐草文や伊勢国分寺式軒平瓦も確認されている。

　逢鹿瀬廃寺は宮川中流域右岸の丘陵鞍部南側，中位段丘上に位置している。伊勢大神宮寺との関連が推定される寺院である（岡田1986）。出土瓦は軒丸・軒平とも，文様構成はやや異なるが伊勢国分尼寺系であり，製作技法も横置型一本作りで共通する。同種の軒丸瓦は斎宮でも出土している。

　四神田廃寺は櫛田川支流の佐名川上流域の丘陵裾部に位置している。伊勢国分尼寺式の瓦が出土しており，寺院南東方の栃ヶ池瓦窯で生産されたものとされる。

4　伊勢地域における古代寺院の選地傾向

　以上，伊勢地域における古代寺院の選地と周辺環境について，個々に詳述してきた。本節では，北勢・中勢地域と南勢地域に分けて，ここからみえてくる寺院造営の様相について述べていきたい。

（1）　北勢・中勢地域

　北勢・中勢地域の寺院分布の特徴として，一郡一寺的な分布を示すことが指摘されるが（竹内2008），選地状況からみるならば，その様相はかならずしも一様ではない。たとえば北勢の員弁郡では平野部の中央，郡家に隣接して寺院が造営されるのに対し，すぐ隣の朝明郡の縄生廃寺は山林寺院であり，これら両者が同一の意図のもとに造営されたとは考えにくい。とくに北勢地域では，

52　第Ⅱ章　伊勢地域における寺院選地

表4　伊勢地域の寺院立地と出土瓦

| 遺跡名 | 旧郡 | 所在地 | 地形 | 伽藍 | 年代（出 | | | | | |
| | | | | | 白鳳前期 | 白鳳後期 | | | | |
						素弁・単弁・重弁	川原寺式複弁	天華寺式	大官大寺式	藤原宮式
北小山廃寺	桑名	多度町小山	中位段丘	不明		○				
南小山廃寺	桑名	多度町小山	中位段丘	心礎・掘立柱建物		○				
多度神宮寺	桑名	多度町多度	低位段丘	不明						
額田廃寺	桑名	桑名市額田	低位段丘	吉備池廃寺式	川原寺同笵・山田寺式					
西方廃寺	桑名	桑名市西方	上位段丘	不明		○			○	
貝弁廃寺	員弁	員弁町二件家	下位段丘	心礎・土壇		○				偏行唐草
縄生廃寺	朝明	朝日町縄生	山地	塔		○	○			
西ヶ谷廃寺	三重	四日市市東坂部	中位段丘・丘陵裾部	不明		○				
智積廃寺	三重	四日市市智積	低位段丘	四天王寺式		○	○			
伊勢国分寺	河曲	鈴鹿市国分寺	上位段丘	国分寺式？						
伊勢国分尼寺	河曲	鈴鹿市国分寺	上位段丘	不明						
大鹿廃寺	河曲	鈴鹿市国分寺	上位段丘	不明		○				
天王寺	鈴鹿	鈴鹿市岸岡	下位段丘	不明		○	○			
安養院跡	奄芸	津市大里窪田	中位段丘	不明		○				○
四天王寺廃寺	安濃	津市栄	砂堆・河川堤防	不明		○			○	
渋見廃寺	安濃	津市渋見	下位段丘・丘陵裾部	不明					○	
浄土寺南遺跡	安濃	津市浄土寺	河川堤防	不明						
大角廃寺	一志	白山町川口大角	低位段丘	不明						
高寺廃寺	一志	一志町高寺	低位段丘	不明		○	紀寺式			
八太廃寺	一志	一志町八太	中位段丘	心礎？		○		○		○
天花寺廃寺	一志	嬉野町天花寺	低位段丘	法起寺式		○		○		○
中谷遺跡	一志	嬉野町天花寺	山地・丘陵裾部	土壇・礎石						
一志廃寺	一志	嬉野町一志	低位段丘	礎石？				○		
嬉野廃寺	一志	嬉野町上野	中位段丘	礎石？				○		
上野廃寺	一志	嬉野町上野	中位段丘	礎石？		○		○		
伊勢寺廃寺	飯高	松阪市伊勢寺	中位段丘	区画溝		○	○	○		
曲遺跡	飯高	松阪市曲	扇状地・扇端部	不明						
丹生寺廃寺	飯高	松阪市丹生寺奥	低位段丘	方形区画		○		○		
ヒタキ廃寺	飯高	松阪市阿形	低位段丘	掘立柱建物						
御麻生薗廃寺	飯高	松阪市御麻生薗	扇状地・扇頂部	方形区画						
貴田寺廃寺	飯野	松阪市上川	中位段丘	不明				○		○
野中垣内廃寺	飯野	松阪市櫛田	河川堤防	不明				○		
逢鹿瀬廃寺	多気	多気町逢鹿瀬	中位段丘	不明						
四神田廃寺	多気	多気町四神田	中位段丘・丘陵裾部	不明						

（土　瓦）／奈　良　期　　　　諸地形・諸施設との関係（○：隣接　△：近接）

平城宮式	伊勢国府式重圏文	伊勢国分寺式	伊勢国分尼寺式	その他奈良期瓦	古道	河川・湖沼	山地	他寺院	官衙	集落	前・中期古墳	群集墳	類　型
					○	○	△	○	○				官衙官道隣接・眺望
					○	△	△	○	△				官衙官道隣接・眺望
				尾張国分寺式		○	○						聖域・神宮寺
						○	○						河川・眺望
				飛雲文			○						眺望
						○			○				官衙隣接・河川
				飛雲文			◎						山林寺院
						○				○			村落内寺院？
均整唐草						○							河川・眺望？
	○	○	○		△	△		○					官道隣接・眺望
		○	○		△	△		○					官道隣接・眺望
		○	○		○	○		○	○		○	○	官衙官道隣接・眺望
○										○			港津
均整唐草						△				○			港津・官衙隣接？
						○							眺望？・港津？
						○	○			○			聖域？
		○			○	○	△	○	○			○	官衙官道隣接・河川
	○				△	○						○	河川・官道隣接？
唐草						○						○	河川
均整唐草	○						○				○	○	眺望？
均整唐草	○				○	○	○	○			○	○	官道隣接
	○						○	○			○	○	聖域？
					○	○		○		○	○	○	官道隣接
					○？			○		○		△	官道隣接・眺望
			○		○？			○		○		○	官道隣接・眺望
西隆寺系		○				△				○			眺望？・水源？
					○	△				○			水源？
均整唐草						△	○			△	○	○	河川・眺望
		○		細弁系・花雲文						○	○	○	村落内寺院？
西隆寺系							○						聖域
○					○	△？					○		官道隣接・眺望
		○			○	○					△		官道隣接・河川
			○				○						聖域
			○				○						聖域

54　第Ⅱ章　伊勢地域における寺院選地

郡を越えた瓦の同笵・同文関係が顕著にみられることからも，郡ごとに各個に築かれたいわゆる「郡寺」的な様相というよりむしろ，さらに広域な造寺計画が存在したものと思われる。

　それらの諸寺において，選地のあり方はかならずしも一様ではないものの，いくつかの傾向性もまたみてとれることが指摘できる。

　まずは，この地域においては，古墳の分布の濃密な地域と寺院の分布がかならずしも一致しないことがあげられる。多くの地域において，古墳とくに後期群集墳・終末期古墳と寺院の分布は一致することが多く，古墳造営者から寺院造営へという一連の流れが想定されてきた。この地域においては，鈴鹿川中流域に代表的な中期〜後期古墳が密集して築造されており，また安濃川右岸の長谷山の中腹から山麓にかけては，数百基単位の群集墳が存在している。これらの地域では，7世紀以降は鈴鹿郡家（八野遺跡）・安濃郡家（浄土寺南遺跡）に推定される遺跡がそれぞれ存在しており，また鈴鹿川中流域には伊勢国府（三宅遺跡）も置かれるなど，政治的な中心地にもなっていくが，寺院に関しては逆に，現在のところまったくの空白地帯である。

　しかしながらこれら郡家と寺院の関係を見ると，桑名郡（北小山・南小山廃寺）・員弁郡（員弁廃寺）・河曲郡（大鹿廃寺）では官衙（郡家）隣接型の寺院選地をとるが，先述の鈴鹿・安濃両郡のみならず，朝明郡家とされる久留倍遺跡や，奄芸郡家ともされる郡山遺跡群など，比較的規模の大きい遺跡からも，現在のところ寺院跡や顕著な瓦の出土は確認されておらず，郡家の位置と寺院が一致しない例も多いことがわかる。額田廃寺や西方廃寺など，むしろ郡域の隅のほう，境界付近等に造営される例もある。北勢・中勢地域においては，古墳後期から飛鳥期において遺跡動態，集落の様相が大きく変化したとされており（森川2008），その中で広域的に寺院の適地が模索されているといえよう。

　それではこの地域において，どのような場所が寺院造営の「適地」として認知されていたのであろうか。

　もっとも顕著にみられるのが，木曽三川の形成する沖積低地や伊勢湾，海浜低地部を広く見下ろす中位〜高位の段丘上で，しかも比較的大きな河川に沿った場所を選地する傾向性が強いことである。北から桑名郡北小山廃寺・南小山廃寺・西方廃寺，河曲郡大鹿廃寺，安濃郡四天王寺廃寺と，いずれも地勢的にはよく似た選地をとっている。朝明郡縄生廃寺も，山中に所在し低地部からの眺望は遮られるものの，員弁川下流域のもっとも低地部に突き出た尾根筋を選地している。海上・水上交通を強く意識したモニュメント的色彩が強い，水運型，眺望型の寺院選地といえよう。

　河川沿いの内陸部にも寺院は展開する。伊勢最古の寺院とされる額田廃寺は，員弁川北岸にもっとも近接して張り出した丘陵上を選地し，員弁川の水運を強く意識したものと考えられ，員弁廃寺はさらにその上流，員弁郡家とされる山田遺跡に隣接している。また智積廃寺は三滝川沿いの条里の最奥部を選地しており，水運ばかりでなく，水田地帯を潤す水源を扼す役割も併せもっていたと考えられる。

　しかしながら，純粋な河川型寺院の数は決して多いとは言い難い。中勢地域に目を移すと，先述のとおり鈴鹿郡・安濃郡の中心地はそれぞれ鈴鹿川・安濃川の中流域に位置しているが，寺院はそこでは確認されていない。鈴鹿郡ではのちの金王道を東へ進んだ海岸部に天王廃寺が，奄芸郡では志登茂川の河口からやや遡った，古代の潟湖最奥部付近に安養院跡が造営されている。また安濃郡

でも安濃川河口の海岸砂堆上に四天王寺廃寺，そこからすこし奥まった位置に渋見廃寺が造営されるなど，内陸部に大きな拠点がありながらも，寺院は海浜部に近いところに寺院を造るといった傾向性がみてとれる。とくに前2者は古墳時代以降の港津に想定されており，水運の拠点である港湾部が強く意識されていたことがわかる。

　奈良時代の瓦が出土し，奈良期に修造したことが確認できる寺院に関しては，さらにその傾向性が強まる。額田廃寺・員弁廃寺・渋見廃寺など，比較的内陸部に所在する寺院からは奈良期の瓦は出土しておらず，代わりに西方廃寺など，沖積低地に突き出た高位段丘にあらたに寺院が造営されている。

　この傾向は国分二寺でも同様であり，伊勢国府が長者屋敷遺跡・三宅遺跡とも鈴鹿郡，鈴鹿川およびその支流の中流域に所在するにもかかわらず，伊勢国分二寺は郡境を越えた河曲郡，鈴鹿川の下流域，沖積低地に突き出た高燥な台地上を選地している。国府と国分寺の所在郡が異なる例については，伊勢のほかにも数例みられており，在地有力者のパワーバランスの結果として語られることが多いが，各地域ごとの寺院認知への傾向性というものも，国分寺の選地にあたって影響を与えた可能性もあろう。

　しかしながらその一方で，三重郡では逆に，内陸部の智積廃寺の修造や，西ヶ谷廃寺の新造が進められている。

　このように水路や水運・海運への意識はかなり強いものの，陸路への意識は，寺院ごとにそれぞれである。官道は郡家付近を通過する傾向にあるものの，寺院については北小山・南小山廃寺や大鹿廃寺などの郡家・駅家隣接の寺院を除き，かならずしもその限りではない。

　また，中勢以南の地域においては奈良中期以降，伊勢国府や国分寺系の軒瓦が多く分布するのに対し，北勢地域においてはそれらの瓦は稀であり，むしろ近江国府系飛雲文軒瓦や尾張国分寺系瓦との紐帯が強まることが指摘できる。尾張国分寺の軒平瓦と同文の瓦が出土する多度神宮寺は，その対岸が尾張の馬津駅家であり，両者は舟運型の駅家であることで共通する（山中章2011）。近江系飛雲文瓦が出土する西方廃寺・縄生廃寺は，員弁川を遡り，そこから八風越えによる近江とのルートが古代でも生きていたことを想起させる。

　これら北勢地域の諸寺に他国国府・国分寺系瓦が使用されることについて，寺院の檀越と考えられる北勢の有力郡司層と他国国司との直接的関わりとは考えづらく，多度神宮寺の性格等に鑑みるなら，その採用にあたっては国司間でのなんらかの遣り取りがあったと考えるのが妥当であろう。8世紀中葉以降におけるこれらの瓦を使用した修造は，国司・国師による国内寺院の統制のもとでおこなわれた可能性が高い。

⑵　南 勢 地 域

　これに対して南勢地域では，まったく異なる様相を呈する。

　まず特筆すべきは，寺院の数と集中度である。とくに一志郡中枢域において顕著であるが，ここには河川とその両岸の山林で挟まれた1.5km四方程度のさほど広くない地域に，天華寺廃寺をはじめ八太廃寺・一志廃寺・中谷遺跡・上野廃寺・嬉野廃寺の6つの寺院および瓦出土遺跡が，軒を並べるように密集して造営されている。

56 第Ⅱ章 伊勢地域における寺院選地

　このような事例は，たとえば近江の現草津市北西部付近などにおいてもみられることを述べたが（本書第Ⅰ章），こちらが琵琶湖の港津であり，付近には顕著な後期古墳や官衙・大集落などの政治的な拠点がみられなかったのに対し，一志郡の事例では，後背山林には多くの古墳が存在し，また河口道と伊勢道の交点付近で，一志郡家もこのあたりに想定されるなど，古墳時代以降，要地であり続けた地域と考えられる。また，草津市域の寺院群が，出土軒瓦の様相がバラバラであり，それぞれ別個の造営主体によるものと想定できるのに対し，一志郡では，造営が遅れる中谷遺跡を除いてはすべて，天華寺式軒瓦を，それも複線鋸歯文が細かく，初現形態に近いものを共通してもちいている。造営にあたっては，共通の強い意識があったものと思われる。これらの寺院は微差はあるものの全般的に，陸路より河川，さらにそれよりも山林を意識し，また低地部を眼下に見下ろす段丘端部に立地する例が多く，官衙や集落に隣接しながらも，そこからの眺望，モニュメント性を意識した選地といえよう。

　寺院の集中という意味では，飯高郡でも伊勢寺廃寺と曲遺跡，飯野郡でも貴田寺廃寺と野中垣内廃寺というように，2寺が近接して造営されている。これら2寺はそれぞれ出土瓦の瓦当文様もやや異なり，たとえば僧寺と尼寺のようなセット関係を呈するかは微妙なところであるが，両者とも付近に中期古墳や後期群集墳が存在すること，近接して伊勢寺遺跡，打田遺跡など，比較的規模の大きい集落遺跡がみられることなど，古墳時代から続く拠点的な地域であることは一志郡例とも共通する。伊勢寺廃寺は扇状地南端を流れる河川沿いに，また曲遺跡は扇端部の湧水点付近に造営されるなど，選地においては低地部への水源という意識も強くもたれていたものと考えられる。逆にヒタキ廃寺は河川に近いとはいえ，阪内川からはやや奥まった場所にあり，川との間に打田遺跡の集落が広がるなど，直接川は意識されていないようである。

　寺院が特定の場所に集中するということは，逆に寺院分布が疎である地域も存在するということである。一志郡の諸寺と伊勢寺廃寺の間，阿坂山東麓に広がる広闊な台地・段丘は，立地条件的には上記寺院群の所在する地域とさほど大きな違いはない。穂積氏はこの阿坂山東麓に関して，古墳の空白地帯であり，また式内社である阿坂神社や岩倉地名の存在などから，古墳築造があえて忌避されていた可能性を論じているが（穂積2010），寺院に関してもそれは同様のことがいえそうである。湧水点祭祀としても，阿坂山東麓の泉の森には式内大神社が存在したとされ（穂積2010），そのすぐ南における伊勢寺廃寺・曲遺跡の様相とは対照的であり興味深い。

　また，南勢地域における古墳の密集地帯としては，先述の一志郡西部の山林部や中村川右岸の段丘上，また阿坂山東南麓の山中，阪内川右岸の台地・段丘上などに顕著であるが，それとともに，櫛田川下流域右岸，多気郡域に広がる丘陵部には，権現山古墳群などの中期古墳や，河田古墳群・上村池古墳群・坂本古墳群などの群集墳が，数多く築造されている。前3者は，一志郡諸寺，伊勢寺廃寺，ヒタキ廃寺など，それぞれ対応して寺院存在するものの，多気郡の古墳群に関しては，それに対応するであろう寺院がみられない。この丘陵北麓には，斎宮が造営されるなど，多気郡やその隣の度会郡などは，伊勢神宮関係の神郡として認知されていく地域であり，8世紀後半以降に神宮寺として造営されたと言われる逢鹿瀬廃寺などを除いては，純粋な意味での寺院造営は，阿坂山東麓と同様かそれ以上に，むしろ規制が掛かった地域であった可能性が高い。

　南勢地域の南部では，逢鹿瀬廃寺や御麻生薗廃寺なども，河川中流～上流域の山中，やや人里離

れた場所に寺院造営される例もある。神宮寺とされる逢鹿瀬廃寺はもちろんのこと，御麻生薗廃寺も西隆寺式軒瓦が使用されるなど，8世紀後半以降も重要な寺院として認知されていたと考えられる。その背景については現時点で想定することは難しく，今後検討事例を増やしていく中で考えていきたい。

　また全体的な傾向として，北勢・中勢地域と異なり，海浜部への意識がまったくみられないことも，特筆しておくべきであろう。櫛田川河口付近に造営された飯野郡の野中垣内廃寺を除くすべての寺院は，河川の中〜上流域か，それでなくても河川よりも山林への意識が強く，その様相は8世紀になっても大きく変わらないようである。

　8世紀における寺院の修造傾向については，寺院の密集地である一志郡を含め，その多くが難波宮式（伊勢国府式）や伊勢国分二寺式の瓦で修造をおこなっており，寺院の数は意外と淘汰されてはおらず，むしろ曲遺跡やヒタキ廃寺など，8世紀に入ってから新造された寺院も多い。

おわりに

　以上，伊勢地域における古代寺院の選地についてみてきた。この地域においては，北勢・中勢地域と南勢地域において，寺院の選地に大きな違いがみられることが強調できた。

　伊勢においても，先述の近江においても，すくなくとも一郡〜半国程度の地域的広がりの中で，微差や例外こそあるものの，寺院造営に関する意識がある程度共有されていたことは言ってもよいと思われる。この広さは，拠点寺院を中心とした地方における同文瓦の分布域（≒瓦工人の活動域）とも，完全には重ならないものの広さとしてはやや近いものがあり，それらを含めた古代の寺院造営における情報共有のあり方も考えていく必要があろう。

註　近年の調査では，安養院跡では寺院関連遺構は検出されず，窪田垣内遺跡や六大B遺跡で瓦が出土するのみである。またこれらの遺跡群について，奄芸郡家との関連をみる見解もある（吉田真由美2016）。

第Ⅲ章　尾張地域における寺院選地

は じ め に

　愛知県西部にあたる尾張地域では，40余の古代寺院（瓦出土遺跡）の存在が知られている。この数は一国あたりの地方寺院数としては，かなり多い部類に入る。しかしながらそれらの寺院のほとんどは，わずかの瓦出土が知られるのみで，その実態はあきらかではない。個々の寺院について考古学的にあきらかなことは，発掘調査がおこなわれ伽藍構造や多くの出土遺物が確認されているわずかの寺院を除いては，驚くほど少ない。

　しかしながら尾張地域においても，寺院の立地と周辺諸環境・諸遺跡についての総合的な分析をおこなうことで，個々の遺跡のもつデータ量の僅少さを克服し，当地の寺院造営の事情に迫ることができると考える。

1　尾張の地勢と交通路

　尾張地域は，東部および北東部の丘陵地帯から派生する台地群および，西方に流出する大小の河川の営為によって濃尾平野の沖積部が形成されている。とくに該期の遺跡密度としては，尾張北西部の濃尾平野の河川堤防など微高地上に，集落跡をはじめとする多くの遺跡が確認されており，また尾張北東部〜東部に広がる犬山扇状地や熱田台地・名古屋台地なども遺跡密度が濃い。さらに東方・北方の丘陵部には，猿投窯・尾北窯など窯業地域が展開しており，南東部の知多半島沿岸部には製塩遺跡が多く形成される。

　尾張国は，令制下においては東海道に属するが，7世紀末ごろまでは東山道に属していたという説も提示されており（田中卓1980），美濃と尾張の間には，各時期を通して多くの連絡路の存在が指摘されている。これらの諸道はいずれも現地形や古墳・寺院など遺跡の所在地から復原されたものであり，東海道の本道を含めたそのルートの確定は実際の道路遺構や駅家遺跡の検出をまたねばならないものの，いちおう図上では，これまでの諸論[1]をもとに，おおむねの現時点での見解を提示した。

2　尾張北西部（葉栗郡・丹羽郡・中島郡・海部郡）（図40および41の一部）

　まずは，尾張北西部の寺院立地についてみていく。

　葉栗郡では黒岩廃寺・音楽寺・東流廃寺の3寺が確認されている。いずれも犬山扇状地末端，木曽川沿いの緩扇状地を選地しており，木曽川の水運を強く意識した選地であることがわかる。音楽

寺は主要堂宇の遺構がすべて検出された尾張では稀有な例であり，金堂と塔が東西に並ぶ法起寺式または川原寺式の伽藍配置をとる。黒岩廃寺は約70基の大規模な後期・終末期群集墳である浅井古墳群に隣接しており，音楽寺も付近には中期の前方後円墳である宮後大塚古墳や，後期の円墳である音楽寺古墳が存在する。

　丹羽郡では5寺が確認されている。御土井廃寺・川井薬師堂廃寺・伝法寺廃寺はいずれも五条川右岸の河川堤防上に位置している。周囲は7世紀の集石墓群が検出された岩倉城遺跡や，古墳前期の集落である元屋敷遺跡，平安期の集落遺跡である三ツ井遺跡，おなじく平安期の墨書土器が出土した猫島遺跡など，墳墓や集落が集中する場所である。長福寺廃寺は犬山扇状地の最末端，五条川が沖積低地部へ流れ出る緩扇状地上に位置する。伽藍の詳細は不明だが，塔心礎が確認されている。付近には小折・曽本古墳群など大規模な群集墳が所在する。出土軒瓦の文様から，かつては尾張最古の寺院として位置付けられてきたが，縄叩き平瓦が共伴することなどから，近年ではやや年代を

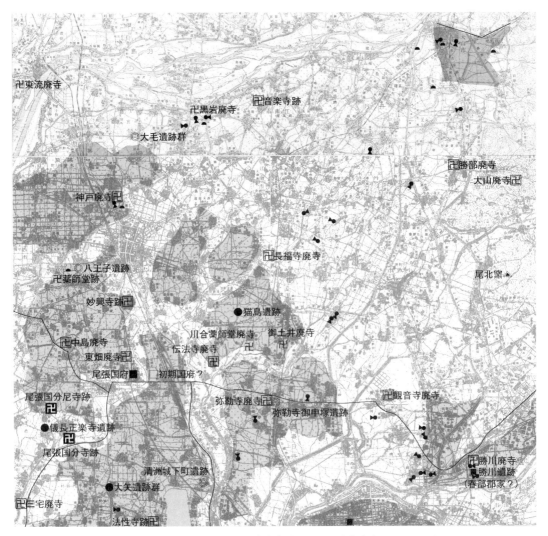

図40　尾張地域北西部における古代寺院および関連諸遺跡（1：150,000）

下げて考えられている（梶山1997a）。勝部廃寺は犬山扇状地端部付近の下位段丘上に位置しており，掘立柱列が検出されたとの伝聞がある。文様的にやや古手の素弁蓮華文軒丸瓦が出土している。南西方には尾張2位の墳長の青塚古墳を含む青塚古墳群が存在する。

　中島郡では尾張国分寺を含めて9寺が確認されている。東畑廃寺は三宅川右岸の河川堤防上に位置しており，すぐ南には平安期の尾張国府跡や，陶硯や瓦塔などが出土し，前期国府とも考えられている塔の越遺跡が所在している。なお，塔の越遺跡では古墳後期の円墳2基も確認されている。古代尾張の中心地に所在する寺院であり，伽藍についても，金堂・塔・講堂と複数の基壇建物が確認されており，法起寺式伽藍配置をとる。出土瓦は7世紀後半から平安期まで多岐にわたるが，8世紀中葉以降の瓦は尾張国分寺との同笵関係を多くもつ。川原寺裏山遺跡や橘寺など大和の諸寺と酷似する塼仏が出土することも特筆できる。神戸廃寺は日光川右岸の河川堤防上に位置しており，周囲は今伊勢古墳群など，古墳時代前期から続く古墳の集中地帯である。確認されている出土瓦は少ないものの，大和姫寺や美濃山田寺との同文関係が注目される。薬師堂跡は日光川左岸の河川堤防に位置している。隣接する八王子遺跡からは，6世紀からの古墳群およびL字形に配置された掘立柱建物群が検出されており，有力層の居住地と推定されている。中島廃寺は三宅川支流の旧河道付近の河川堤防上に位置しており，発掘調査により新旧2時期の基壇跡が確認されている。中島廃寺と薬師堂跡の中間付近に展開する萩原遺跡群は，古墳時代における尾張北西部の拠点とされている。妙興寺跡は三宅川旧河道右岸の河川堤防上に位置している。

　中島郡南部では，三宅廃寺は三宅川右岸，法立廃寺は日光川左岸の河川堤防上に，それぞれ位置している。三宅廃寺からは「額田部寺」銘の一枚作り平瓦が出土している。尾張国分寺は三宅川右岸，河川がちょうど蛇行する地点に形成されたやや広めの河川堤防上に位置しており，その中でも南北に長い微高地全体が寺域に想定されている（北條2011）。金堂・塔・講堂・回廊および南門などが確認されており，塔を回廊外の東に配する国分寺式の伽藍配置をとる。国府からは南西に約4kmとやや離れている。三宅川の西側対岸の儀長正楽寺遺跡からは瓦塔や浄瓶などが出土しており，寺院関連遺跡と想定されている。尾張国分尼寺は国分寺の北西方，三宅川右岸の河川堤防上に推定されており，礎石や瓦片が確認されている。

　海部郡では9寺が確認されている。淵高廃寺は日光川右岸の河川堤防上に位置しており，尾張国分寺式の軒瓦・鬼瓦が出土する。宗玄坊廃寺は旧佐屋川右岸の河川堤防上に位置している。諸桑廃寺・寺野廃寺・篠田廃寺・砂山廃寺は，いずれも地勢上は氾濫平野と海岸平野の境界からやや海岸平野側に入りこんだあたり，おそらく当時の汀線付近の海岸砂堆であり，平安期の東海道推定路に近接した場所に並んで位置している。海部郡南部のこの付近には，奥津社古墳や諸桑古墳などの前中期古墳も多く所在し，また寺野遺跡・埋田遺跡・蜂須賀遺跡・諸桑遺跡など，古墳時代から古代にかけて，安定的に集落遺跡が形成されている地域である。低湿地上の微高地ごとに，古墳や集落，寺院が散在する景観であったと思われる。甚目寺遺跡・法性寺跡・清林寺跡は，五条川右岸，新川との合流地点付近の微高地上に並んで位置している。甚目寺遺跡では掘立柱建物1棟および竪穴住居2棟が検出され，掘立柱の柱根の年輪年代測定により，650±50年という絶対年代が与えられている。清林寺では基壇および根石の痕跡が確認されている。甚目寺遺跡と法性寺遺跡の中間に所在する大渕遺跡からは，6世紀から10世紀にかけての掘立柱建物や総柱建物が数多く検出され，竪穴

表5　尾張地域の寺院立地と出土瓦

| 遺跡名 | 旧郡 | 所　在　地 | 地形 | 伽藍 | 年代（出 | | | | | | | |
| | | | | | 白鳳前期 | 白　鳳　後　期 | | | | | 奈良 | |
						素弁・単弁系	坂田寺式	山田寺式	川原寺式	その他	藤原宮式	平城宮式
黒岩廃寺	葉栗	一宮市浅井町黒岩	緩扇状地	土壇？・塔？						○		
音楽寺	葉栗	江南市村久野町寺町	緩扇状地	川原寺式？		○						
東流廃寺	葉栗	羽島市笠松町東流	河川堤防	不明						湖東式		
長福寺廃寺	丹羽	一宮市千秋町加納馬場	扇端部	心礎		○						
勝部廃寺	丹羽	犬山市角池	下位段丘	不明		○						
御土井廃寺	丹羽	岩倉市稲荷町御土井	河川堤防	礎石？			○					
川井薬師堂廃寺	丹羽	岩倉市川井薬師堂	河川堤防	心礎・礎石			○				○	
伝法寺廃寺	丹羽	一宮市丹陽町伝法寺字塔塚	河川堤防	区画溝			○			複弁		
東畑廃寺	中島	稲沢市稲島町東畑・北屋	河川堤防	法起寺式		○	奥山廃寺同笵		○	○		○
妙興寺跡	中島	一宮市大和町妙興寺	河川堤防	不明		○						
神戸寺	中島	一宮市今伊勢町目久井	河川堤防	不明		○						
薬師堂跡	中島	一宮市大和町苅安賀字薬師堂	河川堤防	不明	変形細弁							
中島廃寺	中島	一宮市萩原町中島字戌亥	河川堤防	基壇・礎石		○						
三宅廃寺	中島	稲沢市平和町下三宅	河川堤防	不明		○						
法立寺	中島	稲沢市平和町法立	河川堤防	不明		○						
尾張国分寺	中島	稲沢市矢合町椎ノ木・中椎ノ木	河川堤防	国分寺式								
尾張国分尼寺	中島	稲沢市法花寺町熊ノ山	河川堤防	不明								
淵高廃寺	海部	愛西市淵高町平太	河川堤防	不明								
諸桑寺	海部	愛西市諸桑町東浦	砂堆	不明		○						
宗玄坊廃寺	海部	愛西市宮地町大倉	河川堤防	不明		○						
寺野廃寺	海部	津島市寺野町郷東	砂堆	不明						法隆寺式？		
篠田廃寺	海部	あま市篠田	砂堆	掘立柱建物？								
砂山廃寺	海部	愛西市須依町砂山	砂堆	不明								
法性寺跡	海部	あま市新居屋	河川堤防	不明		○						
甚目寺遺跡	海部	あま市甚目寺	河川堤防	心礎・掘立柱建物		○			○			
清林寺遺跡	海部	あま市坂牧	河川堤防	基壇・礎石		○						
弥勒寺廃寺	春部	北名古屋市弥勒寺西二丁目	河川堤防	基壇・心礎・礎石		○						
観音寺廃寺	春部	西春日井郡豊山町豊場	下位段丘	不明							○	
大山廃寺	春部	小牧市大山	山林	塔・掘立柱建物群・平坦地							○	○
勝川廃寺	春部	春日井市勝川町五丁目	低位面	区画溝					○		○	○
小幡西新廃寺	山田	名古屋市守山区西新	中位段丘	不明		○						
小幡花の木廃寺	山田	名古屋市守山区小幡南1丁目	中位段丘	不明		○						
品野西遺跡	山田	瀬戸市品野町四丁目ほか	谷底平野	掘立柱建物		○						
古観音廃寺	愛知	名古屋市昭和区長戸町	中位段丘	不明								

土　瓦）

前期	奈良後期～平安期				諸地形・諸施設との関係(○：隣接　△：近接)								類型
その他	大安寺式	尾張国分寺式	中島廃寺式	その他	古道	河川・湖沼	山地	他寺院	官衙	集落	前・中期古墳	群集墳	類型
						○						○	河川
細弁						○					△		河川
						○							河川
				特殊文複弁		○						○	水源・官衙隣接？
											△		眺望
						△		△		△	○		河川・村落内寺院？
						○		△		△	○		河川・村落内寺院？
	○					○					△		河川・村落内寺院？
統一新羅系		○			○？	○			○			△	河川・官衙官道隣接
細弁		○				△							河川・村落内寺院？
						○						○	河川・村落内寺院？
						△				○		○	河川・村落内寺院？
「額田部寺」銘瓦			○		○？	○							河川・官道隣接？
						○							河川
	○	○	○			○							河川・村落内寺院？
						○				△			河川
		○				○							河川
						○				△			河川・村落内寺院？
					△	○					○		河川・村落内寺院？
					△	○				○			河川・村落内寺院？
					△	○				○			村落内寺院？
					○	○							村落内寺院？
						○				○			村落内寺院？
		○				○		△		○			河川・官衙隣接？
						○		△		○			河川・官衙隣接？
一本作り素弁		○			○？	△		△					河川・官衙隣接？
			○		○？	△				○			河川・官衙官道隣接？
一本作り素弁					○？	△							河川・官道隣接？
一本作り素弁				細弁			○						山林寺院
				細弁		○			○		△	○	河川・官衙官道隣接
					○？	○		△			○		河川
		？		文字瓦	△？	○		△	○				河川・村落内寺院？
						○	○		○				村落内寺院？
	○				△	△		△					官道隣接？

64　第Ⅲ章　尾張地域における寺院選地

遺跡名	旧郡	所在地	地形	伽藍	年代（出							
						白鳳後期					奈良	
					白鳳前期	素弁・単弁系	坂田寺式	山田寺式	川原寺式	その他	藤原宮式	平城宮式
極楽寺	愛知	名古屋市昭和区村雲町	中位段丘	不明						花文叩き		
尾張元興寺	愛知	名古屋市中区正木四丁目	中位段丘	不明・塔水煙出土	奥山廃寺式・重圏文縁素弁・忍冬蓮華	○		○	○	法隆寺式		
鳴海廃寺	愛知	名古屋市緑区鳴海町本町	中位段丘	不明								
西大高廃寺	知多	名古屋市緑区大高町西大高畑	丘陵	不明		○						
トドメキ遺跡	知多	東海市名和町ト、メキ	海岸平野	不明		○						
名和廃寺	知多	東海市名和町岡前	海岸平野	不明		○						
法海寺	知多	知多市八幡平井	砂堆	心礎・礎石		○						
海道田遺跡	知多	知多郡美浜町奥田字海道田	丘陵	不明		○				複弁		

住居がないことおよび陶硯や墨書土器の出土から，官衙系遺跡または寺院関連遺跡と想定されている。古代海部郡の中心となる場所のひとつと思われる。

3　尾張南東部（春部郡・山田郡・愛知郡・知多郡）（図40の一部および図41）

　春部郡では4寺が確認されている。弥勒寺廃寺は五条川左岸に形成された氾濫低地の微高地を選地している。遺跡の東側には，陶硯などが出土した弥勒寺御申塚遺跡が，またやや離れた西方には竪穴住居などが検出された集落遺跡である中ノ郷遺跡および，7世紀に築造された宇福寺古墳が所在している。観音寺廃寺は現在の名古屋空港の位置，旧来は岡山と呼ばれた小丘陵の南麓一帯に所在したとされる。大山廃寺は小牧市東方の山中の南斜面に所在する山林寺院である。古代～中世にかけて多くの平坦地が形成されており，そのうち南向きの尾根筋を開析した平坦地群からは，礎石建の塔跡や複数の掘立柱建物跡，石積列など，複数の基壇建物が確認されている。創建年代については複数説があるが，筆者は出土瓦の製作技法が横置型一本作りであることから8世紀第2四半期ごろと想定している（梶原2010d）。勝川廃寺は庄内川右岸，河畔の沖積低地を見下ろす低位段丘上に位置する。寺域と考えられる東西227m×南北146mの区画溝内には，時期を違えた多くの掘立柱建物は立ち並ぶものの，基壇建物の伽藍の痕跡はみつかっていない。高蔵寺瓦窯で焼成された藤原宮同笵・同文の軒瓦などが出土している。この勝川廃寺を含む勝川遺跡では，掘立柱建物や竪穴住居が多く検出され，また沖積低地部の自然流路からは，人形や墨書土器など祭祀に関わる遺物も出土しており，春部郡家にも推定されている。付近には味美二子山古墳をはじめとした味美古墳群，群集墳としては勝川古墳群が所在する。

　山田郡では3寺が確認されている。小幡西新廃寺は矢田川右岸の沖積低地を見下ろす中位段丘上に位置しており，6世紀前半の前方後円墳とされる守山瓢箪山古墳の南にほぼ接する形で造営され

土 瓦)					諸地形・諸施設との関係(○:隣接　△:近接)								類　　　　型
前期	奈良後期～平安期												
その他	大安寺式	尾張国分寺式	中島廃寺式	その他	古道	河川・湖沼	山地	他寺院	官衙	集落	前・中期古墳	群集墳	
					△	△		△				△	官道隣接?
	○			宝相華文	△	○			○	○	△	○	港津・官衙官道隣接
		○		平城宮式		○				△			港津・眺望?
						○							港津・眺望?
						○					△		港津・眺望?
		○				○				△	△		港津・眺望?
			○	一本作り素弁						△			眺望
				一本作り素弁		○	○						眺望

ている。小幡花の木廃寺はおなじく矢田川右岸の中位段丘端，小幡西新廃寺の東方約1kmに位置し，「黒見田」銘須恵器などが出土する小幡遺跡に隣接して造営されている。品野西遺跡は尾張から美濃へと続く瀬戸街道の要衝の山麓に所在する掘立柱建物群であり，付近には墨書土器が多く出土する上品野蟹川遺跡や，おなじく掘立柱建物群が検出された上品野遺跡・落合橋南遺跡などが存在し，交通の要衝に築かれた大規模な官衙系施設群と考えられる。品野西遺跡の南東部の一角から，簾状重弧文軒平瓦などの瓦類が出土しており，この周辺に仏堂の存在が想定されている。

　愛知郡では4寺が確認されている。尾張元興寺は熱田台地の西端に位置し，寺院の西側にあゆち潟の低地面を広く臨む場所を選地している（図43）。創建が7世紀中葉に遡る尾張最古の寺院とされる。伽藍の明確な遺構は検出されていないものの，金銅製水煙の出土などから塔の存在は確認されており，のちに定額願興寺として尾張国分寺にも転用されていることからも，一定以上の規模をもった大寺院であろうと考えられる。近接する正木町遺跡は古墳時代中期以降に開発が進められた遺跡であり，古代の遺構としては6棟の掘立柱建物や大溝，竪穴住居群などが確認されている。羊形硯なども出土することから，愛知郡家などにも比定されている。その他にも金山北遺跡，伊勢山中学校遺跡，東古渡町遺跡など，官衙系遺跡や集落遺跡が密集しており，古代の愛知郡の中心であったことは疑いない。またおなじく熱田台地のあゆち潟沿いには，尾張最大の前方後円墳である断夫山古墳および白鳥古墳が並んで築造されており，尾張元興寺はこれらの古墳と同様，あゆち潟からの水上からの視点を強く意識した選地といえよう。また高蔵古墳群などの後期群集墳も近くに存在する。極楽寺は瑞穂台地の西端付近に，古観音廃寺はおなじく瑞穂台地の東端付近の山崎川右岸に，両寺近接して位置しており，東海道の推定ルートからも近い。この一帯は八幡山古墳や白山神社古墳，高田古墳など，規模の大きい中期古墳が集中して築造される地帯である。

　鳴海廃寺（愛知郡），西大高廃寺，トドメキ遺跡，名和廃寺（知多郡）はいずれも愛知郡と知多郡との境界，天白川の河口付近を見下ろす高台に，それぞれ近接して造営されている。郡境の交通の

66 第Ⅲ章 尾張地域における寺院選地

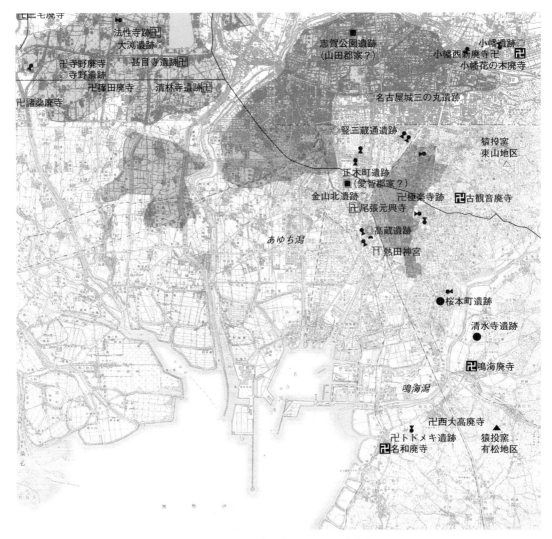

図41 尾張地域南東部における古代寺院および関連諸遺跡（1：150,000）

要衝であり，あゆち潟およびその周囲の低地面を広く臨む地が選地されたのであろう（図44）。付近には斎山古墳や兜山古墳などの前・中期古墳や，木製品や墨書土器などが出土する菩薩遺跡をはじめ，集落遺跡も存在する。

　知多郡では前述3寺のほかにあと2寺が確認されている。法海寺は砂堆の東端に位置しており，遺跡の東方から北方にかけて，南北約4kmの広闊な沖積低地を臨んでいる。海道田遺跡（奥田廃寺）は丘陵先端部に位置し，南に山王川および河川沿いに広がる低地部を臨んでいる。

4　尾張地域における古代寺院の選地傾向

　以上，尾張地域の古代寺院について，その立地・選地という側面を中心にみてきた。ここからは，尾張の古代寺院のいくつかの重要な特徴がみてとれる。

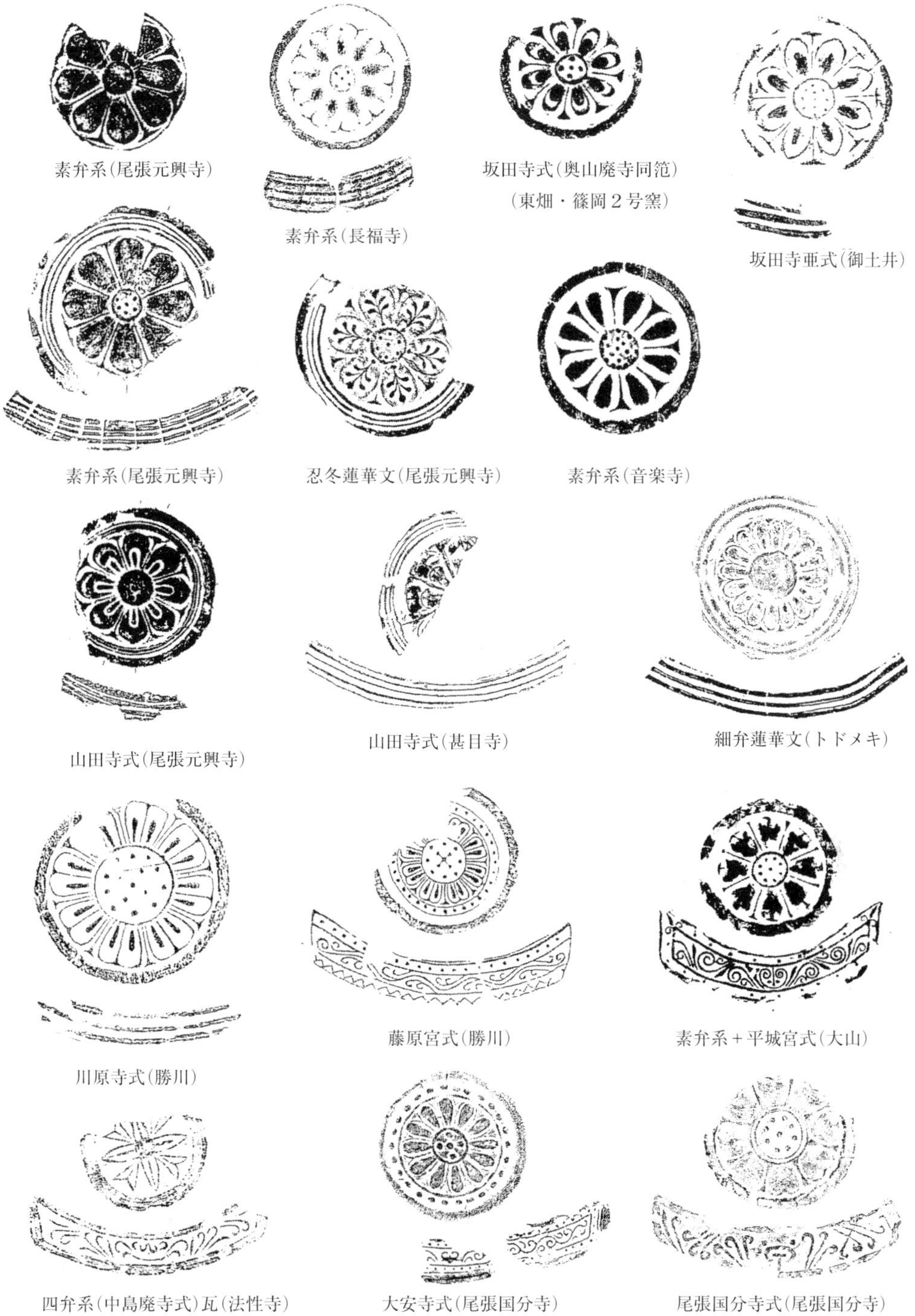

素弁系（尾張元興寺）　　　　　　　　　　　素弁系（長福寺）　　坂田寺式（奥山廃寺同笵）

（東畑・篠岡２号窯）

坂田寺亜式（御土井）

素弁系（尾張元興寺）　　忍冬蓮華文（尾張元興寺）　　素弁系（音楽寺）

山田寺式（尾張元興寺）　　　山田寺式（甚目寺）　　　　細弁蓮華文（トドメキ）

川原寺式（勝川）　　　　　藤原宮式（勝川）　　　　素弁系＋平城宮式（大山）

四弁系（中島廃寺式）瓦（法性寺）　　大安寺式（尾張国分寺）　　尾張国分寺式（尾張国分寺）

図42　尾張地域の軒瓦　(1：8)　(愛知県2010)

68　第Ⅲ章　尾張地域における寺院選地

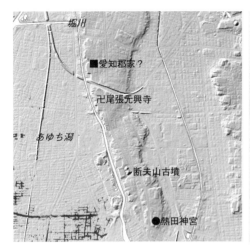

図43　尾張元興寺周辺の地形（右：尾張元興寺付近から南を望む）

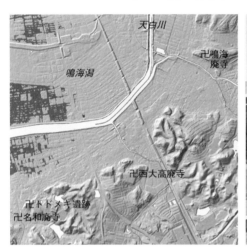

図44　鳴海廃寺周辺の地形（右：笠寺台地から南を望む）

　まずは北西部（葉栗郡・丹羽郡・中島郡・海部郡）の低地部を中心とした寺院の様相である。北西部において比較的早く造営された寺院としては，瓦当文様の変遷などからみると，長福寺廃寺，勝部廃寺，東畑廃寺などが古い段階に属する。のちに尾張国府が設置される地に造営された東畑廃寺を除く2寺は，緩扇状地や段丘上など，比較的高燥な場所を選地する特徴がみられる。とくに長福寺廃寺の立地は，犬山扇状地の扇端部，五条川が氾濫低地部へと流れ出ていく境界の地を選んでいる。背後に丘陵部を仰ぎ，低地部への水源（河川・湧水）を扼する，古社の立地などによくみられるいわゆる「川合の地」というのが，寺院の選地にあたっても重要視されていた可能性が指摘できよう。
　その後の寺院は，ほとんどが五条川・三宅川・日光川および，濃尾平野を網の目のようにめぐるその支流の河川堤防や，付近の氾濫低地上の微高地を選地しつつ，低地部から沿岸部へと広く展開していく。しかしこれは，河川という水上交通路への指向としてのみ解釈できない。むしろ黒岩廃寺や神戸廃寺など後期群集墳との近接や，薬師堂跡や甚目寺遺跡・法性寺跡などのように官衙・集

表6　尾張における寺院遺跡以外から出土した寺院関係遺構・遺物

遺　　　跡	所　在　地	寺院関連遺構・遺物	年　代
塔の越遺跡・長野北浦遺跡	稲沢市長野	瓦塔	
儀長正楽寺遺跡	稲沢市儀長町元薬師	瓦塔・浄瓶	
門間遺跡	一宮市木曽川町門間	瓦塔	8ｃ中葉
重吉城跡	一宮市丹陽町重吉	瓦塔	
瓦ヶ野遺跡	一宮市高田	墨書「僧」	10ｃ前半
北道手遺跡	一宮市光明町	墨書「佛」	8ｃ後半
清洲城下町遺跡	清須市清洲	庇付建物，墨書「沙中房」「大師寺」「堂司」など	10ｃ後半
名古屋市三の丸遺跡	名古屋市中区三の丸	塼仏	8ｃ？
上品野蟹川遺跡	瀬戸市上品野町	墨書「山寺」「寺」	9ｃ後半

落に隣接して造営される場合が非常に多いことがわかる。尾張西部においては，氾濫低地に浮かぶ微高地ごとにそれぞれ古墳や集落が点在しており，さらに大毛池田遺跡や塔の越遺跡など大規模な集落遺跡の発掘調査からは，集落に隣接して後期古墳の存在が確認される例が多く，ひとつの遺跡群として墓域と集落域が存在することがわかる。古墳時代を中心とした濃尾平野の開発の中で，微高地ごとに集落が形成され，それに隣接して墓が造られ，のちにおなじ微高地上に古代官衙・集落や寺院が造営されていくという，古墳時代からの強い継続性が確認できる。

　しかしながら，寺院（瓦出土）遺跡の分布はかならずしも官衙や大規模集落の存在と一致せず，集落はあるが瓦が出土しない例も数多い。だが，尾張とくに北西部の寺院の特徴として，発掘調査がおこなわれていないことや，開発・氾濫などによって地形の改変が進んでしまったこともあるが，明瞭な伽藍をもつ寺院が少なく，また瓦の出土量も僅少な寺院が多いことが指摘できる。先に述べた特徴からも，尾張北西部の寺院の多くは，集落に隣接して小規模な瓦葺堂宇が建設された，村落内寺院的な性格をもつものと想定される。これらの施設は，関東地方の調査例などでは，かならずしも瓦葺でない例も数多くみられており，そのような視点でみるなら，一宮市門間遺跡などでの瓦塔や，一宮市田所遺跡の北端部（北道手遺跡）から出土した「佛」銘墨書土器，また時期はやや降るが清須市清州城下町遺跡における庇付建物などからも，瓦は出土しないものの，これらの大規模集落においても，他の瓦出土の微高地と同様に仏堂的施設が存在したことを強く示唆する（表6）。

　以上の状況から，尾張北西部の寺院の特徴として，木曽川流域の音楽寺や国府に隣接した東畑廃寺など，整然とした複数の堂宇をもつ寺院も存在するものの，むしろ集落ごとのあらたな信仰の拠点として，村落内寺院的な性格を強くもちつつ，多くの寺院遺跡や同様の性格の遺構・遺物が展開していくものと考えられる。

　それに比して，尾張南西部においては，知多郡やそれに近い愛知郡の南辺部を除いては，寺院密度がかなり低いという傾向が指摘できよう。愛知郡では，尾張最古の寺院として，7世紀中葉に尾張元興寺が造営されており，その檀越は愛知郡一帯に大きな勢力をもっていたと考えられる尾張氏とされている。しかしながら愛知郡の中央部には，多くの中期古墳や古墳時代以降の集落遺跡が存在しており，かなり人口密度の高い地域であったと考えられるにもかかわらず，瓦が出土する寺院としては，尾張元興寺のほかには極楽寺と古観音廃寺がみられるのみである。両寺は造営時期を異にすることから並存していない可能性もあり[2]，また尾張元興寺との瓦の共通性からは，僧寺と

70   第Ⅲ章　尾張地域における寺院選地

尼寺など，尾張元興寺とセットとなる寺院とも考えられる[3]。いずれも山崎川の河川堤防上に位置しており，猿投窯東山地区からの製品の搬出ルートと密接な関係をもつものと考える。

　天白川河口部，愛知郡と知多郡の境界付近には，この地域としては比較的寺院が集中している。7世紀末ごろに西大高廃寺とトドメキ遺跡が同笵の細弁蓮華文軒丸瓦を使用して造営されており，8世紀中葉〜後半には鳴海廃寺が独自の平城宮式瓦をもちいて新造されている。名和廃寺では尾張国分寺系瓦が使用されている。いずれも鳴海潟からの眺望の利く選地であり，港津型の寺院としてよい。また天白川河口付近には，清水寺遺跡や桜本町遺跡など，8世紀以降の比較的規模の大きな集落遺跡が存在している。天白川河口地域の寺院造営を含む発展は，山崎川上流域から天白川流域へという，該期における猿投窯内での窯場の移動に伴い，天白川がその製品搬出ルートとなったこと，密接な関係をもつものと思われる。

　上記のように，尾張南西部では，数少ない寺院が，窯業製品やその他手工業生産品の搬出ルート沿いの河川・港津型など水運の拠点を選地し造営されるのに対し，実際の窯業生産地への指向は強くない。猿投窯東山地区をはじめ多くの窯業地帯が存在し，その管掌者としての尾張氏の影響力が強かったとされる（城ヶ谷1984・1996など）山田郡においても，寺院はほとんど造営されていない。小幡西新廃寺・小幡花の木廃寺の2寺も造営時期を異にしており，西新廃寺から花の木廃寺へと移転した可能性も指摘できよう。西新廃寺が前方後円墳というモニュメントに隣接し，矢田川から守山瓢箪山古墳を眺める視線を意識した選地なのに対し，花の木廃寺のほうは周囲に古墳がない集落隣接型であり，選地意識の変化をみることもできよう。平野部においては，山田郡家ともいわれる志賀公園遺跡においても，瓦葺建物の痕跡や瓦塔などは確認されていない。丘陵部においても，若王子遺跡など該期の一般集落や，また金萩遺跡や三ヶ所遺跡などでは竪穴住居や掘立柱建物群が検出され，猿投窯製品の集積所とも考えられているが，いずれも瓦や寺院に関する遺構はみつかっていない。

　春部郡も尾北窯という一大窯業地帯を抱え，また西山遺跡など製鉄遺跡なども存在する手工業の中心地であるものの，寺院に関しては少ない。とくに庄内川中流域には南気噴遺跡群や神領遺跡群など，該期の集落遺跡が多く確認されているものの，それらの遺跡のうち近接して寺院をもつのは勝川遺跡のみである。先述の山田郡・愛知郡も含めた南西部全般の様相として，微高地の集落ごとに瓦葺寺院や瓦塔，その他仏教施設が存在した北西部とは相反的であるといえよう。猿投窯では瓦塔，尾北窯では瓦など寺院関係遺物が多く出土するが，それらのほとんどは地元で消費されず，尾張北西部の需要に廻されていることも興味深い。

　また，知多半島では該期に土器製塩が盛んにおこなわれており，沿岸部には製塩関連の集落が多く形成されるが，それらの諸遺跡と寺院との関係も濃密とは言い難い。トドメキ遺跡・名和廃寺の西方には，製塩集落である長光寺遺跡が存在するが，両寺は地勢的にはむしろ北方の河口部を意識した選地といえる。それ以南は著名な製塩遺跡である松崎遺跡付近にも寺院は存在せず，法海寺も西方の製塩集落である細見遺跡よりむしろ，東方内陸部の沖積低地を向いた選地である可能性が高い。

　以上のように，尾張における寺院立地の傾向性として，微高地ごとに集落隣接型の小堂的施設が

多く造営される北西部と，物資の流通路としての水運を中心とした地域拠点のみに少数の寺院しか造営されない南東部という，明瞭な対比が見受けられた。これはひとつには，南東部は愛知郡を中心に尾張氏が大きな力をもっており，その拠点以外の寺院造営が必要ないと考えられたのに対し，小勢力が混在する北西部では，勢力ごとに信仰拠点としての寺院を争って造営したという理由が考えられよう。また，窯業・製鉄地帯や製塩遺跡など手工業生産施設と寺院が直結しないという例は近江でも確認されており[4]，古代寺院は基本的には農業生産の開発拠点を中心に造営され波及するという傾向性も指摘できるかもしれない。今後他国の例も含め，さらに検討していく必要があろう。

5　出土瓦との関係

次に，出土瓦の状況から尾張の寺院についてみていく。

梶山1985，八賀2010，梶原2010bなどでも触れられているが，尾張においては素弁・単弁系を中心に，いくつかの系統の瓦が，それぞれ固有の分布域をもって存在している（図45左図）。

長福寺廃寺でみられる飛鳥寺式の系譜を引く，弁端に珠点をもつ素弁蓮華文軒丸瓦や，軽寺式素弁蓮華文軒丸瓦は，東畑廃寺にも採用されており，尾張北西部で最初に造営された両寺が，造寺組織の面で密接な関係をもっていたことがわかる。おなじく東畑廃寺には，篠岡2号窯で焼成された奥山廃寺Ⅶ型式同笵の軒丸瓦（坂田寺式）が入るが，その系譜を引く瓦群は，伝法寺廃寺や御土井廃寺，川井薬師堂廃寺など丹羽郡を中心とした分布を示す（梶山2001）。

海部郡東部では，甚目寺遺跡において，尾張元興寺の影響下に重圏文縁有稜素弁蓮華文軒丸瓦が採用され，さらにそれに山田寺式の単弁意匠が融合し，やや文様を退化させつつ，近傍の法性寺・清林寺へと広がっていく。

葉栗郡の音楽寺では，弁端が丸みを帯びた素弁蓮華文軒丸瓦が出土しているが，この同文瓦は中島郡北西部の神戸廃寺や中島廃寺でも確認されている。音楽寺と神戸廃寺はのちにも大和姫寺と同文の瓦をともに採用しており，関連の深さが窺える。葉栗郡の他の2寺については，黒岩廃寺は美濃系の川原寺式，東流廃寺は近江系の湖東式と，尾張の瓦との直接の繋がりは見受けられない。

中島郡南部では，三宅廃寺の重圏文縁素弁六弁蓮華文軒丸瓦が，宗玄坊廃寺や海道田遺跡でみられるなど，海部郡や知多郡との繋がりが窺える。三宅廃寺でのちに採用される弁端の尖った細弁蓮華文は法立廃寺や諸桑廃寺，海道田遺跡にも類例がみられ，外縁線鋸歯文の細弁蓮華文も，西大高廃寺，トドメキ遺跡との同笵が確認されている。中島郡南西部～海部郡西部～知多郡と，おそらく伊勢湾の水運を媒介とした瓦工人の密接な共有関係がみてとれる。また図示していないが，春部郡の弥勒寺廃寺と知多郡の法海寺でも瓦の同文関係が存在する（梶山1996）。

春部郡では，勝川廃寺で採用された藤原宮式軒瓦が，大山廃寺や観音寺廃寺など，郡内一帯に広く分布しており，丹羽郡の川井薬師堂廃寺にも入る（梶山1999）。また文様は異なるものの，山田郡小幡西新廃寺の瓦も，これらの瓦と製作技法が共通するとされる（梶山1995）。

以上みてきたように，7世紀後半から8世紀初頭の尾張の寺院においては，郡境を越えながらも，広さ的には，例外はあるものの多くは1郡もしくは半郡程度という比較的狭い分布域をもって，ま

72　第Ⅲ章　尾張地域における寺院選地

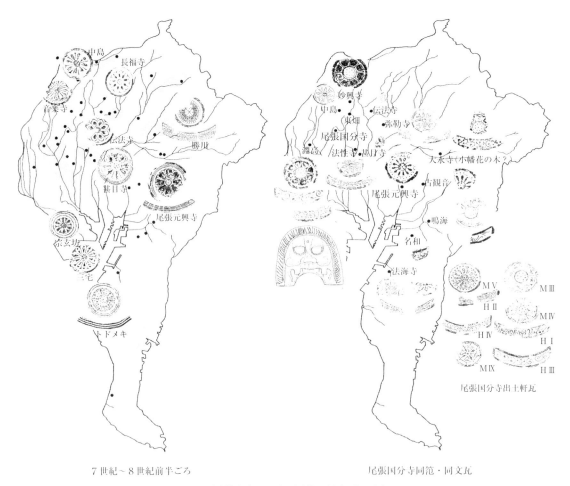

7世紀～8世紀前半ごろ　　　　　　　　　　　尾張国分寺同笵・同文瓦

図45　尾張地域における同笵・同文瓦の分布

たその分布域は互いに重なりをもちつつ，同文瓦が存在することがわかる。当地の寺院造営にあたって，拠点的な寺院を中心とし，地縁や地理的近接を基軸としつつ，造瓦組織の柔軟な共用がおこなわれていたと考えるのが妥当であろう[5]。これは分布域の広狭こそあれ，該期の全国的な様相ともほぼ一致する。

　それに対して尾張元興寺は異なった様相を呈する。尾張元興寺においては，7世紀半ばの創建時に素弁系の瓦を採用し，その後も山田寺式や野中寺同笵の宝相華文，法隆寺式忍冬唐草文，奈良期に入ってからは大安寺式など，中央の大寺院と直結する瓦を多く採用しているが，それらのほとんどが，尾張元興寺のみでしか使用されず，周囲の諸寺に面的に分布していかないという特徴をもつ。簾状重弧文が長福寺廃寺などにも採用され，宝相華文軒丸瓦は甚目寺遺跡でも小片が確認されているなどの例はあるが，尾張元興寺の創建期の瓦であり，もっとも数多く出土する重圏文縁素弁蓮華文については，先述のとおり甚目寺遺跡の創建瓦にその影響がみられるほかは，尾張国内や周辺地域の諸寺にまったく影響を与えていない。むしろこの瓦は，飛騨寿楽寺廃寺や信濃明科廃寺など，遠く尾張国外へと展開していくことが指摘される（山路2004）。これは，隣国の三河において，尾張元興寺とほぼ同時期に造営された北野廃寺式の瓦が，矢作川沿いを中心に西三河の諸寺で広く採

用されていく（梶山1997b）のとは好対照である。先述の愛知郡など尾張南東部における寺院遺跡の僅少さも相俟って，尾張氏による寺院造営のあり方，寺院観というものを強く示唆するものであろう。

　白鳳期においては，上記のように地域ごとの特徴が顕著であったが，8世紀以降には，さらに特筆すべき様相がみられる。

　尾張地域は先にも述べてきているとおり，全国的にみても多くの寺院が造営されており，その多くが村落内の小堂的な寺院であった可能性を指摘したが，尾張の場合，7世紀後半を中心とした時期に造営されたそれらの寺院群の多くから，後述の国分寺系瓦を含めた8世紀以降の修造瓦が出土しているか，もしくは近傍に8世紀代の瓦で創建された寺院がみられるという特徴がある。つまり，8世紀代に修造または移建がおこなわれ，法灯を保っている寺院が多いことを示すと考えられる。『続日本紀』霊亀2（716）年条のいわゆる寺院併合令には，この時期すでに修造をされない寺院の荒廃が進んでいることが記されているが，尾張におけるこれら村落内寺院は，モニュメント性の低い小規模なものながらも，いやむしろそれゆえに，集落ごとの仏教拠点として，存在しつづけていた様子が窺える。

　さらに8世紀後半になると，寺院ごと小地域ごとの軒瓦の独自性が薄れ，尾張国分寺式瓦が国内諸寺に波及していくようになる（図45右図）[6]。これらの瓦の波及についてはすでに，梶山勝氏により，おもに尾張南部を中心に分布することが示されている（梶山1991）。このことについてさらに詳細にみていくなら，寺院密度が高かった北西部においては，国分寺式瓦は特定の寺院に選択的に導入されている一方で，寺院密度の低い南西部では，ほぼすべての寺院で尾張国分寺式瓦が採用され，結果として国内全体で比較的均等な分布状況になっていることがみてとれる。北西部の拠点である尾張国分寺・東畑廃寺を中心に，中島郡の中島廃寺および妙興寺，海部郡西部の淵高廃寺，海部郡東部の法性寺・甚目寺遺跡，春部郡西部の弥勒寺廃寺，丹羽郡の伝法寺廃寺と，所在郡的にも寺院間の距離的にも，ほぼ均等に散在していることがわかる。南西部における拠点寺院である尾張元興寺を中心にみても，海部郡の法性寺・甚目寺遺跡，春部郡の弥勒寺廃寺，山田郡の大永寺，愛知郡東部の古観音廃寺，愛知郡南部の鳴海廃寺，知多郡の名和廃寺，法海寺と，ほぼ均等に寺院が配されている。

　国分寺式瓦の国内波及については，かねては国分寺造営に協力した郡司層への報償説などが有力であったが（森1974など），近年では，定額寺制などを媒介とした，国司・国師による地方寺院の統括・監察が強まった状況を示すものという見解が提示されてきている（菱田2002，梶原2010a）。尾張においても，国司の強い規制力のもとで，それまでとくに北西部を中心に村落内寺院が乱立する様相を呈していた国内の寺院群を，ある程度計画的に統廃合しつつ整備し，また必要な寺院の再置がおこなわれていったものと推測される。

おわりに

　以上，尾張地域における古代寺院について，その選地と周辺景観，諸遺跡との関係，出土瓦の様

相など，多方面からの分析検討することで，この地域の寺院造営のあり方について，考察をおこなった。その結果，尾張北西部の沖積低地においては，おそらく該地の水田開発と相俟って，沖積低地上の微高地ごとに，多くの小堂的な寺院が，村落内寺院的に展開していくのに対し，尾張南西部においては，窯業生産品の搬出ルートを中心とした河川・港津を中心に，比較的少数の寺院が造営されるという，対照的な状況があきらかとなった。これらはいずれも，檀越の寺院観を強く反映するものと捉えることができるとともに，南東部における郡域を越えた寺院選地・造寺意識の共通性は，尾張氏などの旧国造クラスの氏族が，かなり広いエリアの造寺活動を差配していたことを示すものともいえよう。

註

（1）　金田1978，北條2004，木下2009，八賀ほか2010，島方ほか2012，など。

（2）　尾張南東部においては，飛鳥期創建寺院が奈良期の修造瓦をもたずに廃絶するが，その近傍にあらたに奈良時代に寺院が創建される例が，後述の西大高廃寺―鳴海廃寺，トドメキ遺跡―名和廃寺，小幡西新廃寺―小幡花ノ木廃寺と，一定数確認される。筆者はこのような事例について，隣接地へ寺院が移建された可能性を考えている。

（3）　近接する複数寺院の関係性については，上原真人氏によって僧寺と尼寺というような役割の違いをあらわす可能性が指摘され（上原1986），また小笠原好彦氏も同笵瓦をもち近接する2寺について，上原説を引用しつつ密接な関係を想定している（小笠原2007）。

（4）　櫃本誠一氏は播磨において，印南郡や加古郡などの古代寺院と，印南郡に多い須恵器窯との間に密接な関係がある可能性を論じている（櫃本2009）。播磨については本書第Ⅴ章でも取り扱っており，また全国的な手工業生産と寺院との関係は，終章でまとめて論じる。

（5）　拠点的な寺院からの造瓦工人の派遣については，菱田哲郎氏による南山城高麗寺系列の瓦の研究などが著名である（菱田1988a）。このことについても終章で詳論する。

（6）　主要型式であるMⅢ・MⅣ・HⅠ・HⅢ型式のほか，当初は尾張元興寺所用瓦として，愛知郡の若宮瓦窯で焼成されたと考えられるMⅤ型式などの瓦，また中島廃寺などでみられる四弁を基調とした変形蓮華文軒丸瓦も，対応する軒平瓦が尾張国分寺HⅣ型式の系譜を引くと考えられることから，広義の尾張国分寺式の瓦と考えた。

第Ⅳ章　下総・上総地域における寺院選地

は じ め に

　房総地域一帯は，関東地方でも比較的早く造寺活動がはじまった地域のひとつとされ，その後7
世紀から8世紀にかけて多くの寺院が集中的に造営されていく地域である。下総では17寺，上総
では21寺が現在までに確認されている。またそれらの寺院からの出土瓦について，その年代や系譜に
関する研究も進んでおり，とくに下総龍角寺を初現として房総一帯に広く波及する山田寺式単弁蓮
華文軒丸瓦に関しては，その細かい系列化など精緻な分析の結果が，岡本東三氏（岡本東三1996など
ど）や山路直充氏（山路2005aなど）によりすでに提示されている。さらに房総地域では，台地上を
中心に大規模な集落遺跡が多く展開するが，『千葉県の歴史』（千葉県1998）や『下総国戸籍』（市川
市2014）など，その集成作業も進展している。
　本章ではこれらの諸成果に基づき，下総・上総における寺院選地のあり方について，時間軸・地
域軸および，瓦当文様からわかる瓦工人の展開過程との関連性において考察を加えていきたい。

1　下総地域における古代寺院の選地（図46〜49）

　下総国は葛飾・相馬・印旛・埴生・香取・海上・匝瑳・千葉・豊田・猨嶋・結城の11郡からなる。
そのうち現在までに，管見の限りで古代寺院が確認されているのは，葛飾郡3寺，相馬郡1寺，印
旛郡3寺，埴生郡1寺，香取郡2寺，海上郡1寺，匝瑳郡3寺，千葉郡2寺，結城郡1寺の計17寺
である。
　葛飾郡では国分二寺を含めて3寺が確認されている。下総国分寺は江戸川（太日川）下流左岸，
国府台地の南端に位置している。西隣の台地には下総国府・葛飾郡家が想定される古代下総の中心
地であり，台地南方には真間浦が入り込み，国府との間に東海道のルートが想定されている（図
51）。典型的な官衙・官道型の選地である。伽藍配置は国分寺には珍しく，塔と金堂が回廊内に東
西に並ぶ法起寺式をとるが，後述していくとおり，伽藍配置がわかっている下総の諸寺がすべて法
起寺式伽藍配置をとることと無関係ではあるまい。出土瓦は宝相華文軒丸瓦・軒平瓦など，こちら
も珍しい瓦が使用されており，国分台地縁辺部の瓦窯でおもに焼成されている。下総国分尼寺は国
分寺とおなじ台地上の西側に隣接して造営されており，塔を略した国分尼寺式の伽藍配置をとる。
出土瓦は国分寺とおなじ宝相華文軒瓦などである。流山廃寺は国府・国分寺の北方約12km，江戸川
右岸の河岸段丘端部に位置している。伽藍配置等は不明であるが，下総国分寺式の統一新羅系宝相
華文軒瓦が出土しており，8世紀中葉以降の創建と考えられる。おなじ台地上や隣接低地部には，
加地区遺跡群や坂川低地遺跡群など，8世紀以降の集落遺跡が展開する。

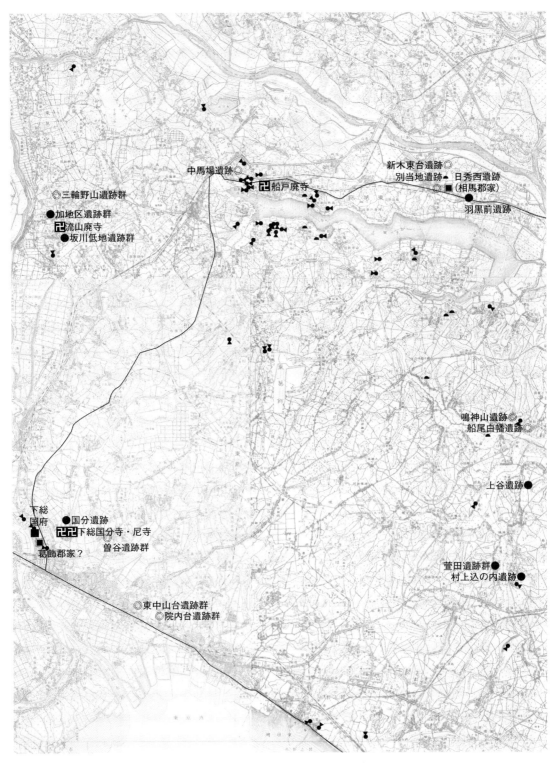

図46　下総地域西部における古代寺院および関連諸遺跡（1:150,000）

1　下総地域における古代寺院の選地　77

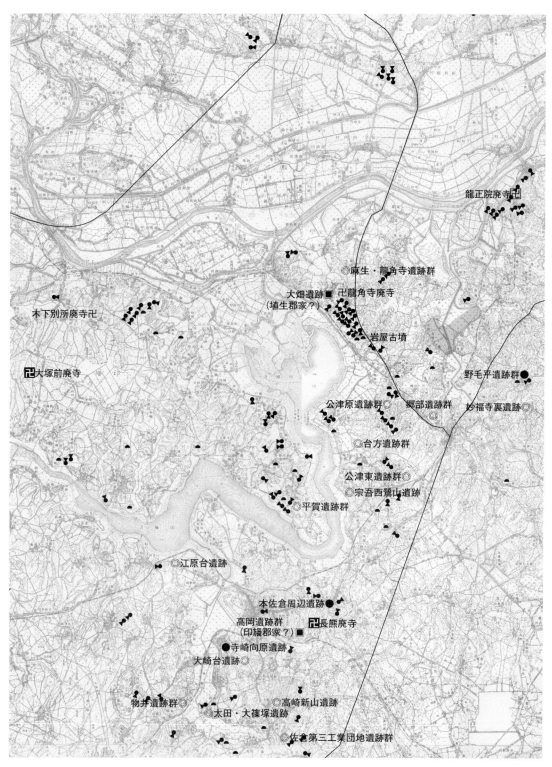

図47　下総地域中部における古代寺院および関連諸遺跡（1:150,000）

78 第Ⅳ章 下総・上総地域における寺院選地

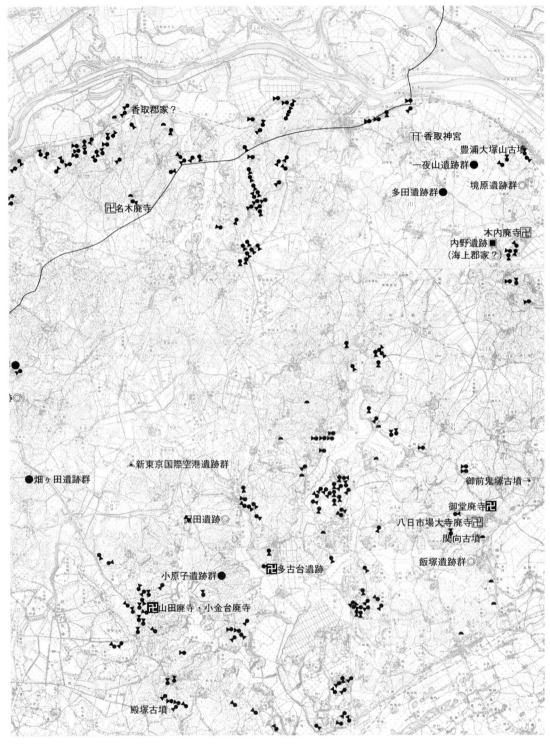

図48 下総地域東部における古代寺院および関連諸遺跡（1：150,000）

1　下総地域における古代寺院の選地　79

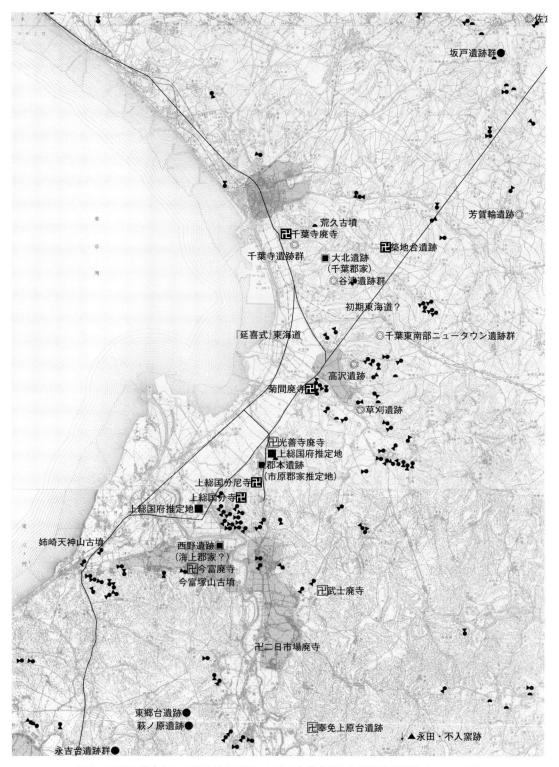

図49　下総地域南部・上総地域北西部における古代寺院および関連諸遺跡（1：150,000）

80　第Ⅳ章　下総・上総地域における寺院選地

図50　下総地域の軒瓦（1：8）（千葉県1998）

図51　下総国分寺周辺の地形（右：国府台南端より北東を望む）

　相馬郡では1寺が確認されている。船戸廃寺は手賀沼（手下水海）最奥部の北西端に張り出す台地南端部に位置している。伽藍配置等は不明であるが、下総国分寺と同笵の複弁蓮華文軒丸瓦が出土しており、8世紀後半～末ごろ以降の造営であろう。寺院の南方には東海道のルートが想定されており、周囲には多くの前方後円墳が密集しており、台地の北側には100棟以上の該期の竪穴住居

1 下総地域における古代寺院の選地　*81*

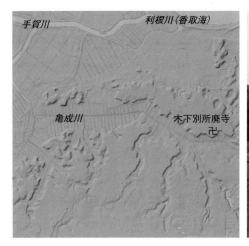

図52　木下別所廃寺周辺の地形（右：東より）

が確認された中馬場遺跡が所在する。総柱建物が多く確認され相馬郡家正倉とされる日秀西遺跡は，やや離れた手賀沼北岸の東方約8kmのあたりに集中する。

　印旛郡には3寺が確認されている。木下別所廃寺は西流して手賀沼に注ぎ込む小河川により形成される狭小な谷底平野（大森支谷）の奥部近く北側の台地南端部に位置している（図52）。寺院北方には広大な内海である香取海（現利根川流路付近）が広がるが，台地をひとつ隔てており，そちらへの眺望よりむしろ南側の小河川や谷底平野を意識した選地である。周囲に顕著な大規模集落は確認されていないが，寺院の東方および北方で，9棟の竪穴建物が発掘されている。法起寺式の伽藍配置をとり，龍角寺系列山田寺式の軒丸瓦が出土している。瓦は近傍の曽谷ノ窪瓦窯で焼成されている。大塚前廃寺は台地開析部のほぼ中央，印旛沼と手賀沼の分水界に位置している。掘立柱建物2棟が確認されており，下総国分寺式の瓦および「埴」銘刻書瓦が出土している。長熊廃寺は西流して印旛沼（印旛浦）に流れ込む鹿島川支流中流域，河川によって形成されたやや広闊な谷底平野を南に望む段丘端部に位置している。周辺の台地上には，古墳時代後期からの集落遺跡が多く展開しており，8世紀に入ってもあらたな集落遺跡が形成されるなど，継続的に開発が進んだ地域である。南西に1kmの高岡遺跡群では，総柱建物を含む整然と並んだ掘立柱建物群が確認されており，印旛郡家関連遺跡と考えられている。出土瓦は龍角寺系列の重圏文縁単弁蓮華文などだが，軒平瓦が直線顎の唐草文であることや，平瓦が一枚作りであることから，8世紀第2四半期以降の年代が与えられている。その他瓦塔や「高罡寺」銘の墨書土器などが出土している。

　埴生郡では1寺が確認されている。龍角寺廃寺は印旛沼から利根川へと流出する河川合流部東側，旧地形では香取海が印旛浦へと入り込む結節点にあたる，広闊な台地上に位置している。この台地周辺は印旛国造の本拠地とされており，台地奥部には，前方後円墳37基を含む古墳時代後期の龍角寺古墳群が展開しており，7世紀前半代に築造され，1辺78mの規模を誇る終末期の方墳である岩屋古墳にも近接している。金堂跡および塔跡の基壇が確認され，法起寺式伽藍配置が想定されている。出土瓦は三重圏文縁をもつ山田寺式の単弁八弁蓮華文軒丸瓦であるが，上総・下総地域に広く分布する山田寺式の初現とされ，7世紀第3四半期ごろに創建された，下総最古の寺院との評価が与えられている（岡本東三1993・山路1999など）。また，龍角寺廃寺およびその瓦を焼成した五斗蒔

瓦窯からは，「朝布」「服止」「神布」などの銘をもつ平瓦が出土しており，「河川や谷を中心とした地域や集団などのグループを表記していることが想定できる」（山路2000）とされている。

　香取郡では２寺が確認されている。龍正院廃寺は根木名川が利根川に流出する地点に近い丘陵裾部近くに位置している。寺院の北東３㎞には，古墳時代の玉造遺跡である大和田玉造遺跡が所在し，また後背丘陵には猫作・栗山古墳群，滑川坂の上古墳群など，前方後円墳を含む古墳時代中〜後期の古墳が集中しており，古墳時代から続く拠点的な地域であったといえる。伽藍の詳細はあきらかでないが，龍角寺系列の山田寺式軒瓦が出土しており，７世紀第４四半期の創建が想定されている。また修造瓦として，下総国分寺同笵の宝相華文軒平瓦も確認されている。名木廃寺は利根川に注ぐ小河川によって開析された谷底平野の最奥部の段丘端部に位置している。開析谷の開口部に近い台地上には，天神台遺跡など古墳時代からの集落が展開しており，谷のさらに奥部には製鉄遺跡の存在も指摘されている。発掘調査で基壇１基が確認されており，龍正院廃寺と同笵の単弁蓮華文軒丸瓦が出土している。周囲に顕著な集落跡は確認されていないが，基壇下および周辺からは，９棟の竪穴建物および１棟の掘立柱建物が発掘されている。年代については，単弁蓮華文の年代観からは８世紀初頭ごろと想定されるが，基壇下の竪穴建物出土土器の年代との整合性から，８世紀後半の創建とする見解もある。

　海上郡では１寺が確認されている。木内廃寺は利根川へと流出する黒部川とその周辺の沖積低地を望む台地端部に位置している。周辺台地には城山古墳群など古墳時代中期〜後期の古墳が多く確認でき，北方河川堤防上には，全長124mの中期古墳である豊浦大塚山古墳が所在する。顕著な集落遺跡は北方の利根川に面した台地上付近に展開している。西に２㎞にあたる内野遺跡は，海上郡家の推定地であるが，現在までに顕著な郡家関連遺構は確認されていない。龍角寺系列の素弁八弁蓮華文軒丸瓦および常陸国分寺式瓦，側視蓮華文軒平瓦などが出土している。

　匝瑳郡では３寺が確認されている。八日市場大寺廃寺および御堂廃寺は，栗山川の支流である借当川周辺の沖積低地および，内湾である椿海を広く望む台地上に位置している。八日市場大寺廃寺の南方には終末期古墳である関向古墳が所在し，南方約２㎞の地点には，古墳時代後期からの大規模集落である飯塚遺跡群が広がっており，匝瑳郡の中心的な地域であるとされている。八日市場大寺廃寺では，基壇建物１基などが確認され，御堂廃寺では掘立柱建物１棟が確認された。八日市場大寺廃寺からは龍角寺系列の単弁八弁・単弁六弁蓮華文軒瓦および常陸国分寺式の軒丸瓦が，御堂廃寺からはおそらく８世紀に降るであろう縄叩き平瓦が出土している。多古台遺跡は栗山川と多古橋川の合流点を望む舌状台地の南端に位置しており，両河川により形成される谷底平野を広く望む選地である。多古橋川を挟んだ西方台地上には，似田遺跡や小原子遺跡群など，該期の大集落が展開している。遺跡の詳細は不明であるが，八日市場大寺廃寺と同文の単弁六弁蓮華文軒瓦が出土しており，８世紀後半の瓦とされる。

　千葉郡では２寺が確認されている。千葉寺廃寺は西方に東京湾を望む台地縁辺部に位置している。南東約１㎞の地点には，建物主軸を揃えた掘立柱建物をはじめとした多くの竪穴建物で構成される大北遺跡が所在し，千葉郡家ともされている。伽藍の詳細は不明である。出土瓦は複々弁四弁蓮華文軒丸瓦と重弧文軒平瓦で，軒丸瓦の瓦当裏に凸帯をもつ特徴から，８世紀第２四半期ごろの瓦とされる。築地台遺跡は東京湾に注ぐ都川の支流沿いに形成された小規模な谷底平野を望む台地縁辺

部に位置している。伽藍の詳細は不明である。重弧文軒平瓦や桶巻作り平瓦などが出土している。千葉寺廃寺の事例などから，奈良期に降るものであろう。

　結城郡では1寺が確認されている。結城廃寺は鬼怒川が大きく湾曲する地点の右岸約1km，広闊な台地の中央付近を選地している。周囲には多くの古墳群も確認されており，結城郡の中心地のひとつと考えられるが，結城郡家とされる峯崎遺跡は，寺院の北方約3kmと離れている。伽藍配置は法起寺式。常陸新治廃寺などでみられる鋸歯文縁複弁八弁蓮華文軒丸瓦や，下総国分寺同笵の複弁蓮華文軒平瓦などが出土しており，8世紀第2四半期ごろの造営とされている。寺院北東方の結城八幡瓦窯での焼成が確認されている。

2　下総地域における寺院の展開過程

　以上の諸寺について，出土瓦の年代と系譜関係を中心に，その展開過程をみていく。

　まずは，上総・下総を含めてもっとも早く造営され，またその後の瓦の展開の中心となった寺院が，埴生郡の龍角寺であることは，衆目の一致するところである。年代については，山田寺式軒丸瓦の文様や接合技法等から諸説が提示されているものの，筆者は7世紀第3四半期の比較的早いうちに造営されたと考えて，大きな問題はないと捉えている。造営背景についても，終末期古墳との関係を重視して，蘇我氏との密接な関係を強調する説（安藤1980）と，「国家的仏教」の色彩を強調し，評制の施行による在地の再編とそれに対する在地首長層の動向の反映と捉える説（岡本東三1993）がある。両論とも一定の説得力があり，視角による捉え方の違いと評価することも可能である。龍角寺は，双方の事情が輻輳しつつ造営されたものと基本的にはみたい。ただ個人的には，終末期古墳である岩屋古墳との連続性や，また該期（7世紀第3四半期前半ごろ）の寺院造営が，本書でこれまでみてきた近江・伊勢・尾張をはじめ，一定程度の国で確認されるものの，かならずしもすべての国・地域で進行せず，むしろ数少ないことからも，中央政府の統一的な施策というよりは，（蘇我氏関連であるかどうかは措くとして）在地有力者と中央との個人的な関係でもたらされたという側面を重視したく思う。選地としては，印旛国造の本拠地であり，のちに郡家に発展するような在地有力者の居所付近に寺院が造営されるという，先述の尾張元興寺と同様に，該期の寺院造営のあり方の一般的な傾向であるとみたい。

　その後，下総国内各所に寺院が展開していく。その分布は，先にも述べたが葛飾郡1寺（国分二寺を除く），相馬郡1寺，印旛郡3寺，埴生郡1寺，香取郡2寺，海上郡1寺，匝瑳郡3寺，千葉郡2寺，結城郡1寺と，一見「一郡一寺」的にみえるが，造営年代や選地を含めたその内実は複雑である。

　まずは7世紀後半～8世紀初頭ごろの様相をみていきたい。

　最初に確認しておかねばならないのが，郡家または郡家推定地と寺院との関係である。龍角寺で採用された山田寺式の軒瓦はその後，下総国内においては，印旛郡木下別所廃寺，香取郡龍正寺廃寺，名木廃寺，海上郡木内廃寺，匝瑳郡八日市場大寺廃寺と広く展開するが，そのうち郡家推定地と隣接または近接が想定されるのは，木内廃寺のみであり，それも海上郡家推定地とされる内野遺跡では，いまだ郡家関連遺構は確認されていない状況である。ただし，終末期古墳を含めた古墳の

84　第Ⅳ章　下総・上総地域における寺院選地

表7　下総地域の寺院立地と出土瓦

遺跡名	旧郡	所在地	地形	伽藍	出土瓦（◎は下総での初源）					
					白鳳期		奈良前期			奈
					山田寺式	その他	単弁系	複弁四弁	新治廃寺式	下総国分寺式
下総国分寺	葛飾	市川市国分	台地端部	法起寺式						◎
下総国分尼寺	葛飾	市川市国分	台地上	国分尼寺式						○
流山廃寺	葛飾	流山市平和台	台地端部	不明						○
船戸廃寺	相馬	我孫子市船戸	台地端部	不明						○
木下別所廃寺	印旛	印西市別所	台地端部	法起寺式	○					◎
大塚前廃寺	印旛	印西市浦幡新田大塚前	台地・分水界	掘立柱建物			唐草軒平・一枚作り			
長熊廃寺	印旛	佐倉市長熊	台地端部	基壇						
龍角寺廃寺	埴生	栄町龍角寺	台地上	法起寺式	◎					
龍正院廃寺	香取	成田市滑川	台地裾部	不明	○					○
名木廃寺	香取	成田市名木	台地端部	基壇	○					
木内廃寺	海上	香取市木内	台地端部	基壇	○					
八日市場大寺廃寺	匝瑳	匝瑳市大寺	台地上	基壇	○					
御堂廃寺	匝瑳	旭市鏑木	台地上	掘立柱建物						
多古台遺跡	匝瑳	多古町多古台	台地端部	不明						
千葉寺廃寺	千葉	千葉市中央区千葉寺町	台地端部	不明				○ 重弧文		
築地台遺跡	千葉	千葉市緑区平山町	台地上	不明						
結城廃寺	結城	茨城県結城市上山川	段丘上	法起寺式					○	○

　分布や集落の展開状況等に鑑みて，龍正院廃寺・木内廃寺・八日市場大寺廃寺の付近は，該期の地域中心のひとつであったことは疑いなく，各郡の有力者の本拠地に寺院がまず造営され，その後結果的に，近傍に郡家が設置されるか，もしくは香取郡のように，寺院とは離れた場所に郡家が置かれることになるかは，郡ごとの状況により様々であったものとみたい。

　むしろ該期の単純な選地傾向としてまず確認できるのは，沖積地を広く望む眺望型の選地であり，先述の龍正院廃寺，木内廃寺，八日市場大寺廃寺などは，いずれもこれにあたる。八日市場大寺廃寺や木内廃寺では，近接して大規模な集落遺跡が展開しており，沖積地等低地部の水田開発および，古墳時代後期ごろから活発化する台地上の大規模な開発に伴い，造寺活動がおこなわれていったと捉えたい。また香取海に面した龍正院廃寺では後背丘陵に多くの古墳が確認されるなど，古来からの墓域をはじめとした信仰拠点や，水上交通路への指向も重視されている。

　一方で，木下別所廃寺や名木廃寺，時期はやや降るかもしれないが千葉郡築地台遺跡など，主要河川や陸上交通路から離れた比較的狭隘な谷底平野の奥部に，周囲からの眺望やアクセスを制限するように，ひっそりと造営された寺院も多く存在する。いずれも近接する古墳や集落等は少なく，拠点的な地域であったとは考えにくい場所でもある。にもかかわらず，とくに木下別所廃寺は法起寺式伽藍配置を備えるなど，この地域ではかなり立派な寺院であり，選地状況との違和感をもつ。狭小ではあるが谷底平野の開発に伴う寺院造営とも捉えることは可能であるし[1]，また遺跡地の発掘調査で数棟の竪穴建物が伴出していることから，村落内寺院とする見解もあるが，本章ではむしろ，河川の湧出点であることを重視した水源型としての位置づけなど，伝統的な地域信仰と融合

良後期		諸地形・諸施設との関係（○：隣接　△：近接）										類型
常陸国分寺式	その他	古道	河川・湖沼	山地	他寺院	官衙	集落	前・中期古墳	群集墳	終末期方墳	火葬墓	
		○			○	△	○					官衙官道隣接・眺望
		○			○	△	○					官衙官道隣接・眺望
			○				○					眺望・河川・村落内寺院
		○	○				○	○				眺望・河川・村落内寺院
			○				竪穴少数			△		水源・聖域
			○									山林寺院？・水源？
	○	○	○			△	○	○				官衙隣接・眺望・河川
		○					○	○	○	○	○	官衙官道隣接
	平瓦		○					○				眺望・河川
			△				竪穴少数	支谷開口部				水源・聖域
○	素弁六弁					△？	△	○				眺望・官衙隣接？
○							△			○		眺望
	縄叩平瓦						△			△		眺望
	素弁六弁		○				△		△		○	眺望・河川・村落内寺院？
		○				△	○			○		眺望・官衙隣接？
			○									河川？・水源？
			△									河川？・眺望？

しつつこのような選地がなされたものと考えたい。

　次に8世紀前半以降の様相についてみていく。

　8世紀に入ってもこの地の寺院造営は比較的活発であり，複々弁四弁蓮華文という特殊な文様の瓦をもつ千葉郡千葉寺廃寺や，龍角寺系列山田寺式の中でも比較的遅れる印旛郡長熊廃寺が造営される。これらはいずれも千葉郡家とされる大北遺跡，印旛郡家とされる高岡遺跡群と近接している。8世紀前半ごろ，郡家の設置に伴って，郡域に寺院がなかった地域においては[2]，郡家周辺を適地として，寺院造営が推し進められたものとみたい。ただし，すべての郡で郡家周辺に寺院が造営されたわけではないことは，葛飾郡や相馬郡（日秀西遺跡）の事例からもあきらかであり，そのあたりは郡ごとに異なる対応であったと考えられる。この時期に新造された寺院のうち，結城郡結城廃寺は，結城郡家とされる峯崎遺跡からかなり離れた位置に造営されていることも，特筆しておく必要があろう。

　その後，8世紀中葉から後半以降になると，下総国分寺式軒瓦をもちいて，葛飾郡流山廃寺，相馬郡船戸廃寺，印旛郡大塚前遺跡などが造営される。また六弁系の特徴的な瓦をもちいて，匝瑳郡多古台遺跡が造営される。選地傾向としては，分水界に位置し，山林寺院や水源型的要素も考えられる大塚前廃寺を除くと，前代にもみられたような，河川湖沼付近の沖積低地や谷底平野を広く見渡す台地上を指向する，眺望型が中心である。また，流山廃寺や船戸廃寺では同一台地上に，また多古台遺跡においても隣接台地上に，該期の大規模な集落遺跡が確認されており，とくに8世紀に入ってから積極的にあらたな集落が展開していくような場所との親和性が高いのが特徴である。下

総の台地上には集落遺跡が数多く展開し，その多くが仏堂的な建物などをもつことから，村落内寺院の存在が指摘されているが，それらのうち，比較的眺望が利く建物を選択しつつ，瓦葺化をおこなったのかもしれない[3]。

その一方で郡家遺跡との関係であるが，船戸廃寺と相馬郡家（日秀遺跡），流山廃寺と葛飾郡家はむしろ離れた場所を選地するなど，この時期においては，郡家との隣接性は，とくに強く重視はされなかったものとみたい。

7世紀〜8世紀前半代に造営された寺院の修造も，龍正院廃寺や結城廃寺に下総国分寺式が，八日市場大寺廃寺や木内廃寺など下総東部の諸寺には常陸国分寺式が入るなど，眺望型的な選地傾向をもつ寺院が積極的に修造の対象となる。しかしその一方で，木下別所廃寺など眺望やアクセス性に難がある寺院では，8世紀の修造瓦をもたないという状況がみられる。また，下総最古の寺院である龍角寺でも，国分寺式の瓦による修造が確認できないことは，該期の地域勢力のあり方も含めて興味深い点である。

3　上総地域における古代寺院の選地（図49・53・54）

上総国は市原・海上・畔蒜・望陀・周淮・埴生・長柄・山辺・武射・天羽・夷隅の11郡からなる。そのうち現在までに，管見の限りで古代寺院が確認されているのは，市原郡6寺，海上郡2寺，山辺郡2寺，望陀郡2寺，畔蒜郡1寺，周淮郡1寺，武射郡6寺，夷隅郡1寺の計21寺である。下総

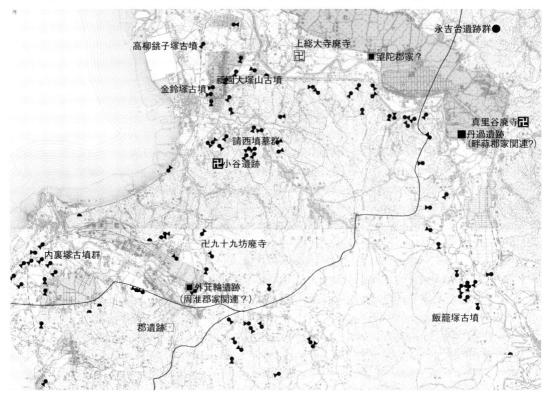

図53　上総地域中部における古代寺院および関連諸遺跡（1：150,000）

3 　上総地域における古代寺院の選地　87

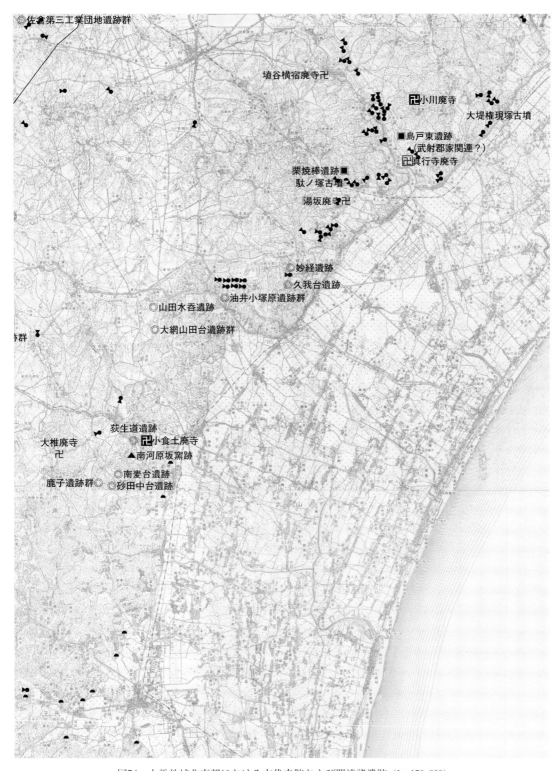

図54　上総地域北東部における古代寺院および関連諸遺跡（1：150,000）

第Ⅳ章　下総・上総地域における寺院選地

図55　上総地域の軒瓦（1：8）（千葉県1998）

に比して，郡ごとのばらつきが大きくなっている。

　市原郡では国分二寺を含めて6寺が確認されている。光善寺廃寺は上総国府や市原郡家の推定地が乗る市原台地の北端に位置している。伽藍の詳細は不明である。西側には東京湾沿いの沖積低地が広く展開する。複線鋸歯文縁の複弁蓮華文軒丸瓦や四弁系の軒丸瓦，重圏文軒瓦，上総国分寺式の細弁蓮華文軒丸瓦などが出土している。菊間廃寺は村田川南岸に張り出した舌状台地の北端に位置している。伽藍の詳細は不明である。細弁蓮華文軒丸瓦や，上総国分寺式と同文異范の均整唐草文軒平瓦などが出土している。奉免上原台遺跡は養老川中流域右岸の台地上に位置している。周囲は終末期古墳である女坂1号墳および，それに続く火葬墓群が展開しており，墓域として機能していた地区である。寺院の遺構は確認されておらず伽藍の詳細は不明だが，桁行4間，梁間3間の掘立柱建物を茅棟の仏堂に比定する見解がある。出土瓦は単弁四弁系瓦で，7世紀末〜8世紀初頭ごろに比定されている。上総国分寺式の軒瓦も確認されている。武士廃寺も養老川中流右岸の台地上，奉免上原台遺跡から約4km北方にあたる。この遺跡も古代の方形墳墓群で構成されており，その一

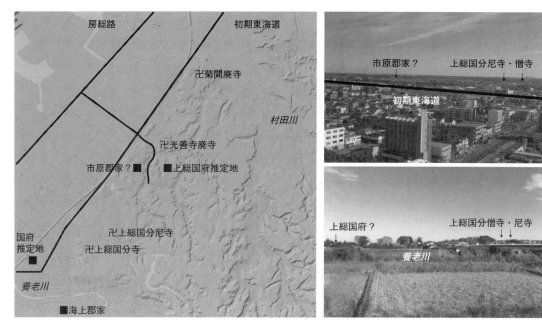

図56 上総国分寺周辺の地形（右上：東より，右下：南より）

部から，遺構は伴わないものの瓦が集中して出土しており，仏堂の存在が想定されている。出土瓦は山田寺式単弁蓮華文軒丸瓦を創建瓦とし，上総国分寺式の重圏文系軒瓦も出土している。上総国分寺は養老川右岸，平野部に向かって大きく張り出した洪積台地状に位置しており，尼寺はおなじ台地状の北東隣に位置している。周囲には上総国府推定地や市原郡家推定地も所在し，上総国の中心的な地域である（図56）。伽藍については国分寺では塔を回廊内部に置く大官大寺式の伽藍配置で，国分尼寺は中門と金堂・講堂が南北に並ぶ，一般的な国分尼寺の伽藍配置である。出土瓦は重圏文系軒瓦と平城宮系軒瓦[4]が確認されており，重圏文系軒瓦については，上総国分寺の造営に先行して導入されており，上総国府との関わりで導入された可能性が論じられている（安藤鴻基1979，上原1997）。

海上郡では2寺が確認されている。今富廃寺は養老川下流域左岸の台地裾部の沖積低地上に位置している。東北東約1kmの河川堤防上には，海上郡家推定地とされる西野遺跡が所在し，郡家に比較的近接した場所であることがわかるが，寺院の選地自体は，どちらかというと北西方向に広がる養老川下流左岸の沖積低地を見渡せる場所を選地しているようである。伽藍の詳細は不明だが，山田寺式単弁蓮華文軒丸瓦および上総国分寺式重圏文軒丸瓦・均整唐草文軒平瓦などが出土しており，7世紀末ごろに造営され，8世紀においても修造がなされていたと考えられる。二日市場廃寺は養老川中流域右岸の沖積低地の微高地上に位置している。古代においてはこの地点は養老川左岸（海上郡）であったとされる。寺院付属建物の可能性をもつ掘立柱建物などが確認されているが，伽藍の詳細は不明である。紀寺式雷文縁複弁八弁蓮華文軒丸瓦や，山田寺式単弁蓮華文軒丸瓦などが出土しており，7世紀第4四半期ごろの造営と考えられる。

山辺郡では2寺が確認されている。大椎廃寺は眼下に村田川を望む丘陵端部に位置している。単弁四弁蓮華文軒丸瓦などが出土するが，伽藍の詳細は不明であり，瓦窯の可能性も指摘されている。

第Ⅳ章　下総・上総地域における寺院選地

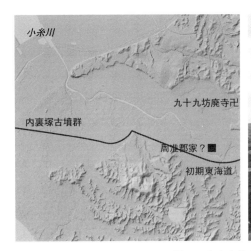 

図57　九十九坊廃寺周辺の地形（右：北東より）

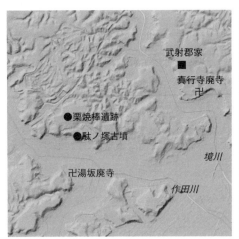 

図58　真行寺廃寺周辺の地形（右：南より）

　小食土廃寺は房総丘陵の東端に位置しており，印旛沼に向かって流れる鹿島川と東京湾に向かって流れる村田川などの分水界をなす場所である。発掘調査により，木装の外装をもつ基壇1基が検出されている。出土瓦は上総国分寺式の重圏文系および蓮華文・唐草文系の軒瓦などで，8世紀中葉以降の創建であろう。

　望陀郡では2寺が確認されている。上総大寺廃寺は小櫃川下流域右岸の河川堤防上，小櫃川の旧河道が褶曲する地点に位置している。西方の河口部付近には，金鈴塚古墳や祇園大塚山古墳などの首長墳が集中し，東方3kmの河川堤防上には，望陀郡家の有力な推定地が所在する。伽藍の詳細は不明であるが，石造の塔露盤が確認されており，寺院跡であることがわかる。出土瓦は川原寺式のオリジナルに近い複弁蓮華文軒丸瓦と，上総国分寺式重圏文系軒瓦などで，上総でも比較的早い7世紀後半段階に創建され，8世紀段階にも修造がおこなわれていたことがわかる。小谷遺跡は小櫃川下流域南方の洪積台地の南端に位置している。台地上には奈良・平安時代の火葬墓群が検出された請西墳墓群が所在している。基壇1基が検出されており，平安期と考えられる小型瓦や瓦塔などが出土している。

畔蒜郡では1寺が確認されている。真里谷廃寺は小櫃川と養老川に挟まれた台地上に位置している。寺院西方の小櫃川沿いの沖積低地上には，倉庫など掘立柱建物群が検出され，畔蒜郡家ともされる丹過遺跡が所在する。伽藍の詳細は不明である。出土瓦は上総国分寺式の重圏文軒丸瓦および，変形均整唐草文軒平瓦などで，8世紀後半以降の造営とされる。

　周淮郡では1寺が確認されている。九十九坊廃寺は小糸川下流域，河川が形成する沖積低地を広く望む丘陵裾部に位置している（図57）。南方の河川堤防上には，周淮郡家とされる外箕輪遺跡が所在し，小糸川河口付近には，九条塚古墳など巨大首長墳で構成される内裏塚古墳群が展開している。発掘調査により塔・講堂・中門が確認され，法隆寺式伽藍配置が推定されている。出土瓦は単弁四弁系で，7世紀末ごろの年代が与えられている。

　武射郡では6寺が確認されている。真行寺廃寺は境川が九十九里浜平野へ向けて流出する地点からやや奥まった，谷底平野内の洪積台地上に位置している（図58）。北方約400mの島戸東遺跡は，武射郡家の推定地ともされており，また西方約3kmの地点には，終末期方墳である駄ノ塚古墳が所在する。南北に並ぶ金堂・講堂および，四面庇の掘立柱建物1棟が確認されている。出土瓦は紀寺式の雷文縁複弁蓮華文や細弁蓮華文，上総国分寺式重廓文軒平瓦など多様であり，「武射寺」銘墨書土器も出土している。湯坂廃寺は真行寺廃寺の西方3kmにあたり，作田川中流域右岸の丘陵裾部の微高地上に位置している。北方1kmには先述の駄ノ塚古墳および，官衙系遺跡ともされる栗焼棒遺跡が所在する。基壇建物跡1基が検出されており，山田寺式の素弁蓮華文軒瓦が出土している。小川廃寺は境川と木戸川によって開析された洪積台地上に位置している。西方向に伸びる舌状台地の先端にあたる。伽藍の詳細は不明である。出土瓦は上総国分寺式の重圏文軒瓦などで，8世紀後半ごろの創建とされる。埴谷横宿廃寺は境川中流域右岸の台地上に位置している。周囲には多くの群集墳が所在し，小規模ながら集落も確認される。伽藍の詳細は不明ながら，山田寺式の素弁蓮華文軒丸瓦などが出土している。山田廃寺および小金台廃寺はいずれも，高谷川によって開析された台地上に隣接して位置している。寺院の西側には前方後円墳や群集墳，終末期方墳からなる山田・宝馬古墳群が所在する。山田廃寺では基壇1基が確認され，桶巻作りおよび一枚作りの平瓦が出土する。小金台廃寺では一枚作りの平瓦と，「小金山寺」銘の墨書土器などが出土しており，両寺が山林寺院的な認識をされていたことがわかる。

　夷隅郡では1寺が確認されている。岩熊廃寺は夷隅川の支流である熊田川によって開析された谷底平野奥付近の沖積低地上に位置している。付近には横穴墓が多数所在する。瓦の散布から3棟の建物が想定されるが，伽藍の詳細は不明である。出土瓦は山田寺式の素弁蓮華文軒丸瓦と，複線鋸歯文軒丸瓦などである。奈良時代以降の修造瓦はみられないが，中世の浄土型式寺院が確認されており，法灯が保たれていたことがわかる。

4　上総地域における寺院の展開過程

　以上の諸寺について，出土瓦の年代と系譜関係を中心に，その展開過程をみていく。

　上総地域最古の寺院としては，川原寺式軒瓦をもちいて創建された，望陀郡上総大寺廃寺が，7世紀第3四半期の創建とされる。しかしこの川原寺式の系譜はその後上総地域では展開せず，おな

92 第Ⅳ章 下総・上総地域における寺院選地

表8 上総地域の寺院立地と出土瓦

遺跡名	旧郡	所在地	地形	伽藍	出土瓦（◎は上総での初源）					
					白鳳期			奈良前期		
					山田寺式	複弁系	その他	単弁系	複弁系	その他
光善寺廃寺	市原	市原市市原	台地端部	不明	四弁◎	複線鋸歯			○	
菊間廃寺	市原	市原市菊間	台地端部	土壇？				細弁		
奉免上原台遺跡	市原	市原市奉免上原台	台地上	不明	四弁					
武士廃寺	市原	市原市福増	台地上	不明	○		偏行唐草		○	
上総国分寺	市原	市原市惣社	台地上	塔・金堂・講堂等						
上総国分尼寺	市原	市原市根之祇園原	台地上	金堂・講堂等						
今富廃寺	海上	市原市今富	沖積低地	不明	◎					
二日市場廃寺	海上	市原市二日市場	河川堤防	掘立柱建物	◎	雷文縁	偏行唐草			
大椎廃寺	山辺	千葉市緑区大椎町	丘陵端部	不明，瓦窯か？	四弁					
小食土廃寺	山辺	千葉市緑区小食土町	丘陵・分水界	基壇						
上総大寺廃寺	望陀	木更津市大寺	河川堤防	露盤		川原寺式				
小谷遺跡	望陀	木更津市請西	台地上	不明						
真里谷廃寺	畔蒜	木更津市真里谷	台地上	不明						
九十九坊廃寺	周准	君津市内箕輪	丘陵裾部	法隆寺式	四弁					
真行寺廃寺	武射	山武市真光寺	丘陵端部	基壇建物2棟		雷文縁		細弁		
湯坂廃寺	武射	山武市湯坂	丘陵裾部	基壇建物	素弁系					
小川廃寺	武射	山武市松尾町小川	台地上	礎石？						
埴谷横宿廃寺	武射	山武市横宿	台地上	不明	素弁系					
山田廃寺	武射	芝山町山田	台地上	基壇？						平瓦
小金台廃寺	武射	芝山町山田	台地上	不明						平瓦
岩熊廃寺	夷隅	いすみ市岬町岩熊	沖積低地	不明	○	複線鋸歯				

じ複弁蓮華文でも，市原郡武士廃寺，海上郡二日市場廃寺，武射郡真行寺廃寺では紀寺式の雷文縁複弁蓮華文が採用され，市原郡光善寺廃寺では複線鋸歯文縁の瓦が使用される。また，龍角寺系列の山田寺式単弁（一部は素弁化する）蓮華文軒丸瓦も，海上郡今富廃寺，二日市場廃寺，武射郡湯坂廃寺，埴谷横宿廃寺，夷隅郡岩熊廃寺など広く展開しており，市原郡光善寺廃寺で四弁化した瓦が，奉免上原台遺跡，周准郡九十九坊廃寺などへと広がっている。

　それら7世紀代創建とされる寺院のうち，光善寺廃寺・上総大寺廃寺・今富廃寺・九十九坊廃寺・真行寺廃寺・湯坂廃寺は，それぞれ郡家推定地と近く，関連性が指摘されることが多い。ただし，これらの諸寺の立地と郡家遺跡を含めた周辺諸遺跡の様相をみていくと，郡家と寺院がすぐ隣に造営される，顕著な官衙隣接型をとる事例は意外に少ない。光善寺廃寺は市原郡家とされる郡本遺跡とおなじ台地上に乗るが，郡家中枢からはやや離れた，北向きの舌状台地端部に位置しており，沖積低地部を広く見渡す眺望型の立地をとる。上総大寺廃寺は望陀郡家推定地から小櫃川をやや降った河川堤防上を選地しており，さらに河口部には古墳時代の首長墓群が展開する。今富廃寺は海上郡家とされる西野遺跡にやや近いが，選地としては郡家推定地とは反対側，西北方の養老川河口の沖積低地を広く望む立地をとる。九十九坊廃寺は周准郡家とされる外箕輪遺跡周辺，小糸川が形成する沖積低地を広く望む立地をとり，さらに河口には望陀郡と同様，古墳時代の首長墓群が展

奈良後期		平安期	諸地形・諸施設との関係(○：隣接　△：近接)										類型
上総国分寺式													
重圏系	蓮華系		古道	河川・湖沼	山地	他寺院	官衙	集落	前方後円墳	群集墳	終末期方墳	火葬墓	
◎	○		○				○						官衙官道隣接
	軒平		○	○					○				官道隣接・眺望
○	○				○						○	○	聖域
◎					○						○	○	聖域
○	◎	○	○				△		○				官衙官道隣接
○	○	○	○				△						官衙官道隣接
◎	軒平						○						眺望・官衙隣接
				○								△	河川
				△	○								瓦窯か？
	○			△	○			○					村落内寺院？山林寺院？・水源？
◎				○			△		△				河川・官衙隣接
		小型瓦		○					○		○	○	聖域？
	○				○	△							眺望？・山林寺院？
					○		△						眺望・官衙隣接
軒平				△			△		△		△		河川・官衙隣接
○				○		△	△		△				河川・官衙隣接？
					○				○				眺望？・山林寺院？
				○						○			眺望・河川・村落内寺院？
					○	○			○		○		聖域・山林寺院
					○	○			○		○		聖域・山林寺院
		浄土型式伽藍		○						○			河川・水源

開する。上総においては，かならずしも一律的に寺院を郡家に隣接させるのではなく，各郡ごとに独自性をもちつつ，地勢的にまとまりの強い郡中枢域全体の土地利用の中で，諸施設の配置がおこなわれていたものと本章では捉えたい。郡家推定地と寺院がかならずしも隣接しない点は，7世紀代の下総にも似るが，下総における寺院展開が，古墳との近縁性を強くもちつつも，郡家推定地との関係は多様であったのに対し，上総では郡家推定地と寺院が同一台地であったり，河川で結節されたり，広く遠望されたりと，有機的な結びつきが強いことから，上記のような捉え方をした。郡単位での郡家周辺における土地利用の規制力が，比較的強かったことをあらわすのかもしれない。

　郡家周辺地域以外での該期の寺院展開として特筆すべきは，奉免上原台遺跡および武士遺跡に代表される，終末期古墳および火葬墓群との密接な関連性であろう。とくに奉免上原台遺跡では，60基を超える奈良〜平安期の墳墓群が確認されており，「墳墓群と関わる仏教関係施設」（今泉1995）という評価が妥当であろう。

　8世紀以降における寺院の新造・修造においても，上総では基本的にこの傾向性が継続する。上総国分寺式の重圏文系軒瓦や平城宮系軒瓦は，光善寺廃寺・今富廃寺・上総大寺廃寺・真行寺廃寺など郡家と関連性の深い諸寺の修造にもちいられるとともに，墳墓と関連する奉免上原台遺跡・武士廃寺にも供給されており，墳墓に近接する寺院としては他に，望陀郡請西墳墓群に隣接して，小

型瓦をもちいた仏堂（小谷遺跡）が造営されている。上総において，郡家に近接した寺院と墓域と関連する寺院を，継続して重視していたことがわかる。台地状の集落展開の差異もあるが，集落との密接な関連をもちつつ，村落内寺院の仏堂の瓦葺化を軸に展開していく，下総国分寺式瓦の様相とは好対照であり，興味深い。

　その他，8世紀中葉以降に新造された寺院としては，上総国分寺式瓦で造営された山辺郡小食土廃寺や，武射郡小川廃寺，奈良期の平瓦が出土する武射郡山田廃寺・小金台廃寺など，平野部から隔絶した山あいの寺院が目立つ。小食土廃寺は近傍に集落も展開することから，村落内寺院として捉える見方もあるが，寺院がちょうど分水界に位置していることも含め，これら諸寺が山林寺院として展開した可能性をみておきたい。

5　軒瓦の展開との関わり

　先述のとおり，下総・上総地域では，山田寺式の瓦当文様が広く展開しており，龍角寺を初現とするその展開過程は，岡本氏（岡本東三1996など）や山路氏（山路2005aなど）によって詳細に復原されている。本章では，それらの研究成果を援用しつつ，瓦当文様の展開から想定される瓦工の動きと，寺院の選地傾向のあり方の関連性について分析していきたい。

　山路氏によると，龍角寺を初現とする下総・上総の山田寺式軒瓦は，①木下別所廃寺系統（木下別所廃寺—岩熊廃寺），②八日市場大寺廃寺系統（八日市場大寺廃寺—龍正院廃寺・木内廃寺—長熊廃寺・埴谷横宿廃寺・湯坂廃寺），③長熊廃寺系統（長熊廃寺），④光善寺廃寺系統（光善寺廃寺・大椎廃寺—奉免上原台遺跡・九十九坊廃寺），⑤二日市場廃寺系統（二日市場廃寺—今富廃寺）の5系統に分かれて展開するとされる（山路2005a）。

　木下別所廃寺系統については，木下別所廃寺と岩熊廃寺は国も違えば距離もかなり離れているものの，おなじく谷底平野の奥部を選地しており，選地の共通性がみてとれなくはない。しかしながら他の系統については，八日市場大寺廃寺系統が下総では眺望型を中心とするのに対し，上総に入ると山間部に展開していくこと，光善寺廃寺系統が郡家近接の寺院ばかりでなく，奉免上原台遺跡など墓域の仏堂にも展開することなど，かならずしも選地と連動しない。むしろ木下別所廃寺系統を除いては，地理的近縁性によって瓦当文様が展開していることがみてとれる。これまで本書で扱ってきた諸地域や，また後に第Ⅶ章で触れる讃岐など，瓦当文様と寺院選地のあり方がある程度一致する事例が多い中で，やや特異な様相を呈する。寺院の選地が誰の意向によるものなのか，また造瓦工人集団が誰によって管掌されていたかなど，難しい問題はあるものの，それがかならずしも一律に連動しないということは，特定の檀越が多様な役割をもつ複数の寺院の造営を担っていった可能性や，寺院造営を主導した勧進僧が，それぞれの土地での在地の工人集団を編成しつつ実際の造寺活動をおこなっていた可能性などを想定することができよう。

おわりに

　以上，下総・上総の両国について，その寺院選地のあり方について考察してきた。下総と上総は，

地理的にも隣接しており，また地勢上も，上総のほうがやや丘陵部は険しいものの，基本的には沖積低地と標高のさほど高くない洪積台地で形成されるなど，共通性が高く，龍角寺系列の山田寺式軒瓦の分布から，造寺活動における工人や情報の交流も活発であったと考えられる。その両国においても，寺院選地の傾向性がやや異なることは，寺院認知が１郡～数郡程度，国をまたがない程度に意外と広くない範囲でしか共有されず多様性が高いことを示すとともに，さらに広域に展開する造寺集団の活動領域については，それとはまた別の要素に規定されることがあることを考えさせられる。

　また上総においてみられる郡家推定地と寺院との近接傾向は，両者が隣接してセットで造営されることが多い下野や常陸ほどではないにせよ，これまで扱ってきた，また今後扱っていく諸地域ではあまり顕著にみられない，東国的な様相であると捉えることができよう。しかしながら，下総ではかならずしもそうはなっていないことからは，単純に東国全体の傾向とも言い切れない複雑さをもつことがわかる。

註
（１）　谷底平野奥部の丘陵上に寺院が造営された例としては，豊前塔ノ熊廃寺（本書第Ⅷ章）や三河舞木廃寺（本書終章）など，全国的に一定数が確認できる。
（２）　印旛郡にはすでに木下別所廃寺が存在したが，郡家から遠く，またその選地も特殊である。
（３）　これらの諸寺を単純な村落内寺院や山林寺院とみる見解に対して，山路氏は大塚前廃寺の事例などから，下総国分寺による寺田開発とのかかわりを指摘している（山路ほか2014など）。
（４）　平城6225系細弁蓮華文軒丸瓦−平城6691系均整唐草文軒平瓦。

第Ⅴ章　播磨地域における寺院選地

はじめに

　古代寺院の立地に関しては先述してきたとおり,「交通の要衝」というような指摘を出ないものが多いが,本章で扱う播磨地域に関しては,『兵庫県史』の中で,薗田香融氏によりさらに踏み込んだ指摘がおこなわれている（薗田1974）。薗田氏は播磨の初期寺院の分布に関して,水系ごとにまとまりをなすことから,「まずこうした河川の水系を通じて波及した」とし,また加古川上・中流域から西播地域の市川中流域の寺院分布については,「土橋（広渡：筆者注）・河合・繁昌・殿原・吸谷・多田・溝口の諸廃寺が密集」しており,「両河川と直行して東西に走る陸路,すなわち宝塚から有馬・三木・小野・加西・北条・福崎・山崎・三日月を経て,美作に達する古代の重要道路と関係づけて理解する方が容易」であると指摘し,「初期の寺院は大きな河川が主要な古代道路と交叉するような地点とか,海辺では重要な港津を見下ろすような場所を選んでたてられており,山間の幽邃閑寂の地に好んで建立された平安時代の寺院とは,その地理的環境においてすこぶる趣を異にする」と述べている。さらに個別の寺院立地の分析をおこなっており,その立地が「背後に山を負い,まえに平野や盆地を見下ろす台地の平坦部を選」ぶとし,さらに「広闊な沖積平野を背景とした河川の下流域よりも,むしろ上流・中流の河谷にひらけた盆地や小平野をのぞむ場所を選んで建立されることが多」く,「こうした河谷の小平野こそは,古代の地方豪族が好んで占拠した土地である」と述べる。薗田氏の論は,播磨にとどまらず,これまで本書で扱ってきた諸地域の状況にも,多く適合的であり,きわめて重要な指摘であるといえよう。この薗田氏の諸指摘

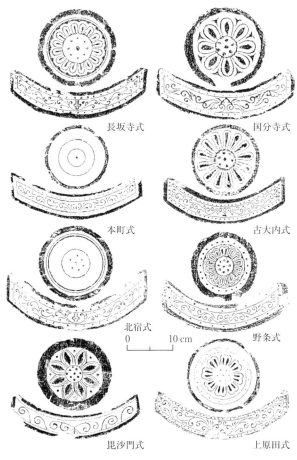

図59　播磨国府系瓦（今里1995）

を再検証する形で，本章では論を進めていきたい。

　それにあたっての根拠とするべき考古学的知見も，播磨地域では多く積み重ねられてきている。播磨の古代寺院および古瓦に関する今里幾次氏の諸業績は，『播磨古瓦の研究』（今里1995）に結実しているが，今里氏の播磨国府系瓦（図59）に関する議論，とくに国府系瓦が白鳳寺院の補修瓦としてもちいられる事例は，奈良時代後期以降における寺院統制の問題を考えるうえで重要である。また菱田哲郎氏を中心とした諸氏により，加古川上・中流域を中心として，集落の分布や変遷過程の復原がおこなわれており（小川2001，今津・菱田ほか2008，菱田2008），これらの成果と寺院の立地・分布・消長を重ね合わせることで，多くの興味深い事実を導き出すことが期待できよう。

1　東播地域（明石郡・賀古郡・印南郡・美嚢郡・賀毛郡・託賀郡）（図59・60）

　東播地域においては，明石郡1寺，賀古郡3寺，印南郡2寺，賀毛郡9寺，託賀郡3寺が確認されている。

　明石郡の古代寺院としては，太寺廃寺1寺が確認されている。太寺廃寺は明石川左岸の丘陵上に位置しており，南に瀬戸内海，西に沖積低地部を見渡す好所にあたる。また寺院に隣接して山陽道のルートが想定されており，陸路沿いを優先しつつ，海上交通や河川交通，平野部からの視点を意識した選地といえよう。明石郡家とされる吉田南遺跡や明石駅家からは離れており，また後期群集墳も，明石川の対岸に天王山古墳群，鬼神山古墳群など多くの古墳が築造されるが，寺院近傍には少ない。

　賀古郡では3寺が確認されている。西条廃寺は加古川下流左岸，城山から南に延びる丘陵上に位置している（図63）。西に塔，東に金堂，北に講堂を置く，法隆寺式に近い伽藍配置をとる。近傍には中期古墳である行者塚古墳をはじめとする西条古墳群があり，これを強く意識しての選地であることは疑いない。眺望としては東に大きく開けており，西条古墳群とともに，草谷川沿いの低地部を見渡す位置にある一方，加古川本流からは城山が障壁となり見ることができない。石守廃寺も加古川支流の曇川左岸の段丘上に位置している（図63）。法隆寺式に近い伽藍配置をとる。曇川が加古川に注ぐ合流地点の日岡山には，古墳中期の勅使塚をはじめとする日岡山古墳群が位置し，また条里余剰帯などから推定された山陽道の迂回路が，寺院に隣接して通ることが指摘される（吉本1990）。曇川対岸には，神野大林窯が存在しており，西条廃寺とともに加古郡における寺院と窯業生産の密接な関係をあらわすものとの指摘もある。眺望としては東〜北東の曇川下流域の沖積低地部を広く見渡すが，西条廃寺同様，加古川本流からは日岡山が障壁となる。野口廃寺は，加古川下流左岸に広がる広闊な沖積低地部を見渡す段丘上に位置している。講堂およびその南西に塔基壇が確認されており，法隆寺式の伽藍配置であろうか。山陽道の本道および，大化期の山陽道も近傍に想定され，隣接して賀古郡家も推定されている，賀古郡の中心と考えられる場所である。賀古駅家とされる古大内遺跡も近い。近傍の古墳としては，中期の聖陵山古墳が所在する。

　印南郡では2寺が確認されている。中西廃寺は加古川下流右岸に広がる広闊な三角州の沖積低地を南に見渡す段丘端部に位置している。山陽道の迂回路が寺院の南側に隣接して想定されており，やや離れるが東方平荘湖畔および湖底には，中期〜後期群集墳の池尻古墳群が所在する。山角廃寺

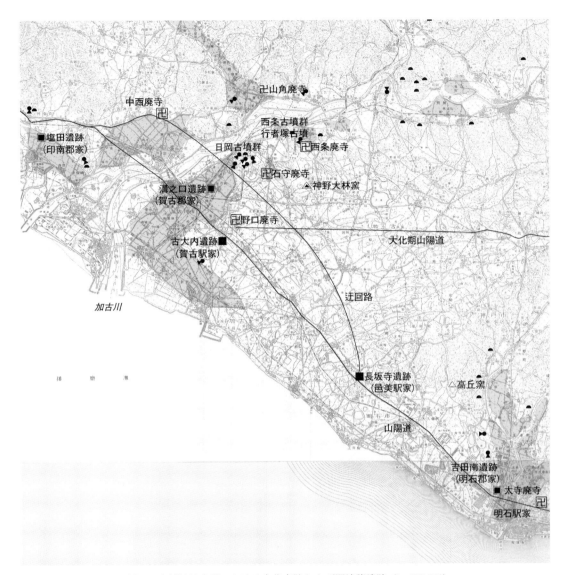

図60　東播地域南部における古代寺院および関連諸遺跡（1：150,000）

は加古川の屈曲点付近の右岸，丘陵端部に位置する。南に加古川が近接すると同時に，西方には西川下流域の条里地帯を広く見渡すことができる。東方に長慶寺山古墳が所在し，後期群集墳も点在する。西川対岸には，先述の池尻古墳群が所在する。

　賀毛郡では9寺という多くの寺院が確認されている。広渡廃寺は加古川中流域左岸の河岸段丘上に位置している。金堂・講堂が南北に並び，その前方に2塔をおく，薬師寺式伽藍配置をとる。この付近の沖積低地にあたる小野市大部や，右岸の河合付近には条里地割が残り，西側にこれら低地部を見渡す選地である。近傍には高田・久保木・高山古墳群など，多くの群集墳が存在し，やや南方には中期の大円墳である王塚古墳も所在する。河合廃寺は加古川中流域右岸，河川に近い沖積低地内の微高地を選地している。法隆寺式伽藍配置が推定されている。河合廃寺出土の輻線珠文縁単弁蓮華文軒丸瓦は，賀毛郡でもっとも古式のものとされている（西田2003）。新部大寺廃寺は河合

100　第Ⅴ章　播磨地域における寺院選地

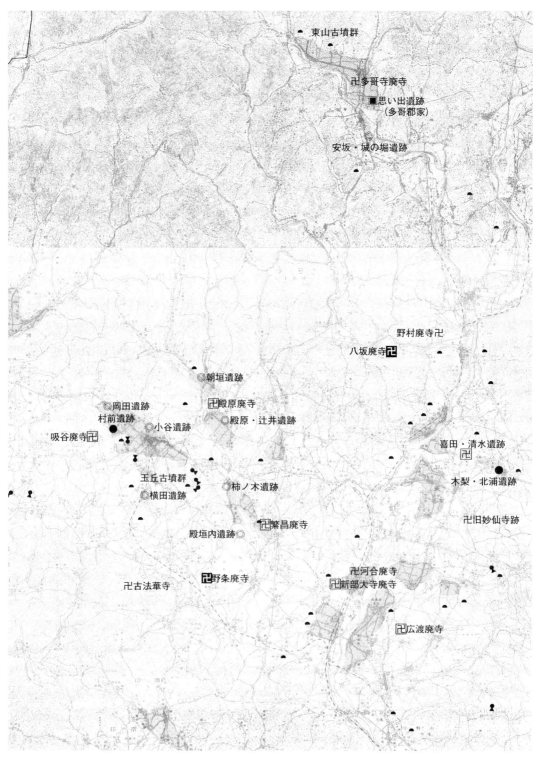

図61　東播地域北部における古代寺院および関連諸遺跡 (1：150,000)

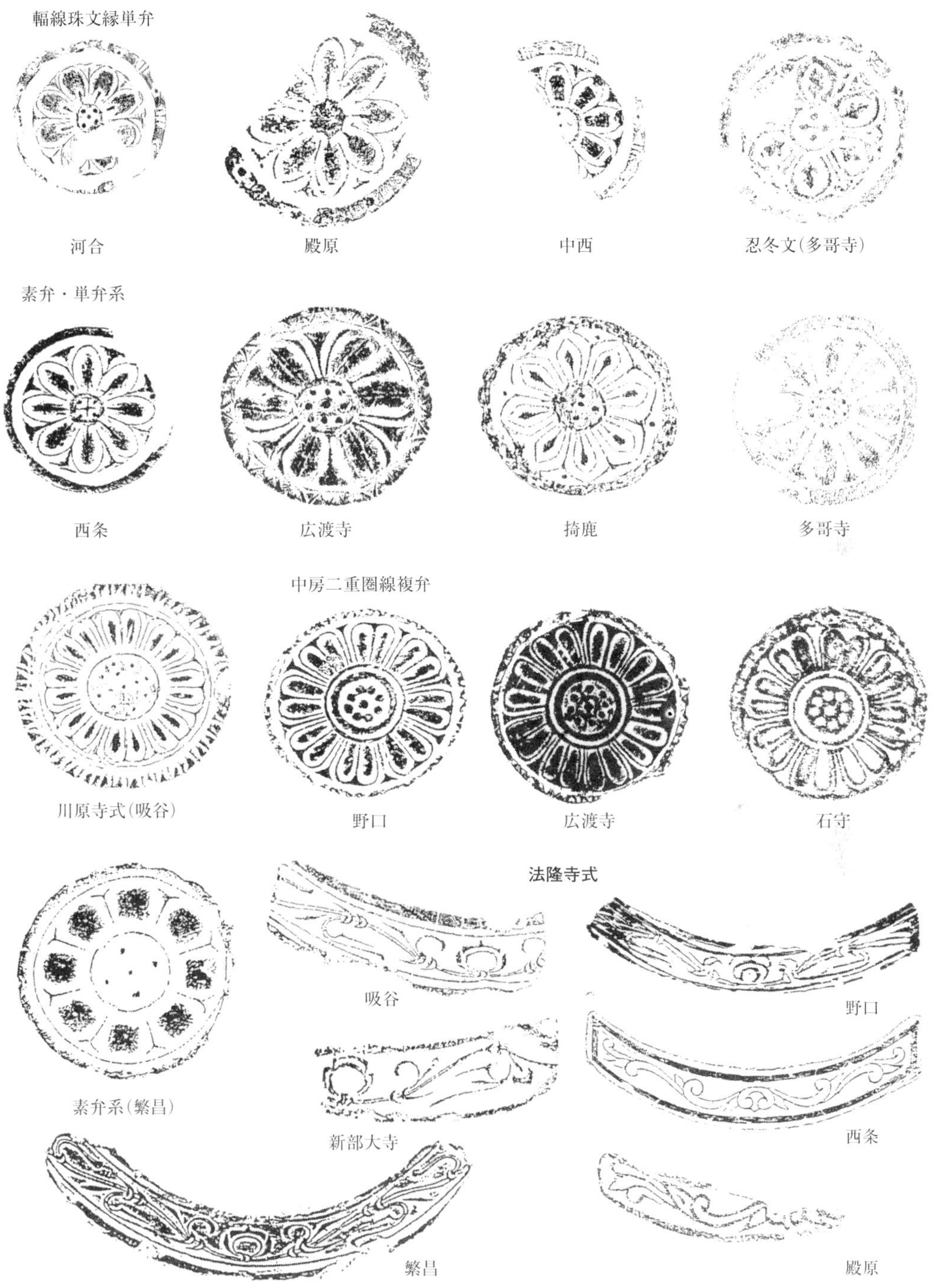

1　東播地域　　101

輻線珠文縁単弁

河合　　　　　　　殿原　　　　　　　中西　　　　　忍冬文(多哥寺)

素弁・単弁系

西条　　　　　　広渡寺　　　　　　搗鹿　　　　　　　多哥寺

中房二重圏線複弁

川原寺式(吸谷)　　野口　　　　　　広渡寺　　　　　石守

法隆寺式

素弁系(繁昌)　　　吸谷　　　　　　　　　　　　　野口

新部大寺　　　　　　　　　　　　　西条

繁昌　　　　　　　　　　　　　　殿原

図62　東播地域の軒瓦（1：8）（播磨考古学研究集会2003）

廃寺の南西方，非常に近接した場所に位置している。立地的には加古川右岸に張り出す台地の裾部
にあたり，おもに南方に広く沖積低地部を見渡す選地をとる。2塔をもっていたとされ，薬師寺式
の伽藍配置であったと考えられる。河合・新部大寺両寺の西方丘陵には，岡・粟生坂・河合西古墳
群など多くの群集墳が所在する。旧妙仙寺跡は加古川左岸の段丘上に位置し，西方に低地部を見渡

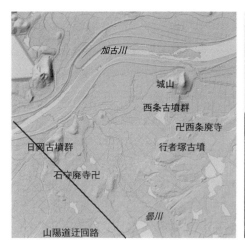

図63　石守廃寺・西条廃寺周辺の地形（右：北東より西条廃寺を望む）

す。白鳳期の瓦が出土するのみで，詳細は不明である。喜田・清水遺跡は加古川支流，千鳥川右岸の段丘端部，川に向かって南方に開けた選地をとる。伽藍配置は不明である。南方対岸の加東市社西垂水・鳥居付近には，条里地割が残るとされ，寺院東方の木梨・北浦遺跡からは風字硯・墨書土器などが出土し，官衙系遺跡と想定されている。掎鹿廃寺は加古川支流，東条川右岸の段丘上にあたり，南～南東方に河川沿いの低地部を見渡す。東条川沿いの平地部分にも，条里地割が明瞭に残るとされる。法隆寺式の伽藍配置をとる。東条川の対岸には岡本古墳群など後期群集墳が存在する。繁昌廃寺は加古川支流の万願寺川と普光寺川の合流点，南北に細長い段丘上に位置しており，西・南・東の河川沿いに向けて大きく開けた場所を選地している（図64）。金堂と講堂が南北に並び，金堂南西方に西塔が確認されることから，薬師寺式伽藍配置が想定されている。万願寺川の対岸には殿垣内遺跡・長塚遺跡など集落遺跡が所在し，さらにその背後には後期の豊倉古墳群が位置する。殿原廃寺は万願寺川上流左岸の段丘上に位置している。法隆寺式伽藍配置の可能性が高いとされる。万願寺川右岸の沖積低地部には，朝垣遺跡・殿原辻井遺跡などの集落が所在し，万願寺川左岸の丘陵部には後期の中後山古墳群が位置する。また寺院北西方には，瓦陶兼業窯と須恵器窯で構成される下道山窯が存在する。吸谷廃寺は加古川支流の下里川右岸，丘陵裾部に位置している。北方と南方を丘陵に画された狭隘な谷部の西端に延びる短い尾根筋の先端を開析して寺域を設定している（図65）。伽藍配置は不明である。谷の出口にあたる村前遺跡からは，倉庫群や墨書土器が出土しており，官衙系遺跡と推定されている。さらに東方～北東方には女鹿山古墳群などの後期群集墳，岡田遺跡・宝ノ前遺跡・鳥居元遺跡などの集落遺跡が存在し，また東方の加西市北条町付近には条里地割の広がりが確認されている。野条廃寺は下里川右岸の段丘上に位置しており，南西方に川沿いの低地部を見渡す。薬師寺式の伽藍配置をとる。播磨の内陸部を東西に抜けていく交通路がこの付近を通ると推定されている。今里氏により野条式とされた軒瓦および，形式化の進んだ単弁蓮華文軒丸瓦からは，他寺よりやや創建は遅れるものと推定できる。

　託賀郡では3寺が確認されている。多哥寺廃寺は加古川支流，杉原川と思い出川に挟まれた沖積低地内の微高地に位置している。伽藍配置は塔・金堂・講堂が南北に並ぶ四天王寺式または山田寺式が想定されている。託賀郡においても，西脇市から黒田庄町にかけての川沿いの平地部には条里

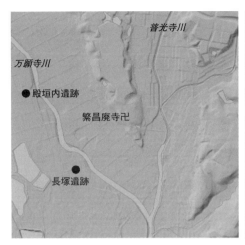

図64　繁昌廃寺周辺の地形（右：南東より）

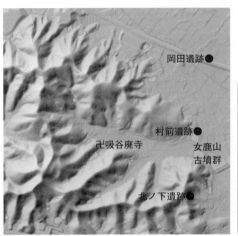

図65　吸谷廃寺周辺の地形（右：吸谷廃寺から東方を望む）

遺構がよく残っており，多哥寺廃寺の付近にも地割が良好に残存している。また平野部北方の山中には，後期の東山古墳群が所在している。野村廃寺は加古川支流，野間川と加古川の合流点付近の丘陵上に位置しており，東側に加古川右岸の沖積低地を望む。金堂が伽藍区画溝内西方の最高所に位置し，塔がその南斜め前面，講堂が東に置かれるという，特異な伽藍配置をとる。加古川の対岸には高松古墳群などの後期群集墳が，野間川対岸にも群集墳が所在している。八坂廃寺は野村廃寺の南西方，野間川右岸の狭隘な段丘上に位置している。南方から東方にかけて丘陵が伸び，野間川対岸の北方も丘陵が迫る。野間川以外の場所からはほとんど視野に入らない場所であろう。野村廃寺との瓦の同笵関係があり，野村廃寺から八坂廃寺へと移転したものとも推定されている（西田2003）。

2　東播地域の古瓦と寺院

　古瓦とくに瓦当文様について筆者は，寺院造営の意図を直接あらわすものではなく，年代や技術

104　第Ⅴ章　播磨地域における寺院選地

表9　播磨地域の寺院立地と出土瓦

遺跡名	旧郡	所在地	地形	伽藍配置	白鳳前期	素弁・単弁系	輻線珠縁・輻線縁系	珠文縁複弁・顎部凸帯軒平	複弁系	中房二重圏線複弁系	法隆寺式軒平	その他
太寺廃寺	明石	明石市太寺	丘陵部	礎石		線鋸歯縁有稜素						
野口廃寺	賀古	加古川市野口町野口	低位段丘	講堂・礎石		素縁単			素縁	面違鋸歯縁	○	斜格子軒平
西条廃寺	賀古	加古川市神野町西条	丘陵端部	法隆寺式		素縁単	○		線鋸歯縁7		退化型式	
石守廃寺	賀古	加古川市神野町石守	河岸段丘	法隆寺式		素縁単	○			鋸歯縁	退化型式	格子軒平
中西廃寺	印南	加古川市西神吉町中西	中位段丘	心礎			○					
山角廃寺	印南	加古川市平荘町山角	丘陵端部	心礎								無段式丸瓦
河合廃寺	賀毛	小野市河合中町	沖積低地	金堂・礎石		重圏縁素6・9弁	◎					
新部大寺廃寺	賀毛	小野市新部	台地裾部	薬師寺式		重圏縁素・単					○	細弁
広渡廃寺	賀毛	小野市広渡	河岸段丘	薬師寺式		重圏縁素6・線鋸歯縁素6				線鋸歯縁		
旧妙仙寺跡	賀毛	加東市山国	河岸段丘	不明								
搗鹿廃寺	賀毛	加東市搗鹿谷	河岸段丘	法隆寺式		重圏縁素			素縁			
喜田・清水遺跡	賀毛	加東市喜田	河岸段丘	基壇建物		素縁単6・7・唐草						
殿原廃寺	賀毛	加西市殿原	丘陵端部	法隆寺式		素縁単	○			素縁細	退化型式・素縁素弁○・素縁素弁	
繁昌廃寺	賀毛	加西市繁昌	丘陵頂部	薬師寺式								
吸谷廃寺	賀毛	加西市吸谷	丘陵裾部	僧房など					面違鋸歯縁		○	
野条廃寺	賀毛	加西市野条	河岸段丘	薬師寺式								
多哥寺廃寺	託賀	多可町中区天田	沖積低地	四天王寺式	素縁素・忍冬6				素縁			
野村寺	託賀	西脇市野村	丘陵部	金堂・塔・講堂・僧房		素縁素7						幾何学文
八坂廃寺	託賀	西脇市八坂	河岸段丘	金堂		素縁素7			重圏縁・素縁			幾何学文
市之郷廃寺	飾磨	姫路市市之郷	河川堤防	心礎		素縁素			素縁			

源)					諸地形・諸施設との関係（○：隣接　△：近接）							類型
	奈良前期〜後期		奈良後期〜平安期									
蓮華文帯鴟尾	弁間珠点単弁	その他	播磨国府系	その他	古道	河川・湖沼	山地	他寺院	官衙	前・中期古墳	群集墳	
		興福寺式均整唐草	古大内・野条		○		○		○（駅家）			官道隣接・眺望
			長坂寺・古大内・野条・北宿		○				○（駅家）	△		官衙官道隣接・眺望
			毘沙門・鬼瓦				○			○	○	眺望・聖域
		重圏・偏行唐草			○	△				△		眺望・聖域・官道隣接
		素縁細・唐草	古大内		○							官道隣接・眺望
						○	○			△		河川・眺望
						△		○	？		○	開発拠点？
		線鋸歯縁単12				△	○	○			○	眺望
		線鋸歯縁単9		均整唐草		△					○	眺望
						△	○					眺望
	○	均整唐草				△	○					眺望
	○	重圏・重廓		唐草		△	△				○	眺望・官衙隣接？
			本町	均整唐草		△	△					眺望・河川
		線鋸歯文縁細弁		素弁		○	○					眺望・河川
		素縁細弁・均整唐草					○				△	聖域
	○		野条		○	△	△					官道隣接？
						○			○			官衙隣接・開発拠点？
						△	○	○				河川・眺望
						○	○	○				河川・聖域？
○			長坂寺・北宿・本町		○	○			○			官衙官道隣接・河川？

| | | | | | 年代（出土瓦）（◎：播磨地域での初 | | | | | | | |
| | | | | | | 白鳳後期 | | | | | | |
遺跡名	旧郡	所在地	地形	伽藍配置	白鳳前期	素弁・単弁系	輻線縁・輻線縁系	珠文縁珠文縁複弁・顎部凸帯軒平	複弁系	中房二重圏線複弁系	法隆寺式軒平	その他
見野廃寺	飾磨	姫路市四郷町見野	河川堤防	心礎		素縁単6						
辻井廃寺	飾磨	姫路市辻井	沖積低地	法隆寺式					素縁		◎	
播磨国分寺	飾磨	姫路市御国野	低位段丘	国分寺式								
播磨国分尼寺	飾磨	姫路市御国野	低位段丘	国分尼寺式								
溝口廃寺	神前	香寺町溝口	丘陵端部	心礎・石製相輪					面違鋸歯			
下太田廃寺	揖保	姫路市勝原区下太田	山麓沖積低地	四天王寺式		素縁・中房輻線文		軒平	線鋸歯			
金剛山廃寺	揖保	揖保川町金剛山	山麓沖積低地	心礎					線鋸歯		軒丸	
中井廃寺	揖保	龍野市龍野町中井	山麓沖積低地	心礎・石製露盤		素縁素弁			素縁・線鋸歯縁			鬼面文軒丸
小神廃寺	揖保	龍野市揖西町小神	山麓沖積低地	土壇・礎石	素弁？	有稜素縁6・重弁9（讃岐弘安寺系？）			面違鋸歯縁・素縁	面違鋸歯縁		
中垣内廃寺	揖保	龍野市揖西町中垣内	山麓沖積低地	心礎								
小犬丸中谷廃寺	揖保	龍野市揖西町小犬丸	山麓沖積低地	基壇建物		面違鋸歯縁単10						無段丸瓦
奥村廃寺	揖保	龍野市神岡町奥村	山麓沖積低地	金堂・東西塔・講堂				◎	素縁			
越部廃寺	揖保	新宮町越部	丘陵裾部	土壇・礎石				○	素縁			
栗栖廃寺	揖保	新宮町千本	山麓沖積低地	暦積基壇				○				
香山廃寺	揖保	新宮町香山	丘陵裾部	心礎・土壇		外区珠文素縁		軒平				
千本屋廃寺	宍粟	山崎町千本屋	沖積低地	法起寺式		素縁単弁		軒平	素縁			
新宿廃寺	佐用	三日月町新宿	沖積低地	塔側柱礎石				軒平	素縁			
長尾廃寺	佐用	佐用町長尾	中位段丘	法隆寺式				○				
早瀬廃寺	佐用	上月町早瀬	山麓中位段丘	心礎				軒平				
櫛田廃寺	佐用	上月町櫛田	沖積低地	心礎？・土壇								
与井廃寺	赤穂	上郡町与井	山麓	心礎		重圏文縁単弁		亜式？	線鋸歯文縁			

源)

蓮華文帯鴟尾	弁間珠点単弁	その他	播磨国府系	その他	古道	河川・湖沼	山地	他寺院	官衙	前・中期古墳	群集墳	類型
			古大内・本町・野条			△	△				○	河川・聖域？
○			長坂寺・古大内・本町・北宿		○	○						官道隣接・眺望？
			国分寺式その他		○	○	△	○			○	官道隣接
			国分寺式その他		○	○	△	○			○	官道隣接
		平城6682系複弁	本町		△		○					河川・眺望
○			長坂寺・野条			○	○		○		○	聖域？・開発拠点？
		興福寺系軒丸・均整唐草	長坂寺・北宿	忍冬蓮華			○		○		○	聖域？
○		均整唐草	古大内	唐草	△	△	○				△	官道隣接
			古大内		○	△	○		○	○	○	官衙官道隣接
			古大内？		○	△	○				○	官道隣接
			古大内		○	△	○		△（駅家）			官道隣接
			国分寺	単弁	○		○				○	官道隣接
					△		○		△（駅家）		○	眺望・官道隣接
					○	△	○		○（駅家）			官道隣接
			古大内	単弁		○	○				○	河川？
○				小型瓦		○					△	河川？
					△	○	△				○	官道隣接
		外区珠文帯細弁		単弁	△	○	△		○	△	○	官衙官道隣接
						△	○					河川・眺望
						△	△					河川・眺望？
			古大内		○	△	○		△（駅家）			官道隣接

伝播の系譜を示すものと捉えており，本章でもそれに沿って簡単に触れる。なお年代については，（西田2003，岡本一士2003，今津・菱田ほか2008）など先行研究によりつつ，若干筆者の見解を加えた。また「播磨国府系瓦」については，考察では取り上げるが，年代観等については今回は触れない。

　東播地域でもっとも古いとされるのは，多哥寺廃寺の素弁蓮華文軒丸瓦などの一群であり，7世紀中葉ごろの年代観が与えられている。しかしながら，忍冬蓮華文瓦などを含めた多哥寺廃寺の瓦は，播磨地域に影響をもたらさず，多哥寺廃寺独自のものとして存在している。

　同様に7世紀中葉とされるのが，河合廃寺の外縁に珠点と直線を交互に巡らせた幅線珠文縁単弁蓮華文軒丸瓦である。この瓦は殿原廃寺や，加古川下流域の中西廃寺へと展開していく。またこれらの瓦は，外縁が重圏文や素文化しつつも，新部大寺廃寺や広渡廃寺，掎鹿廃寺など加古川中流域諸寺に広く展開し，また六弁化や花弁を線刻で描くよう文様退化，弁間珠点付加などの過程を経つつ，西条廃寺や野口廃寺など，下流域にも展開し，また野条廃寺にもみられる。

　またそれとは別に，繁昌廃寺では外縁三角縁で中房が大きく，花弁が幅広の素弁八弁蓮華文軒丸瓦[1]，法隆寺式軒平瓦とセットで使用されており，軒丸瓦は殿原廃寺に，軒平瓦は吸谷廃寺や新部大寺廃寺など中流域にまず広がっており，その後文様退化したものが，単弁蓮華文とセットとなる変形忍冬文軒平瓦として野口廃寺や西条廃寺，石守廃寺など下流域にもたらされ，殿原廃寺にも入ると筆者は考えている。

　また複弁系の瓦では，吸谷廃寺の面違鋸歯文縁複弁八弁軒丸瓦は，東播地域でもっとも川原寺のオリジナルに近いが，東播地域には広がらない。むしろ野口廃寺でみられるような中房内部に太い圏線をもつ複弁八弁蓮華文軒丸瓦が，石守廃寺や中流域の広渡廃寺へと展開し，細弁化したものは殿原廃寺にもみられる。

　このように東播地域における白鳳期の瓦は，数系統が複雑な様相をみせつつ，加古川中流域以南に広く分布していく。菱田氏も述べるとおり，数系統の工人集団が，「瓦工人の交替」をおこないつつ，「需要に応じてそのたびに派遣されるのが実態」（今津・菱田ほか2008）と考えられる。

　これらの瓦は，一部西播地域にも波及する。加古川中流域の系譜を引く法隆寺式軒平瓦は，飾磨郡辻井廃寺・揖保郡下太田廃寺に，中房内に圏線をもつ複弁蓮華文軒丸瓦は，おなじく揖保郡の小神廃寺に分布がみられる。

　奈良時代の補修瓦も各所で確認されている。広渡廃寺では線鋸歯文縁単弁九弁蓮華文軒丸瓦は，新部大寺廃寺に同一意匠で弁数の多いものがみられる。広渡廃寺では中心飾りに特徴がある均整唐草文もみられる。掎鹿廃寺では均整唐草文などが出土し，繁昌廃寺では線鋸歯文縁の退化した細弁蓮華文軒丸瓦などがみられる。喜田・清水遺跡や石守廃寺では，系譜の異なる難波宮式重圏文・重廓文などが確認でき，太寺廃寺では興福寺式の均整唐草文がみられる。

3　東播地域における古代寺院の選地傾向

　以上の分析をもとに，東播地域における古代寺院の造営について，おもに選地面からその特徴および変遷をみていく。

　まずは加古川上・中流域である。薗田氏はその寺院立地について，「河谷にひらけた盆地や小平

野をのぞむ場所」と述べるが，本章の分析でも，加古川およびその支流の河川沿いに展開はするものの，河川堤防上など川を直接意識した寺院は少なく，むしろ集落や条里地割，後期・終末期の群集墳などと隣接して造営されるという関係が多く見出された。本書の類型で言うなら，眺望型または聖域型の寺院が多いといえる。

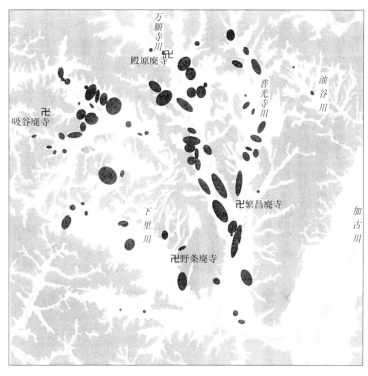

図66　加西地域の集落分布と古代寺院（今津・菱田2008に加筆）

さらに細かく各寺院についてみていきたい。加古川上・中流域を含む東播地域でもっとも早く造営された寺院は，軒瓦の形式から，託賀郡の多哥寺廃寺および賀毛郡の河合廃寺とされており，いずれも7世紀中葉ごろの年代が与えられている。この2寺については，沖積低地を見下ろす段丘や丘陵上に位置するこの地域の他の多くの寺院と，その選地が微妙に異なっている。多哥寺廃寺は河川の合流点付近の沖積低地内に位置しており，隣接して託賀郡家とされる思い出遺跡が存在する。筆者の類型で言うなら官衙隣接型であり，現存する量興寺の中世文書に残される「多哥寺」の寺号からも，寺号に郡名を冠したいわゆる郡名寺院であることが実証されている。また河合廃寺も，加古川右岸の沖積低地内に立地しており，「多哥寺廃寺と同様に郡の力を結集して建立された郡寺の可能性を想定」（西田2003）されている。郡寺という用語や，それに公的色彩を付与する議論については，今里氏や菱田氏により慎重な立場が提起されており（菱田2002，第3回播磨考古学研究集会実行委員会2003），筆者もその立場を強く支持するものであるが（梶原2009），7世紀中葉に創建された初期寺院の選地として，集落を含みこむような沖積低地の内部や，のちに郡家となっていくような地域拠点的な場所が強く意識されていることは重要であろう。

　それが7世紀後半段階，地方において白鳳寺院が激増する時期になると，様相が異なってくる。先述のとおり，加古川上・中流域の寺院は，薗田氏も述べるとおり多くが沖積低地を見下ろす，筆者の類型でいうなら眺望型寺院である。後代に条里が敷設されるような，比較的広さのある低地部ごとに，それに近接した場所に古代寺院が造営されている様子がみてとれよう。集落との関係においても，菱田氏らが作成した加西市域の集落分布と古代寺院を重ねあわせてみると（図66），集落が多く形成されている場所に近いところに，寺院もまた造営されていることがわかる。小平野部を見下ろす眺望型であり，該期の古代寺院の選地のあり方としては，比較的一般的なものであったと考えられる。これらの寺院は，繁昌廃寺の立地が顕著に示すように，狭隘な場所に平坦地を造成し，

主要伽藍を建て並べている例も多く，維持管理等のための付属院地を近傍にもたない，まさにモニュメント的な寺も多かったと思われる。

吸谷廃寺は逆に，集落や沖積低地部，幹線道から尾根筋を隔てて奥まった，眺望の利かない場所を選地している。筆者類型の聖域型に近いものと考える。八坂廃寺もこの例にあたろう。これまでみてきた近江などの例からも，この時期の古代寺院の選地が多様化していることが指摘でき，寺院に対する各造営者の意識の違いとともに，多様な選地の寺院が，それぞれ異なる意味合いをもたされながら存在していたとも考えられよう。

他の要素との関連であるが，薗田氏は「大きな河川が主要な古代道路と交叉するような地点」と述べるが，河川については先述のとおり，選地面で直接強い意識はされていないようである。陸路についても，内陸部を東西に通る主要道の想定路は，奈良期創建とされる野条廃寺のみは接して造営されるが，それ以外の寺院は陸路に直接面してはいない。すくなくとも白鳳期や奈良前期あたりまでの加古川上・中流域における造寺では，陸上交通路に面することはさほど重視されていなかったものと考えられる。ただし，瓦の動きを考えるなら，素弁・単弁系の瓦や法隆寺系の瓦は，加古川下流域も含めて共通性が高く，また吸谷廃寺の川原寺式瓦は，山を越えて西側の溝口廃寺にもみられること，さらに伽藍配置においても，法隆寺式や薬師寺式伽藍配置をとる寺院が非常に多いことからみても，造寺技術自体は，これら陸水の交通路を経て，密接に関係していたものと思われる。

古墳，とくに後期・終末期古墳との関係はどうであろうか。河合廃寺・新部大寺廃寺や喜田・清水遺跡など，後背丘陵に多くの古墳群が存在する例も多いが，多哥寺廃寺のように，古墳群の所在する丘陵から離れて造営される例や，揖鹿廃寺や野村廃寺のように，むしろ低地部を隔てた向かい側の丘陵に多くの古墳が存在する例もあり，かならずしも古墳に近接することは意識されていないものと思われる。これらの寺院はやはり聖域型ではなく，眺望型と認識すべきであろう。また菱田氏によると，加西市の満願寺川と下里川の合流点付近は，集落の分布が疎なところにもかかわらず，古墳については糠塚山古墳群など多くの後期古墳が存在することが指摘されている（菱田2008）。この場所には古代寺院は現在のところ確認されておらず，古墳の存在や交通の要衝としての河川の合流点であることは，かならずしも寺院の立地として重視されていないことがわかる。またこの地域において，もっとも著名な古墳群である玉丘古墳群についても，周囲に多くの集落がみられるにもかかわらず，寺院跡は近くに確認されていない。その理由は不明であるが，興味深い事実である。

奈良期創建の野条廃寺については，さきほど陸路との関係ですこし触れたが，この付近には集落も少なく，明瞭な条里地割も確認されていないようである。白鳳期の寺院選地とは，あきらかに異なる意識が働いているものであろう。

続いて加古川下流域をみていく。古瓦の年代観などから，下流域の寺院は上・中流域の多哥寺廃寺や河合廃寺に比べて，やや年代的に後出とされている。薗田氏はこれらの寺院のあり方について，古代豪族が「まず谷間の河谷を開発して自己の豪族としての基盤を確立したのち，下流の沖積平野への開発と進んだ」（薗田1974）と，時間的変遷の中で捉えている。しかしながら，下流域においても，郡家に隣接して造営される野口廃寺や，南方に広闊な低地部を見渡す中西廃寺など一部の寺院を除いては，基本的に選地の特徴は上・中流域と変わらないともいえる。賀古郡の西条廃寺・石守廃寺はいずれも加古川に面しておらず，逆に加古川からは山が障壁となり見渡せない。また地勢

的にも南方の加古川下流の広大な三角州地帯との関連は薄く，むしろ寺院の北または北東側，加古川に注ぐ小河川の下流域の沖積低地を意識した選地といえよう。印南郡の山角廃寺においても，加古川に面してはいるが，西方に広がる低地部を見渡す場所であるともいえる。明石郡の太寺廃寺は，南に瀬戸内海を見渡しつつも，西には明石郡家である吉田南遺跡などを含んだ，明石川河口の低地部を見渡す。

　下流域では陸路との関係が注目される。石守廃寺および中西廃寺は山陽道迂回路に，太寺廃寺は山陽道にあきらかに接して造営されており，これらの寺院は眺望型的かつ，官道隣接型の寺院であるといえよう。加古川下流域においては，はやくから陸路への隣接が指向されていたことは，畿内や後述する西播地域との関係も含めて興味深い。第Ⅰ章で検討した近江地域においても，畿内に近い近江南部においては，陸路指向が強いという結果が出ている。

　古墳との関係は，加古川上・中流域と同様，さまざまではあるが必ずしも近い関係にはない。太寺廃寺は付近に顕著な古墳群はなく，寺院北側の明石川対岸に多くの古墳が密集する。中西廃寺・山角廃寺と池尻古墳群との関係も，距離的にやや遠く，直接意識して造寺したものとは考えにくい。石守廃寺も，日岡山古墳群のすぐ脇は選地していない。また，美嚢郡の加古川と美嚢川の合流点には，樫山古墳群など多くの群集墳が集中するが，古代寺院は現在のところ確認されていない。

　生産遺跡との関係はどうであろうか。本書ではこれまで，尾張や近江の例などから，白鳳期寺院と手工業生産拠点は，かならずしも密接な関係をもたないという，相反的な状況がみられるとしてきた。しかしながら播磨では，加古郡の西条廃寺や石守廃寺の付近で，神野大林窯という大規模な須恵器生産地が確認されるなど，寺院と手工業はかならずしも相反しない。だがその一方で，高丘窯などの著名な須恵器生産地は近傍に寺院をもたないし，この地に広く流通する石材である竜山石の産地であり，多くの古墳群や広闊な沖積低地，印南郡家の推定地も存在する印南郡西部は，古代寺院が造営されてもまったくおかしくない要素が満載にもかかわらず，現在のところ寺院跡は確認されていない。高丘窯は四天王寺向けの鴟尾をも生産する窯であり，このような遠隔地への瓦供給を目的とした瓦陶兼業窯については，屯倉との関係も指摘されており（上原2003），手工業生産と寺院の関係は，生産の管掌者の問題も含め，慎重に取り扱っていく必要があろう。

　最後に，奈良時代以降の軒瓦がみられる〈補修型寺院〉および，奈良期に新造された寺院の様相を取り上げる。東播地域では補修型寺院の数はかなり多く，半数以上の寺院が奈良時代の補修瓦をもつ。しかしながらその中において，もっとも造営が早いとされる多哥寺廃寺と河合廃寺は，明瞭な奈良時代以降の瓦をもたない。多哥寺廃寺については，その他出土資料や文献史料などから，奈良期以降も存続したことが知られるが，補修軒瓦が確認されないことは興味深い。

　その他の補修型の諸寺においては，平城宮・京や難波宮式および，それらが大きくデフォルメされたような文様が使用されることが多いが，各寺院間で文様的な繋がりがあまりないことも特筆すべきであろう。あきらかな同文瓦は，加古川を挟んだ広渡廃寺と新部大寺廃寺の間にみられるのみである。各寺ごとそれぞれ，中央や他地域との私的関係から補修瓦を獲得していたものと考えられ，創建時にみられた寺院造営における強固な紐帯とはまったく対照的な様相であり，またそこに中央政府や播磨国司などの公的関与も，あまり見出しにくい。

　公的な関与が指摘できるのはやはり，〈播磨国府系瓦〉出土寺院であろう。これらの瓦で造営ま

たは補修された寺院としては，殿原廃寺（本町式），野条廃寺（野条式），野口廃寺（長坂寺式・古大内式など），西条廃寺（毘沙門式），中西廃寺（古大内式），太寺廃寺（古大内式など）がある。菱田氏は播磨国府系瓦の分布に関して，「各郡の代表的な寺院が含まれている」（今津・菱田ほか2008）と述べており，また山中敏史氏らも，「郡衙周辺寺院が大勢として定額寺になった」（山中・志賀2006）としているが，筆者には東播地域の例も，また全国的にみても，定額寺の選定はそれほど簡単ではなく，やや偏りがみられるようにも思う。東播地域においては，賀毛郡や託賀郡など内陸部に比して，山陽道の通る沿岸部の賀古郡に重点的に分布しており，しかも殿原廃寺や西条廃寺以外は，山陽道など陸上交通路を強く意識した選地の寺院である。これら播磨国府系瓦は，国府や国分二寺ばかりでなく，おもに駅家所用瓦として国内に広く波及しており，播磨国司によるこれら陸路沿い寺院中心の補修は，山陽道の駅家を瓦葺白壁で荘厳するという国家の政策に深く関連するものとも考えられ，さらにこれら官道隣接型の寺院が，国家仏教を体現するにあたって適切な選地の寺院として認知され選定された可能性もあろう。奈良期における補修寺院の選定や寺院の新造において，陸上交通路が重視される例については，後述するがおなじ山陽道の備前や備中を含め，多くの地域で確認できる。このことについては，終章で他地域の事例も含めつつ詳論したい。

4　西播地域（飾磨郡・神前郡・揖保郡・宍粟郡・佐用郡・赤穂郡）（図67・68）

続いて西播地域についてみていく。西播地域においては，飾磨郡5寺，神前郡1寺，揖保郡10寺，宍粟郡1寺，佐用郡4寺，赤穂郡1寺が確認されている。

飾磨郡では国分二寺を含めて5寺が確認されている。市之郷廃寺は市川下流右岸の河川堤防奥部に位置している。伽藍の詳細は不明ながら，塔心礎が存在したとの伝承をもち，また発掘調査では，推定東西約120mの区画溝で囲繞された区画内から，蓮華文帯鴟尾をはじめとした多くの瓦類が出土している。近傍には播磨国府とされる本町遺跡が所在しており，また山陽道が美作道・因幡道と分岐する草上駅家も付近に想定されるなど，古代播磨の中心的地域である。見野廃寺は天川下流の河川堤防上，天川下流域に形成される沖積低地の中央部付近に位置している。近傍の山中には見野古墳群など多くの群集墳が集中している。伽藍の詳細は不明ながら，塔心礎があったと伝えられている。辻井廃寺は夢前川の旧流路脇，沖積低地内の微高地上に位置している。美作道の推定路に隣接している。塔・講堂・僧坊跡などが確認されており，法隆寺式伽藍配置をもつとされている。播磨国分寺・国分尼寺は天川右岸の低位段丘上に位置している。山陽道の沿線上に位置しており，国分二寺の造営に伴い山陽道のルートが若干変更されたことも指摘されている。おなじ台地上には，墳長143mの壇場山古墳が所在する。国分寺は塔を回廊外の東側に置く国分寺式伽藍配置であり，国分尼寺は中門・金堂・講堂が南北に並ぶ，国分尼寺に一般的な伽藍配置をとる。

神前郡では1寺が確認されている。溝口廃寺は市川中流域右岸の丘陵端部に位置している。発掘調査はおこなわれていないが，塔心礎およびいくつかの礎石が残存しており，またその他にも心礎が確認されていることから，双塔の薬師寺式伽藍配置が想定されている。

揖保郡では10寺というまとまった数の寺院が確認されている。下太田廃寺は大津茂川下流左岸の山麓沖積低地上に位置している。南方の山中には，墳長109mの前期前方後円墳である丁瓢塚古墳

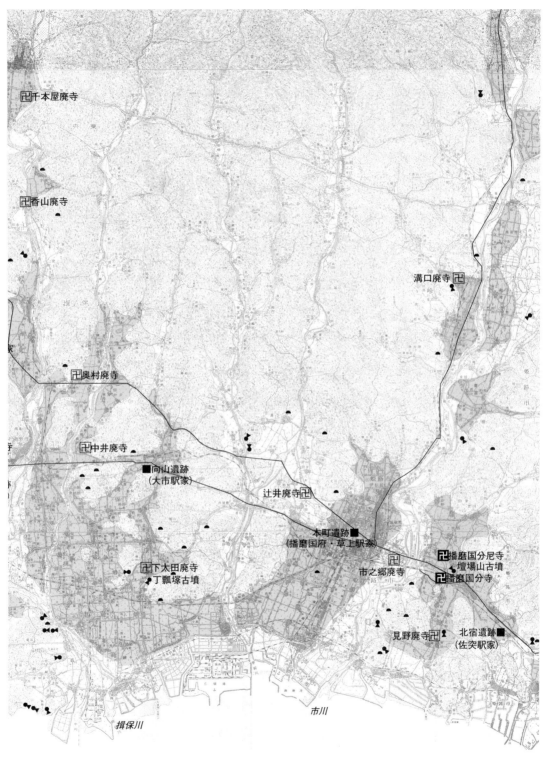

図67　西播地域東部における古代寺院および関連諸遺跡（1：150,000）

114 第Ⅴ章　播磨地域における寺院選地

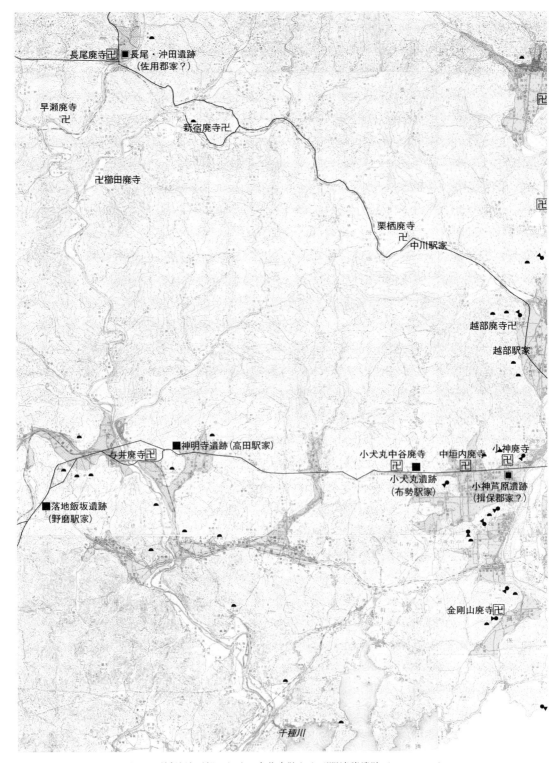

図68　西播地域西部における古代寺院および関連諸遺跡（1：150,000）

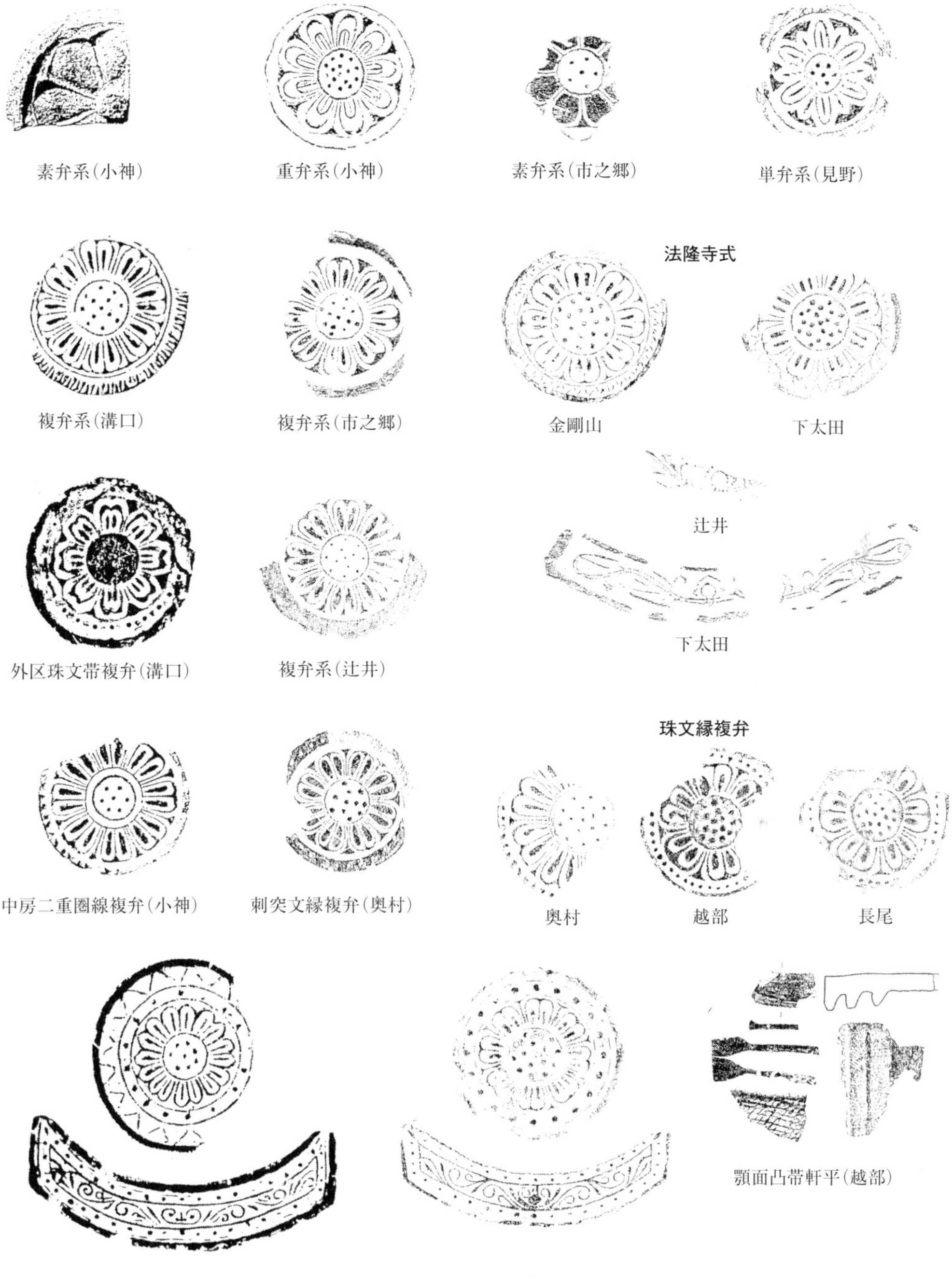

4　西播地域　*115*

素弁系（小神）　　　　重弁系（小神）　　　　素弁系（市之郷）　　　　単弁系（見野）

法隆寺式

複弁系（溝口）　　　　複弁系（市之郷）　　　　金剛山　　　　　　　下太田

辻井

下太田

外区珠文帯複弁（溝口）　　複弁系（辻井）

珠文縁複弁

中房二重圏線複弁（小神）　刺突文縁複弁（奥村）　　奥村　　　　越部　　　　長尾

顎面凸帯軒平（越部）

平城宮式（溝口）　　　　　興福寺式・平城宮式（金剛山）

図69　西播地域の軒瓦　（1：8）（播磨考古学研究集会2003）

や，多くの群集墳が分布している。寺域を含み北方に広がる沖積低地は，周囲を丘陵に囲まれた小
盆地上を呈している。発掘調査により，塔・金堂・講堂が南北に並ぶ四天王寺式伽藍配置があきら
かにされている。金剛山廃寺は揖保川下流域右岸の谷底平野の中央部付近の北側山麓，南面する狭
隘な扇端部に位置している（図70）。後背丘陵には後期前方後円墳である金剛山6号墳を含む金剛

116　第Ⅴ章　播磨地域における寺院選地

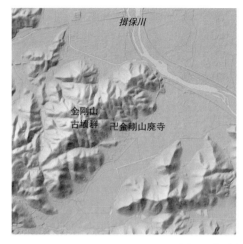

図70　金剛山廃寺周辺の地形（右：東より）

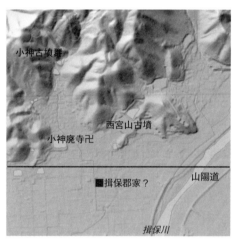

図71　小神廃寺周辺の地形（右：南より）

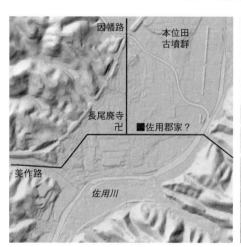

図72　長尾廃寺周辺の地形（右：南より）

山古墳群が所在する。伽藍の詳細は不明だが，塔心礎および複数の礎石が確認されている。

　以下4寺は山陽道に隣接・近接する諸寺である。中井廃寺は揖保川支流の林田川右岸に張り出した尾根筋端部付近の南麓低地部に位置している。南方には小規模な沖積低地が広がり，その南側の山中には中井古墳群が所在する。沖積低地部中央には山陽道が東西に通過する。伽藍の詳細は不明であるが，塔心礎および石製露盤が確認されている。小神廃寺は揖保川右岸に張り出した丘陵の南麓に位置している（図71）。後背丘陵には約30基の群集墳である小神古墳群が所在し，南側の沖積低地に所在する小神芦原遺跡では8世紀の掘立柱建物が検出され，揖保郡家の可能性も指摘される。寺域南端付近には山陽道が通る。中垣内廃寺は揖保川支流の中垣内川左岸山麓の沖積低地上に位置している。寺院北方の後背山中には，景雲寺古墳群・中垣内古墳群など多くの群集墳が集中しており，寺域の南には山陽道が隣接する。伽藍の詳細は不明であるが，塔心礎をはじめいくつかの礎石が残されている。小犬丸中谷廃寺は揖保川の支流である小犬丸川により開析された谷底平野の奥部付近の丘陵南裾に位置している。寺域南には山陽道が通り，東方700mには布勢駅家とされる小犬丸遺跡が所在する[2]。発掘調査により，瓦葺の築地塀および建物基壇が確認されている。

　以下3寺は美作道に隣接・近接する諸寺である。奥村廃寺は揖保とその支流の林田川に挟まれた広潤な沖積低地上に張り出した愛宕山の南麓沖積低地上に位置している。愛宕山の北西麓には約40基の大住寺古墳群が所在し，寺院南面には美作道が通る。発掘調査により，金堂およびその東西に双塔をもち，背後に講堂を配する伽藍配置があきらかになっている。越部廃寺は揖保川支流の栗栖川右岸山麓，小規模な扇状地の扇端部付近に位置している。北西方の山中には約80基の市野保古墳群が所在し，寺域の東方〜南方には揖保川と栗栖川によって形成された広潤な沖積低地が広がる。美作道は寺域東方に想定されており，越部駅家も付近に想定されている。塔跡と思われる土壇が確認されており，また奈良〜平安期とされる仏像も残されている。栗栖廃寺は栗栖川左岸に形成された小規模な沖積低地に張り出した山塊の東南麓に位置している。美作道がこの近傍を通っていたとされる。礫積基壇が確認されている。

　香山廃寺は揖保川中流域右岸に張り出した丘陵の南東麓に位置している。遺跡地南方および揖保川対岸には，揖保川によって形成された小規模な沖積低地が広がる。西方丘陵には香山古墳群が所在する。方形土壇が残されている。この地域の地域中心はむしろ寺院よりやや南方であり，6面の銅鏡が出土した吉島古墳や，奈良・平安期の官衙遺跡とされる新宮宮内遺跡などが所在する。

　宍粟郡には千本屋廃寺1寺が確認されている。揖保川中流域右岸に広がる沖積低地の中央付近に位置しており，西方山中には金谷古墳群が所在する。発掘調査により法起寺式の伽藍配置が確認されている。

　佐用郡には4寺が確認されている。新宿廃寺は千種川支流の志文川右岸，南面する小規模な扇状地の扇端部付近，美作道に隣接した場所に位置している。付近には常徳寺古墳群・高畑古墳群などが所在している。伽藍の詳細は不明であるが，塔の側柱礎石が確認されている。長尾廃寺は千種川支流の佐用川中流域右岸に広がる佐用盆地南部の段丘上に位置している（図72）。盆地北方の山麓付近には，本位田古墳群など群集墳が所在する。美作道と因幡へ抜ける支道の分岐点にあたり，寺院東方沖積低地上の長尾・沖田遺跡からは大型掘立柱建物群が検出され，佐用郡家に推定されている。発掘調査により法隆寺式伽藍配置が確認された。早瀬廃寺は佐用川中流域右岸の丘陵南麓の段

丘上に位置している。伽藍の詳細は不明であるが，塔心礎が現存する。櫛田廃寺は千種川中流域左岸の沖積低地上に位置している。かつては塔心礎が存在していたようであるが，詳細は不明である。瓦は出土するが，軒瓦は現状では確認されていない。

　赤穂郡では与井廃寺1寺が確認されている。千種川東岸の丘陵南麓に位置しており，西方には終末期方墳の与井1号墳が所在する。寺域南端には山陽道が通り，その南方には千種川による沖積低地が広がる。東方2kmの神明寺遺跡は，高田駅家に想定されている。伽藍の詳細は不明であるが，かつては塔心礎が存在したとされる。現在でも数個の礎石が残されている。

5　西播地域の古瓦と寺院

　西播地域で最古の瓦とされるのが，小神廃寺出土とされる飛鳥寺星組系統の素弁蓮華文軒丸瓦である。この瓦については来歴も不詳で現物の所在もあきらかでないが，この瓦を積極的に捉えるなら，小神廃寺は7世紀第2四半期〜中葉に遡る，播磨最古の寺院の可能性がある。しかしこの瓦の系譜は，西播地域はもとより播磨国内で継続しない。

　西播地域で比較的集中して分布するのは，川原寺式または法隆寺式を祖型とすると思われる複弁蓮華文の系譜であり，セットとなる軒平瓦も含めると，西播地域の8割以上の寺院で採用されている。これは，複弁蓮華文が吸谷廃寺をはじめ数寺しか確認されていない東播地域との大きな違いである。金剛山廃寺や下太田廃寺では線鋸歯文縁が使用され，この文様は鴟尾の蓮華文帯にも採用される。市之郷廃寺や辻井廃寺では素文化したものが確認されている。奥村廃寺では外縁に珠文帯を巡らせる意匠を採用しており，同笵瓦が因幡地域までおよぶ。また六弁化した外縁珠文帯軒丸瓦は，越部廃寺・栗栖廃寺・長尾廃寺と，美作道沿いに同笵瓦が波及していき，一部の寺院では顎面凸帯軒平瓦とセットとなり展開する。奥村廃寺の瓦の一部は，播磨国分寺にも供給されるなど，飾磨郡から内陸部へかけての拠点的な寺院として機能しているようである。

　山陽道沿いの諸寺については，小神廃寺で東播系の中房二重圏線軒丸瓦や，川原寺式のオリジナルに近い面違鋸歯文縁軒丸瓦，また讃岐弘安寺跡の系譜を引き，但馬地域へと展開していく，外縁をもたない重弁蓮華文軒丸瓦など，多様な瓦を採用しており，引き続き地域の拠点的な役割を担ったものと考えられる。しかしながら美作道沿いの諸寺と異なり，小神廃寺の瓦は山陽道沿いを含め，在地での広がりをもたない。中井廃寺では粗雑化した素文縁複弁蓮華文や細弁蓮華文が，小犬丸中谷廃寺では面違鋸歯文縁単弁蓮華文が，与井廃寺では重圏文縁単弁蓮華文や線鋸歯文縁複弁蓮華文が採用されるなど，多様な様相を呈する。

　奈良期の補修も，東播地域同様，積極的におこなわれている。奈良前期の瓦としては，溝口廃寺に下野薬師寺同笵の平城6307-6682E型式の軒瓦が入るのが代表的な例であるが，その他，金剛山廃寺には興福寺式軒丸瓦なども採用されている。播磨国府系瓦も各寺に供給されているが，東播地域を含め，揖保郡以東の山陽道沿いでは，多種多様な播磨国府系瓦が使用されるのに対し，揖保郡北部以西の内陸部を中心とした地域では，ほぼ古大内式に限定されるのは興味深い。また，多くの寺院で奈良期の瓦による修造が確認できる中で，美作道沿いの寺院については，奈良期の瓦があまりみられないことも特筆すべきであろう。

6　西播地域における古代寺院の選地傾向

　以上の分析をもとに，西播地域における古代寺院の造営について，おもに選地面からその特徴および変遷をみていく。

　まず西播地域最古の寺院としては，飛鳥寺式の素弁蓮華文軒丸瓦が出土したとされる小神廃寺が候補にあげられよう。揖保川および山陽道に隣接・近接し，また揖保郡家推定地も近傍に存在することからは，典型的な官衙・官道隣接型の寺院といえよう。7世紀中葉ごろに造営された地域の最初期の寺院が，のちの郡家に繋がる場所を選地することは，本章で先に触れた東播地域の多哥郡や賀毛郡の状況にも似ており，また尾張や下総など，各地に普遍的に存在するパターンである。

　その後の寺院展開は，東播地域と異なり，基本的に山陽道および美作道沿いに寺院造営が進められていくことは，本書冒頭でも触れたとおりであるが，かならずしもそうでない寺院も存在しており，詳細にみていくことにする。まず山陽道沿いの寺院であるが，想定寺域が山陽道に隣接するか，もしくはきわめて近い場所が選地されることが多く，その中でも，丘陵を北に背負い，南に沖積低地部を望むという，選地の共通性が非常に高いのが大きな特徴である。河川に近接する寺院も多く，水陸交通の結節点を選地するという指摘もできなくはないが，微視的にみていくと，河川堤防よりむしろ川からやや離れた山麓を指向する事例がほとんどである。「背後に山を負い，まえに平野や盆地を見下ろす台地の平坦部」という薗田氏の指摘は，該地の選地傾向としてほぼあてはまるといえよう。ただし，東播地域に比して西播地域では，寺院と沖積低地部との比高差が少ない場合が多く，周囲から見渡せる眺望型的要素は比較的少なく，小地域ごとの開発拠点であったり，また丘陵や古墳との隣接から聖域型的な色合いが濃いものとみたい。この傾向は，美作道沿いでも基本的には同様であり，美作道沿いのやや狭隘ともいえるような盆地ごとに，寺院が造営されていく様子がみてとれる。

　ただし，西播地域の寺院はかならずしも官道沿いのみにみられるものではない。瀬戸内海に近いところでは，下太田廃寺や見野廃寺が，それぞれ丘陵に囲まれた狭隘な沖積低地部を指向しつつ造営されており，金剛山廃寺も谷底平野を意識した選地である。河川中流域においても，市川中流域の溝口廃寺，揖保川中流域の香山廃寺・千本屋廃寺，千種川水系の早瀬廃寺・櫛田廃寺など，数はかならずしも多くないものの寺院が存在し，沖積低地上に造営された千本屋廃寺以外は，おおむね選地傾向も似る。官道沿いの諸寺も含めて，群集墳との親和性も高く，陸上交通の要衝を中心に造営されつつも，基本的には小平野・盆地内ごとの有力者が檀越となり，その宗教拠点としての役割を担わせ造営させたものと考えられよう。

　選地傾向の共通性の高さとは異なり，軒瓦の分布・波及過程からみる造瓦工人・造寺工人の動きは複雑である。飾磨郡や揖保郡の河川下流域の沖積低地部においては，市之郷廃寺と辻井廃寺，下太田廃寺と金剛山廃寺のように，一部に類似した瓦の展開がみてとれるが，山陽道沿いの諸寺は，それぞれ異質な軒瓦を採用しており，共通性はあまり見受けられず，計画的な造営とは考えにくい。一方で内陸部の美作道沿いを中心とした諸寺では，奥村廃寺を初現とする珠文縁複弁六弁蓮華文軒丸瓦が，栗栖廃寺・越部廃寺・長尾廃寺と同笵瓦が広がっていくなど，濃厚な共通性をもって展開

していく。飾磨郡・揖保郡周辺を初現とし西播地域に広く分布する蓮華文帯鴟尾の様相が，かならずしも軒瓦の分布と共通しないことはすでに大脇潔氏（大脇1983）や菱田氏（菱田1988b）によって指摘されており，その複雑さの背景への考究は今後の課題であろう。

　西播地域における寺院展開の年代観としては，拠点寺院のひとつである奥村廃寺の瓦の年代観がひとつの基準となろう。今里氏（今里1997）は，奥村廃寺の珠文帯複弁八弁蓮華文軒丸瓦について，その祖型は大和本薬師寺の軒丸瓦の鋸歯文帯を省略したものであり，外縁に刺突文様を配した複弁蓮華文軒丸瓦等も，その後出型式と捉えられることなどから，刺突を配さない素文のものも含めて，いずれも7世紀末葉ごろのものと捉えている。この見解に従うなら，すくなくとも美作道沿いへの寺院展開は，7世紀末から8世紀前葉ごろと捉えられよう。

　奈良期の補修に関しては，とくに山陽道沿いや沿岸部の寺院において積極的である。とくに山陽道沿いの諸寺においては，古大内式を中心とした播磨国府系瓦での修造が目立っており，東播地域と同様，播磨国司の寺院修造への関与は，一部内陸地域に展開はするものの，基本的には山陽道沿いの諸寺を優先しつつおこなわれたものと考えたい。その一方で美作道沿いの諸寺に関しては，播磨国府系瓦がほとんど入っていないのは対照的であり，おなじく官道を意識しつつ造寺活動が積極的におこなわれつつも，8世紀中葉以降における扱いが大きく異なるのは興味深い。

おわりに

　以上，播磨地域を題材に，おもに選地面から古代寺院の様相をみてきた。東播地域においては，7世紀中葉段階には，官衙や集落に近接した沖積低地内に，のちの郡家推定地付近に寺院が造営されるのに対し，7世紀後葉以降，寺院数が激増する時期は，むしろ集落や条里を上から見渡すような眺望型の選地を中心に指向され，モニュメント性が増すことがわかった。また，白鳳期には造寺や造瓦の面で紐帯が強かった加古川中・下流域の諸寺が，奈良期の補修時にはそれが薄まり独自性が増すこと，8世紀中葉以降の播磨国府系瓦による補修・新造においては，アクセス性の高い官衙・官道型の寺院が優先されている様相が復原できた。西播地域においては，7世紀中葉段階には東播地域と同様，のちの郡家推定地付近で，しかも官道に隣接した場所が選地され寺院が造られた可能性があるが，その後も官道沿いを中心に，隔絶された小平野や盆地ごとに官道隣接型かつ開発拠点型・聖域型的な色彩を併せ持つ寺院が，小地域ごとの宗教拠点として展開していく。奈良期の補修がおこなわれる寺院も多いが，播磨国府系瓦による修造は，官衙・官道型の中でも，とくに山陽道沿いの寺院に集中する傾向がみられる。

　このように，おなじ播磨国内においても，東播地域と西播地域では，選地傾向や造寺戦略に，共通性と相違点がある。とくに相違点は造寺活動が多様化する7世紀後半代に顕著であり，播磨国府系瓦が波及する8世紀中葉以降は，播磨国内での一貫した寺院修造計画が看取できる。

　最後に，東播・西播地域双方に共通することとして，塔心礎や明瞭な伽藍配置が確認される寺院が，非常に多いことが指摘できよう。本書でこれまでみてきた諸地域においても，数十という数の寺院跡が確認されているが，その過半，もしくはほとんどが，塔心礎や複数の基壇をもたず，おそらく小堂1基程度の小規模な寺院であったことを考え合わせても，播磨における活発な造寺活動の

あり方を指摘できよう。畿内から近いということも当然理由としてあるだろうが，なにか播磨の地域的特質が作用している可能性もあろう。

註
（1）　菱田氏は広渡廃寺や太寺廃寺の瓦に系譜を求めている。
（2）　なお，小犬丸中谷廃寺の年代観については，出土瓦から7世紀説と9世紀説があるが，本書では7世紀説をとる。その詳細については，また稿を改めて論じる。

第Ⅵ章　備前・備中地域における寺院選地

は じ め に

　本章では備前・備中の２国をもちいて，寺院選地のあり方の傾向性とその変化について述べていきたい。この地域は駅路の変遷に関して，足利健亮氏（足利1974・1978）をはじめとして，中村太一氏（中村太一1996），木下良氏（木下監修・武部著2005）ら多くの歴史地理学者によって精緻な研究と議論がおこなわれている地域であり，高橋美久仁氏の研究（高橋1995）が著名なように，発掘調査などで駅家の位置なども明瞭にわかっている場所が多い。また古代寺院についても，出宮徳尚氏（出宮1992）や湊哲夫氏・亀田修一氏（湊・亀田2006）らにより分析が深められている。本章ではそれらの諸成果によりつつ述べていく。

1　備前地域における古代寺院の選地（図73）

　備前の古道に関しては，藤野駅―津高駅間において，『延喜式』記載の山陽道の位置より南方に，初期の山陽道ルートが，遅くとも７世紀後半代には存在したとされる。初期ルートから『延喜式』ルートへの駅路変更時期については，８世紀後半以前説（木下監修2005）と９世紀初頭説（中村1996）が存在するが，『延喜式』ルート上の高月駅（馬屋遺跡）出土瓦の年代観や，備前国分二寺が『延喜式』ルートに面していることなどからは，８世紀中葉にはすでに駅路の変更がおこなわれていたと考えるのが妥当であろう。ただし，三河における東海道と二見道のように，駅路と並行して路線が設けられる例も存在することから，駅路変更後も，両道とも幹線道として存在しつづけたものと考えられる。

　備前においては，上道郡６寺，邑久郡６寺，赤坂郡４寺（国分二寺を含む），津高郡２寺が確認されている。まずは，備前地域でもっとも早く寺院が造営され，のちに備前国府が置かれて，備前の中心となっていく上道郡からみていく。

　賞田廃寺は，飛鳥時代創建とされる，備前における最初期の寺院である。旭川と支流の百間川によって西と南が画される，旭川東岸平野の北端に位置し，すぐ北側には竜の口山系を背負う（図75）。山系の尾根筋は寺院の西側に張りだしており，１km以上西を流れる旭川からは直接寺院を望むことはできなかったと考えられる。賞田廃寺のすぐ西側には，７世紀代の比較的大きな終末期古墳である唐人塚古墳が存在しており，直接的にはこの古墳の造営者との系譜関係が考えられよう。飛鳥時代の伽藍は確認できないが，７世紀中葉に遡る古式の素弁蓮華文軒丸瓦が出土している。飛鳥時代に，この古墳の追善のため建てられた小堂が，白鳳期に入って伽藍の整備がおこなわれていったものと考えたい。白鳳～奈良期におこなわれた伽藍整備においては，伽藍配置もやや不整形

124　第Ⅵ章　備前・備中地域における寺院選地

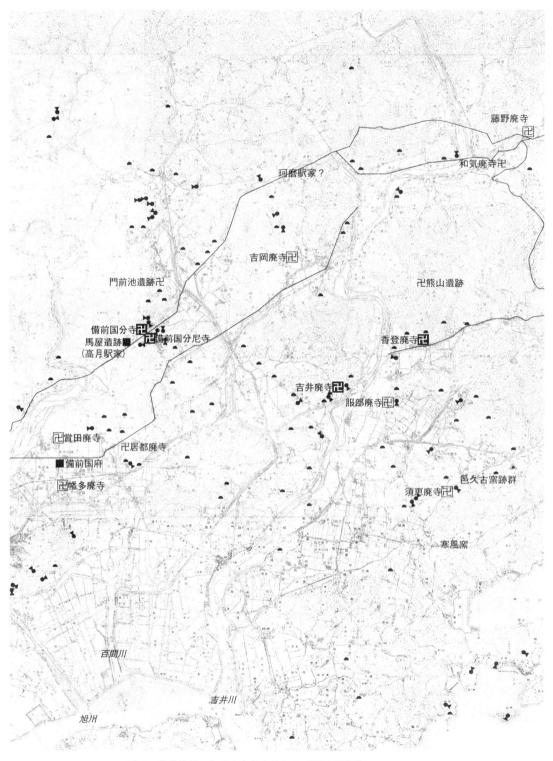

図73　備前地域における古代寺院および関連諸遺跡（1：150,000）

1 備前地域における古代寺院の選地　125

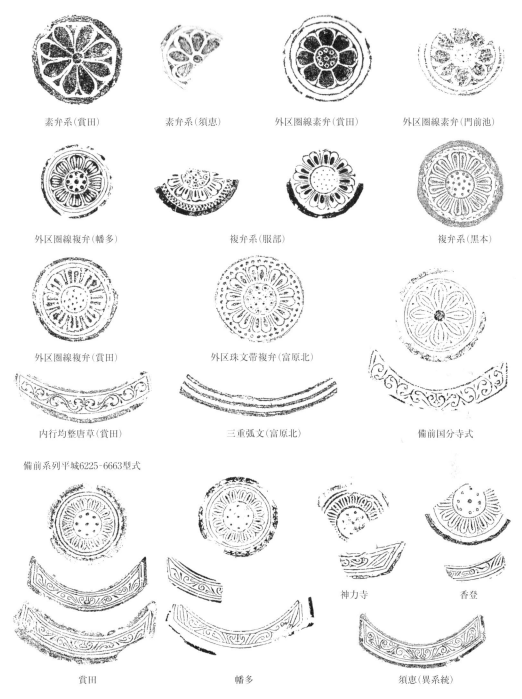

図74　備前地域の軒瓦（1：8）（湊・亀田2006）

ながら，金堂の東西前方に塔が配されており，あきらかに南からの視点を意識していることがわかる。寺域の南約700mには，初期の山陽道ルートが想定されており，この陸路からの景観，経済基盤であったであろう水田の広がる平野部の奥まった場所で，山の尾根筋で包まれるような位置が選地されている。この平野は，山がちな備前地域においてはもっとも広闊な平野のひとつであり，の

126　第Ⅵ章　備前・備中地域における寺院選地

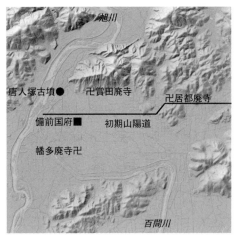

図75　賞田廃寺周辺の地形（右：賞田廃寺から南を望む）

ちには備前国府も造営される。賞田廃寺の造営者は備前を代表する氏族である上道氏と推測されているが，その本貫ともいえる地域を強く意識した寺院であるといえよう。白鳳期には外区に圏線をもつ特徴的な複弁系瓦などをもちい，また奈良期には平城6225-6663系の瓦を使用しており，この瓦は賞田廃寺で採用された後，備前国内に広く展開していくことが知られる（梶原2005など）。

　また，おなじく白鳳期には，賞田廃寺の真南約1.8kmの位置，旭川東岸平野の南端付近に幡多廃寺が造営されており，両寺は密接な関係をもっていたと想定される。幡多廃寺は塔と金堂が南北に並ぶ四天王寺式を意図しながらも，講堂はその西側に造営され，特異な伽藍配置となっており，寺域の東に広がる平野部からの景観を意識した配置と考えられる。もしくは，賞田廃寺や備前国府など，北側からの視点を考えると，四天王寺式伽藍配置では，金堂の前面（北側）に講堂が位置し，金堂が隠れてしまうことになり，それを避けるために講堂の位置を変えたとも考えられる。なお，幡多廃寺は初期山陽道ルートからも南へ約1kmとやや離れており，西側の旭川，南側の百間川ともやや距離がある。山陽道や河川交通路よりもむしろ，北側・東側の官衙・寺院などが広がる平野部全体を強く意識した選地といえよう。出土瓦は賞田廃寺と同文・同笵関係をもつ白鳳期の複弁系瓦や，奈良期には平城6225-6663系瓦も入る。

　またこの旭川東岸平野では，平野部の東端に居都廃寺が造営される。山王山の北西麓に位置し，北東方向の山間部を通り，東方から旭川東岸平野に入ってくる初期山陽道を直前で扼する場所にあたる。おなじ山王山麓には，南側の小丘陵上に墳長68.5mの前期古墳である宍甘山王山古墳が存在するが，この古墳よりもむしろ，初期山陽道や旭川東岸平野を強く意識した選地であるといえよう。ただし，西側の平野部からは，尾根筋が邪魔をして伽藍を見通せることはなかったと思われ，示威的なモニュメントというよりむしろ，賞田廃寺や幡多廃寺とともに，平野部を囲む境界を強く意識したものとの想定もできよう。出土瓦は賞田廃寺と同笵の複弁系瓦および奈良期の均整唐草文軒平瓦が出土している。この3寺における瓦の密接な同笵・同文関係から，造瓦工人を相互に効率的に運用しながら寺院の修造・新造がおこなわれたことが指摘されており（出宮1975），関係の深い3寺が計画的に造営・維持されていたことがわかる。

　上道郡の他の寺院としては，網浜廃寺と吉岡廃寺，吉井廃寺があげられる。網浜廃寺は旭川河口

1　備前地域における古代寺院の選地　127

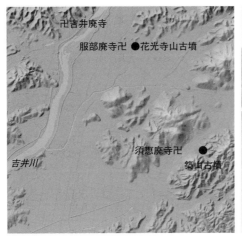

図76　須恵廃寺付近の地形（右：須恵廃寺から南西を望む）

付近，河口を見下ろす丘陵上に位置している。伽藍の詳細は不明であるが，やや退化した平城6225-6663系瓦が出土している。吉岡廃寺[1]は吉井川西岸に広がる盆地状の小平野の北端の山麓に立地している。吉井川からは西に2km離れており，その間には，のちに万富東大寺瓦窯が築かれる小丘陵があることから，川から直接は見渡せない。また初期山陽道ルートからも北に約1kmと，かなり離れた場所を選地している。伽藍配置は東西に金堂と塔が並ぶ法隆寺式であり，北に山を背負い，南に広がる平野部からの景観を意識した選地といえよう。有稜素弁蓮華文軒丸瓦や，賞田廃寺と同文の素弁蓮華文，複弁蓮華文のほか，平城6225系の退化型式と思われる細弁十三弁蓮華文軒丸瓦なども確認されている。吉井廃寺は吉井川右岸の山麓付近に位置している。中近世の山陽道のルートが，寺院のやや南方を通過している。伽藍の詳細は不明であるが，やや退化した平城6225-6663系瓦が出土している。

　上道郡以外の寺院もみていこう。

　服部廃寺は邑久郡に所在し，吉井川の東岸，長船平野の北東端に位置している。墳長86mの前方後円墳である花光寺山古墳の西方に隣接しており，この古墳を意識した選地であることはあきらかである。塔跡はみつかっていないが，金堂・講堂・回廊の状況からは，塔と金堂が南北に並ぶ四天王寺式伽藍配置が想定され，長船平野の平野部や，またやや距離はあるものの，南流する吉井川からの景観を意識したものであろう。花光寺山古墳も，前方部が南に向いた南北に長い形をしており，長船平野や吉井川から花光寺山古墳を望んだすぐ手前に，服部廃寺の伽藍が立ち並ぶ様子が復原できよう。川原寺式複弁八弁蓮華文軒丸瓦を創建瓦とし，平安期には縦置型一本作りの四弁系の瓦が入る。

　須恵廃寺は邑久郡に所在し，吉井川下流域東岸，吉井川と千町川に挟まれた邑久平野の東奥，山間部のごく小さな盆地内に位置している（図76）。付近には邑久窯跡群などが広がる窯業地帯である。5世紀後半の前方後円墳である築山古墳に近接しており，これを強く意識した選地と考えられる。北西の山間部には6～7世紀の古墳も存在する。吉井川はもちろん，邑久平野からも直接見渡すことが難しい位置であり，可視的なモニュメントというより，古墳の集中する神聖な小盆地における，聖域型的な色彩の濃い寺院である。弁端の尖った素弁系瓦を創建瓦とし，川原寺のオリジナ

ルに近い複弁蓮華文軒丸瓦や，奈良期には平城宮系瓦（他の備前の瓦とはやや系譜が異なるか）が入る。

熊山遺跡は邑久郡に所在し[2]，吉井川左岸，熊山の山頂付近にある．三段の石組の仏塔であり，奈良時代前半に造営されたものである。のちに備前国分寺の山林修行の場となったと考える説もある（上原2002）。瓦等は出土していない。

香登廃寺は邑久郡に所在し[3]，熊山の南側山麓に位置している。熊山からの尾根筋が寺地の西側に伸びてきており，吉井川からの視界では捉えられない場所を選地している。寺域の南面は，方上津から備前国府方向へと続く陸路（中近世にはこちらが山陽道となる）に接している。伽藍の詳細は不明であるが，平城6225-6663系の退化しきった軒瓦が確認されており，奈良時代後半の創建であろう。

和気廃寺は邑久郡に所在し[4]，吉井川の支流，金剛川と初瀬川に挟まれた平野部に位置しており，小丘陵の西端にあたっている。伽藍配置などはあきらかになっていない。複弁八弁蓮華文軒丸瓦が確認されている。

藤野廃寺は邑久郡に所在し[5]，おなじく金剛川沿いで，西流する金剛川がクランク状に蛇行し，日笠川と合流する地点に位置している。東と南を河川で画された小平野の南端付近で，金剛川に近いが，河川堤防の内側に立地している。伽藍配置はあきらかになっていない。和気氏の本拠地内の中心的な寺院とされており，藤野駅の推定地もこのあたりである。やや退化した複弁六弁蓮華文軒丸瓦と，平城6225系軒丸瓦などが出土しており，後者は北東1.3kmの飼葉窯での生産が確認されている。

黒本廃寺は赤坂郡に所在し，吉井川の支流である滝山川によって形成された谷底平野の中央付近北側山麓に位置している。伽藍配置はあきらかになっていない。内行凸鋸歯文縁の複弁八弁蓮華文軒丸瓦が確認されている。

門前池遺跡は赤坂郡に所在し，砂川中流域に形成された広闊な平野の南西付近，西から伸びる丘陵の最端部付近に位置している。この平野のさらに南西端には，墳長206mの両宮山古墳や，備前国分二寺も位置している。国分寺の南には山陽道の本道が通るが，門前池遺跡からはやや南に離れている。付近からは古代の掘立柱建物や硯・緑釉陶器などが出土しており，赤坂郡家との関係も指摘されている（湊・亀田2006）。伽藍の詳細は不明であるが，賞田廃寺などと同文の素弁八弁蓮華文軒丸瓦や，古新羅系とも考えられる素弁六弁蓮華文軒丸瓦が出土している。とくに後者の瓦は7世紀中葉まで遡るとみてよい。

富原北廃寺は津高郡に所在し，笹ヶ瀬川右岸に広がる小平野の山麓付近に位置しており，北方と西方を山塊で画される。寺域南方の低地部には，津高駅家とされる富原遺跡が所在しており，山陽道の本道が東西に通過する。伽藍の詳細は不明であるが，珠文縁複弁八弁蓮華文軒丸瓦や，やや退化した平城6663系軒平瓦などが出土している。

神力寺跡は津高郡に所在し，備前と備中の国境にあたる独峰である吉備中山の北東麓に位置しており，備前一宮である吉備津彦神社に隣接する。伽藍の詳細は不明であるが，中房が大きな単弁十二弁蓮華文軒丸瓦が出土しており，奈良時代には平城6225-6663系瓦が入る。

2 備前地域における寺院の展開過程

　以上から，備前における古代寺院の選地の変遷と，それから想定できる寺院への認知についてまとめる。

　まずは7世紀中葉に，上道郡賞田廃寺が備前最古の寺院として造営される。上道郡家の位置はいまだ不明であるが，広闊で生産力の高い旭川東岸平野や唐人塚古墳の存在など，上道氏の本貫として，賞田廃寺の近傍に郡家（評家）が置かれたと考えるのが妥当であろう。初期駅路もこの平野部を横切っており，官衙・官道隣接型でかつ，北方の丘陵や唐人塚古墳を意識した聖域型的色彩を併せ持つ選地と評価してよかろう。のちにこの旭川東岸平野を取り囲むように，幡多廃寺・居都廃寺が造営されており，この平野の重要性が窺える。

　賞田廃寺と同時期かやや新しい時期の瓦が出土する遺跡としては，赤坂郡門前池遺跡がある。これも赤坂郡家に隣接するとされており，官衙隣接型と捉えておく。7世紀中葉の地方寺院が，のちに評家・郡家となっていく遺跡に隣接する例は，これまでも多くの地域でその存在を述べてきたところである。

　7世紀後半になると，おもに備前東部，吉井川流域を中心に寺院が展開していく。これらの諸寺は当然ながら，まず吉井川という河川交通路への意識が考えられるが，河川堤防上の，それも河川に近い部分を多く選地する，典型的な河川型とは，選地の意識としてやや異質であると考えられる。山間部を蛇行し，流れ込む多くの小河川沿いに，小規模な平野部が広がっており，河川沿いに寺院造営に適した安定した河川堤防が形成されにくい備前の吉井川沿いでは，他の河川型の多い地域と比して，地理的条件の差異とともに，「寺院をどこに造り，誰に見せるか」という面での意識の違いも指摘できよう。

　吉井川沿いの寺院については，河川に隣接した寺院は少なく，服部廃寺・須恵廃寺・吉岡廃寺・黒本廃寺などにみられるように，むしろ河川沿いに広がる平野部の奥の山裾などを選地する例が多い。河川からの景観面においても，河川との間に山が存在し，河川から直接見渡すことのできない須恵廃寺をはじめとして，確かに意識はあったであろうが，かならずしも強く意識されているわけではないようである。むしろ山との関係や，花光寺山古墳や築山古墳などモニュメント的な前方後円墳を後背部に背負う形での選地，そしてもっとも強く意識されていたのは，それぞれの寺院が属する小平野部からの視点や，小地域ごとの境界としての意識であったと想定される。本書の区分でいうなら，小平野ごとの眺望型であり，また聖域型的要素が強い選地傾向といえよう。吉井川とは離れるが，神奈備である吉備中山の山麓に造営された神力寺なども，聖域型の典型であろう。

　また，これら吉井川沿いの諸寺院をはじめ，備前地域の7世紀〜8世紀前半代の寺院・瓦散布地は，山陽道など主要幹線道に隣接している例が少ないことがわかる。門前池遺跡は，備前国分二寺と同様，赤坂郡南部の広闊な平野部に位置するが，この平野部を貫通する山陽道[6]に隣接してはいない。富原北廃寺も，津高駅家と考えられる富原南遺跡の北側に隣接するが，山陽道とは富原南遺跡を挟んで逆方向にあたり，後背地に丘陵を背負う選地や，笹ヶ瀬川西岸に広がる平野部からの景観のほうが優先されたと考えられる。

130　第Ⅵ章　備前・備中地域における寺院選地

　この時期の備前の寺院選地においては，河川交通路への意識以上に，幹線道の位置やそれへの近接は，選地の条件として優先されておらず，先述のように，あくまで小地域ごとの拠点的モニュメントの色彩が濃い様子がみてとれる。祖先信仰や地域支配権の表象，また境界の標示と境界祭祀など，仏教思想というよりむしろ，前代の価値観が強く意識されたものと考えられ，またそれを寺院というモニュメントとして表示する対象は，あくまで小平野・小地域ごとの住人であり，寺院造営氏族の支配下におかれた特定の人々に対してであったと考えられる。

　それに対して，備前国分二寺の選地はあきらかに異なる。国分二寺は赤坂郡南部の平野部南西端に造営されており，山陽道の本道に接し，それを挟む形で北に国分寺，南に国分尼寺が立地している。西側には高月駅家とされる馬屋遺跡が隣接しており，この地に官営施設が集中して建てられていることがわかる。国分寺の東側には，岡山県第3位の大きさを誇る両宮山古墳が隣接しているが，他国の例からは，前方後円墳と国分寺の隣接が強く意識された例は少なく，両者の関係は慎重に考える必要があろう。また国分寺の北側には，なだらかな後背地が広がっており，調査はおこなわれていないものの，伽藍の北側や北東側，また両宮山古墳を挟んで東側あたりのいずれかに，広闊な寺院地を想定することができる。備前国分二寺の造営にあたっては，備前国府とは離れているものの，山陽道の本道沿いでは，備前国府から比較的距離が近く，かつ大伽藍と広闊な寺院地を設定することが可能な場所を選地しているといえよう。古代の官道の中でも山陽道はとくに，蕃客の通行路，唯一の大路として，駅家の瓦葺化などが率先しておこなわれており，国分寺の選地もそのような政策と大きく関わりをもつものであろう。国府はかならずしも山陽道の本道沿いでなくてもよかったが，瓦葺の壮麗な建物である国分寺は，とくに山陽道への隣接が意識されたものであろう。備中もそうであるが，平野部の中央ではなく，山陽道が丘陵部を通過してすぐのところに位置しており，峠を越えたらいきなり国分寺の七重塔の偉容が目に入るという，視覚的な効果も意識されていたのかもしれない。

　なお，国分寺の選地にあたって，国府から多少離れても，地理的条件を優先して適地を選ぶ指向は，伊勢や筑後など他国でも多く見受けられ，また国府と国分寺で造瓦組織，瓦当文が異なる例も多い。備前国分寺における国府からの距離や〈国府系瓦〉の不使用をもって，初期国分寺を国府に近接した諸寺に求める考え方には首肯できない。

　国分二寺以外の奈良時代中葉以降の寺院はどうであろうか。賞田廃寺を含め，国府の所在する旭川東岸平野を取り囲むように造営された幡多廃寺および居都廃寺では，賞田廃寺と同笵・同文の瓦で継続的に修造がおこなわれている。また，賞田廃寺を初現とし，備前地域に広く展開する平城6225-6663系瓦で修造・新造される寺院としては，賞田・幡多両廃寺のほかに，津高駅家に隣接した富原北廃寺や，おそらく吉備津彦神社の神宮寺として整備されたであろう神力寺跡，備前国分寺の山林修行の場ともいわれる熊山山麓に位置し，中近世には山陽道ともなる陸路に隣接する香登廃寺，おなじくその陸路に近接し，邑久郡と上道郡の郡境付近に位置する吉井廃寺，旭川河口部に位置し，国府からの水上交通の要衝にあたる網浜廃寺と，それまでの在地的モニュメントという意味合いとは異なる意識が働いているものと思われる。平城6225-6663系瓦の展開については，筆者はかつて，その初現が国府や国分寺等のあきらかな官営施設ではないことから，在地寺院系瓦としての意味を強調してきたが（梶原2005など），その展開状況などに鑑みると，むしろ「都城系あるいは

各国の国衙系の瓦を得て補修が繰り返される寺院（中略）は定額寺としての寺格を得たものと推測している」（菱田2007）という見解が妥当に思われる。そのようにみるならば，備前におけるこれら平城宮系瓦の展開については，国府周辺やそこへ至る陸水路，また神仏習合（混淆）や山林信仰等との融合など，国司主導の強い政治的意図がみてとれよう[7]。ただし，平城宮系瓦が出土することをもって，これらの諸寺に〈国府寺〉など官寺的役割を付す議論には，先述のとおり賛同できない。

3　備中地域における古代寺院の選地 (図77〜79)

　備中においても備前同様，多くの古代寺院が造営されている。伽藍等の明瞭でない瓦出土遺跡を含めて，現在までに賀夜郡4寺，窪屋郡4寺，都宇郡3寺（国分二寺を含む），下道郡4寺，浅口郡1寺，小田郡1寺，後月郡1寺，英賀郡1寺が確認されている。備中の中枢部である東部地域に多くの寺院が造営される一方，西部や北部では，一郡一寺的様相がみられる。

　大崎廃寺は賀夜郡に所在し，足守川東岸に広がる高松平野の北端の山麓に位置している。背後の山中には7世紀の大崎古墳群が存在する。足守川は西〜南西へ1km離れた位置を南流しており，川との間には尾根筋が張り出し，やや見通しにくい選地となっている。また山陽道も南へ3.5kmと，かなり離れており，直接意識したとは考えにくい。伽藍配置は四天王寺式で，網氏の述べる景観論的に述べるなら（網2006），東西からの視点がもっとも見映えのする伽藍配置ではあるが，大崎廃寺は北に山，東西を尾根筋で囲まれており，やはり南に広がる平野部からの眺望を意識したと考えるのが妥当である。山背北野廃寺に類似した有稜素弁蓮華文軒丸瓦が出土しており，7世紀前半〜中葉ごろの造営と考えられる。また有稜素弁の水切り瓦も確認されており，備後地域との関係が窺える。

　津寺遺跡は賀夜郡に所在し，足守川中流の河川堤防上に位置している。足守川中下流域には，7〜8世紀の官衙系遺跡が集中しており，津寺遺跡もそのひとつとされている。末ノ奥窯で生産された奥山廃寺式の角端の素弁蓮華文軒丸瓦が出土しており，7世紀第1四半期後半〜第2四半期の年代が与えられている。ただし，寺院に関連する遺構は確認されておらず，末ノ奥窯から積み出した瓦が運搬中に荷崩れを落としたという説（葛原2001）を含め，出土した瓦がどのような性格のものかについては議論がある。

　栢寺廃寺は賀夜郡に所在し，総社平野の中央部の微高地に立地しており，栢（賀夜）寺の名が示すとおり，郡名を冠したいわゆる郡名寺院の可能性も指摘される。発掘調査では塔の基壇のみが確認されたが，伽藍配置等はあきらかではない。足利氏は，栢寺廃寺に近接した位置に賀夜郡家を想定している（足利1974）。山陽道は南へ約2.3km離れており，足守川の支流である前川が，寺域の約600m南を流れている。素弁八弁蓮華文軒丸瓦を創建瓦とし，7世紀中葉ごろに造営されたと考えられている。この瓦はその後，備後寺町廃寺への瓦笵移動が確認されている。7世紀後半には〈備中式〉と呼ばれるこの地域に独特の軒瓦が入り，8世紀中葉には，備中国分寺に先立って，備中地域で独自の文様変化を遂げた平城6225-6663系瓦が採用される（梶原2005など）。

　川入遺跡は賀夜郡に所在し，足守川下流左岸の河川堤防に位置する。その立地から川港としての

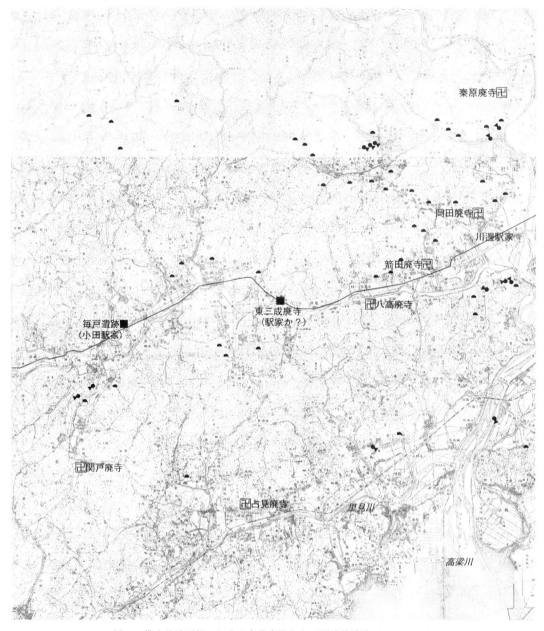

図77　備中地域西部における古代寺院および関連諸遺跡（1：150,000）

性格が想定されている。奥山廃寺式軒丸瓦や，平城6225型式の軒丸瓦などが出土している。

　宿寺山遺跡は窪屋郡に所在し，総社平野最南端の山麓付近に位置しており，遺跡の北側には5世紀後半の前方後円墳である宿寺山古墳が所在する。南方約500mの山中に所在する末ノ奥窯からは，支流を通して足守川に通じており，須恵器の積み出しの拠点的な場所とも考えられる。伽藍の詳細等は不明であり，古墳の追善等に関わる小堂とも考えられよう。出土瓦は船橋廃寺式の素弁蓮華文軒丸瓦で，7世紀第2四半期ごろとされる。末ノ奥窯で同文瓦が出土しており，ここで生産されたと考えられている。

3 備中地域における古代寺院の選地 133

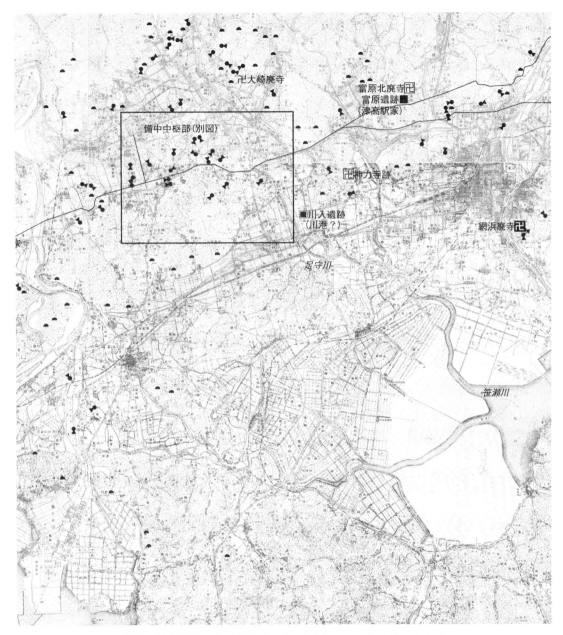

図78　備中地域東部における古代寺院および関連諸遺跡（1:150,000）

　三須廃寺は窪屋郡に所在し，総社平野南部の低丘陵北東端に位置している。伽藍の詳細はわかっていないが，発掘調査などにより瓦の散布が確認されている。窪屋郡家関連遺跡である三須河原遺跡の西に隣接しており，官衙隣接型の寺院である。南に約1kmの位置には，墳長286mの前方後円墳である作山古墳が存在している。出土瓦は7世紀末ごろの備中式で，その他奈良期以降の瓦も確認されている。

　日畑廃寺は都宇郡に所在し，足守川の西岸，王墓山丘陵の東裾部に位置している（図81）。東を足守川に，また西側の丘陵部から延びる尾根筋に南北を画されており，足守川およびその東岸に広

134　第Ⅵ章　備前・備中地域における寺院選地

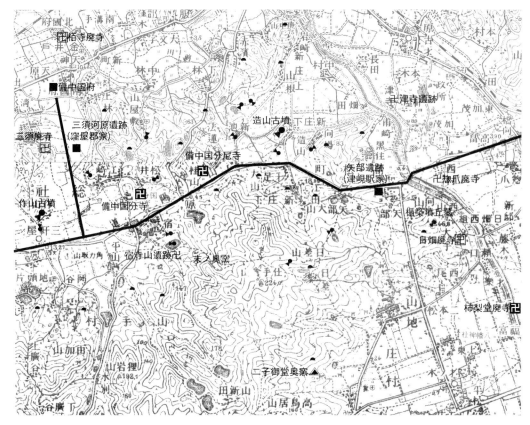

図79　備中中枢部における古代寺院および関連諸遺跡 (1:50,000)

がる平野部からの景観を意識しつつも、それとは地理的に隔絶した狭隘な場所を選地している。山陽道は北に約1.2km離れており、また尾根筋が邪魔をして見渡せない。伽藍配置は金堂と講堂が東西に並ぶことから、東面する四天王寺式と想定されている。王墓山丘陵には、著名な楯築墳丘墓が所在するが、日畑廃寺と直接関連するのは、6世紀後半の円墳で金銅製馬具などが発見された王墓山古墳をはじめとする群集墳であろう。出土瓦は花弁が特徴的な素弁蓮華文軒丸瓦や顎面施文の重弧文軒平瓦、備中式軒丸瓦などが出土しており、わずかではあるが平城6663系瓦も確認されている。

　惣爪廃寺は都宇郡に所在し、足守川東岸の河川堤防上、山陽道との結節点付近に位置する。河川堤防でも足守川寄りの場所を選地しており、川からの眺望を強く意識した立地といえよう。日畑廃寺からも北へ約800mと近接している。塔の心礎が現存することから、寺院跡であることは確実である。寺域の北方を山陽道が東西に走り、水陸交通の要衝といえよう。また山陽道を挟んで北側には、幸利(こおり)神社が所在し、都宇郡家をこのあたりに比定する見解もある。

　柿梨堂廃寺は都宇郡に所在し、おなじく足守川東岸の河川堤防上に位置しており、日畑廃寺、惣爪廃寺とも近接している。伽藍の詳細は不明だが、二子御堂奥窯や矢部遺跡などで出土し、備中国分寺に若干先行すると考えられる（梶原2005）、奈良時代の平城6225系の軒瓦が出土している。水上交通路である足守川からの視点を非常に強く意識した選地といえよう。

　秦原廃寺は下道郡に所在し、高梁川中流域右岸の小平野奥の山麓に位置している。塔および金堂

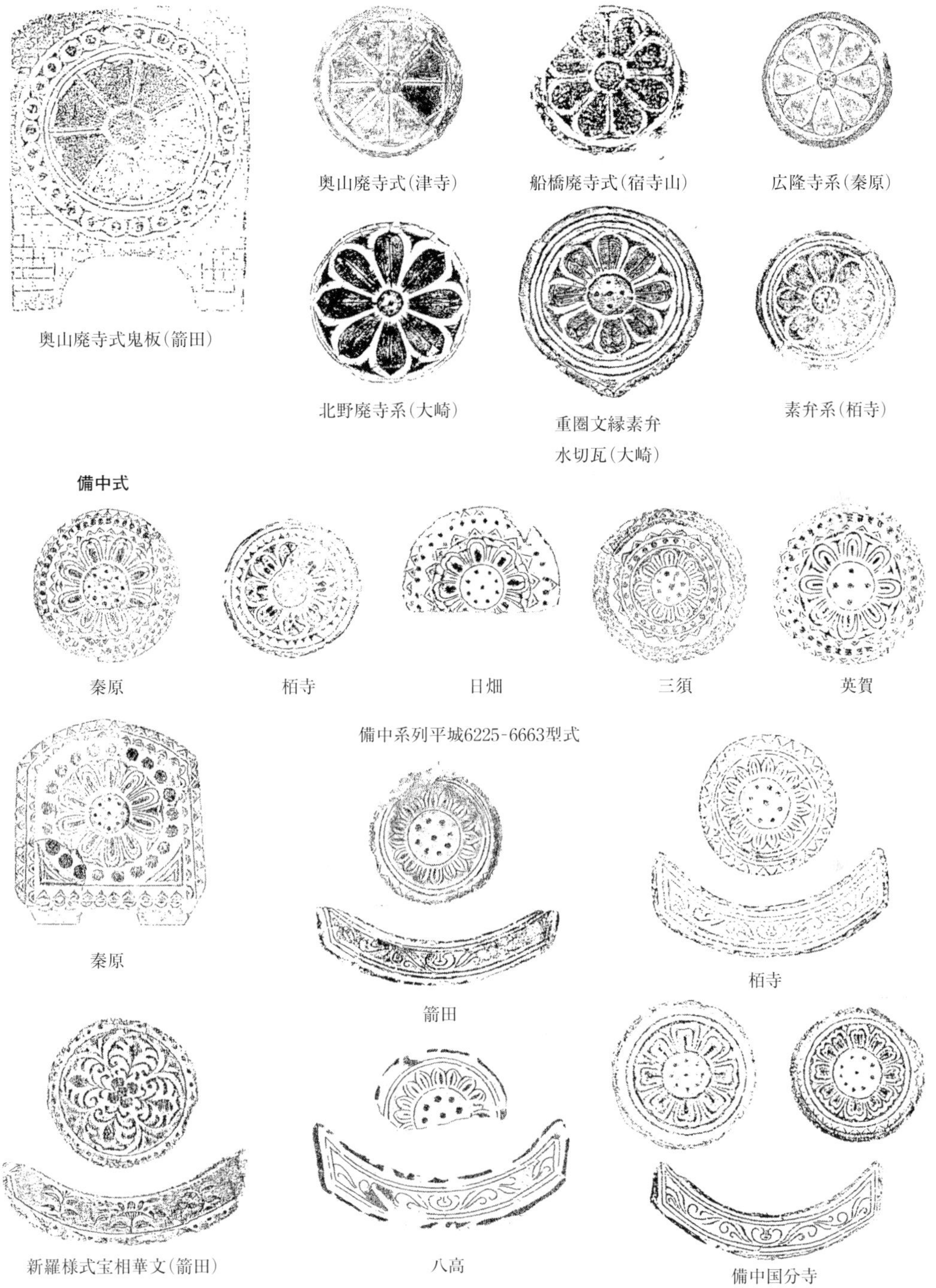

3 備中地域における古代寺院の選地 *135*

奥山廃寺式(津寺)　　　船橋廃寺式(宿寺山)　　　広隆寺系(秦原)

奥山廃寺式鬼板(箭田)

北野廃寺系(大崎)　　　重圏文縁素弁　　　素弁系(栢寺)
水切瓦(大崎)

備中式

秦原　　　　栢寺　　　　日畑　　　　三須　　　　英賀

備中系列平城6225-6663型式

秦原

箭田

栢寺

新羅様式宝相華文(箭田)　　　八高　　　　備中国分寺

図80　備中地域の軒瓦（1：8）（湊・亀田2006）

　と思われる基壇，回廊などが確認されている。寺院の南西約4.5kmには，6～8世紀の大製鉄遺跡
群である板井砂奥遺跡が所在しており，製鉄との関連が想定されている。出土瓦は7世紀前半の広
隆寺系の素弁八弁蓮華文軒丸瓦で，寺院から南に約12kmの下道郡の玉島陶窯跡群で生産されたと考
えられている（湊・亀田2006）。その他，備中式軒丸瓦や顎面施文の重弧文軒平瓦，奈良時代の均整

136　第Ⅵ章　備前・備中地域における寺院選地

図81　日畑廃寺周辺の地形（右：東より）

唐草文軒平瓦などが出土している。備中式軒瓦については，備中での初現が秦原廃寺であるとの見解も提示されている（妹尾2002）。

　岡田廃寺は下道郡に所在し，高梁川下流域西岸に広がる平野部の北側丘陵の南端に位置している。山陽道は寺域からはやや離れ，南1.5kmの平野中央部を通る。伽藍の詳細は不明であるが，土壇と礎石が残されている。備中式および平城6663系瓦が出土している。

　箭田廃寺は下道郡に所在し，高梁川支流の小田川右岸に張り出した小丘陵の谷奥山麓に位置している。南に近接して山陽道が通るが，山塊に遮られ寺院を直接は見渡せない。伽藍の詳細は不明だが，塔心礎が確認されている。北方800mには6世紀後半のこの地域最大の造出付円墳である箭田大塚古墳が所在する。下道郡の中心地とされ，造営氏族も下道氏が想定されている。ただし，付近に広濶な平野はなく，また郡家跡なども現状では確認されていない。選地条件からみるなら，河川と小丘陵で周囲を画された，聖域型の選地であるといえよう。出土瓦は7世紀中葉ごろとされる奥山廃寺式の蓮華文鬼板が確認されるが，軒瓦は7世紀後半の備中式が中心であり，奈良時代にも平城6225-6663系瓦や備中国分寺式軒丸瓦，統一新羅系の四弁系軒丸瓦などが使用されている。

　八高廃寺は下道郡に所在し，小田川右岸の川と丘陵に南北を挟まれた狭隘な山麓に位置している。山陽道は小田川の対岸を通ると推定されている。伽藍の詳細は不明であるが，塔心礎が残されている。備中式の軒丸瓦や，平城6225-6663系の軒瓦が確認されている。

　占見廃寺は浅口郡に所在し，里見川左岸に広がる広濶な沖積低地の北側山麓に位置している。里見川の対岸には金剛須恵窯跡群が所在する。礎石が残されるが，伽藍の詳細は不明である。備中式の軒丸瓦および，毎戸遺跡（小田駅家）と同范の平城6225-6663系の軒瓦が確認されており，後者は寺域すぐ東側の山崎瓦窯で焼成されている。

　関戸廃寺は小田郡に所在し，小田川の支流である尾坂川沿いに形成された南北に細長い谷底平野の奥部付近東側の山麓平野部に位置している。発掘調査の結果，塔と金堂が南北に並び，その東側にも建物跡が確認されている。出土瓦はとしては山田寺式，川原寺式など，備中では類例が少ない，畿内と直結する瓦で創建されており，8世紀には備中国分寺式の軒瓦が確認されている。

　寺戸廃寺は後月郡に所在し，小田川中流域左岸に広がる平野部の北端山裾に位置している。山陽

道は寺域の南約400mを東西に走っているとされる。伽藍の詳細は不明であるが，複弁蓮華文軒瓦を創建瓦とし，奈良末〜平安期には，特徴的な複弁蓮華文と均整唐草文の軒瓦で補修がおこなわれている。

英賀廃寺は英賀郡に所在し，美作との国境付近，旭川の支流である備中川中流域右岸に広がる沖積低地の南端付近の山麓傾斜地に位置している。英賀郡の中心的な地域であるが，英賀郡家にも比定される小殿遺跡は，南西2kmとやや離れている。発掘調査がおこなわれており，法起寺式または観世音寺式の伽藍配置が確認されている。出土瓦は備中式が中心であり，秦原廃寺と同笵の瓦も確認されている。わずかではあるが奈良期以降の瓦も出土している。

4　備中地域における寺院の展開過程

以上から，備中における古代寺院の選地の変遷と，それから想定できる寺院への認知についてまとめる。

まず備中地域は，他の地域に比して，比較的古式の瓦の出土が多いのが特徴である。大崎廃寺の北野廃寺系，津寺遺跡の奥山廃寺式，宿寺山遺跡の船橋廃寺式，秦原廃寺の広隆寺式，箭田廃寺の奥山廃寺式鬼板などは，いずれも畿内では7世紀第1四半期後半〜第2四半期に位置づけられる瓦である。これまでも触れてきたが，全国的な様相をみていくと，畿内以外の多くの地域では，古代寺院の造営は7世紀中葉ごろをひとつの嚆矢としており，本書で扱ってきた地域においても，7世紀前半まで遡る可能性のある寺院は，近江衣川廃寺や穴太廃寺，小川廃寺など，畿内縁辺部にごくわずかにみられるのみである。よく知られることだが，備中地域は古くから末ノ奥窯で畿内向けの瓦が積極的に生産されており，このことを契機として，寺院造営の文化が比較的早く伝播したものかもしれない。

これらの瓦出土遺跡の性格は判断が難しい。津寺遺跡や宿寺山遺跡は，おなじく足守川沿いで奥山廃寺式瓦が出土する川入遺跡と同様，末ノ奥窯からの物資運搬に関する拠点的な遺跡とも考えられる。後述の筑前比恵・那珂遺跡群や，また大阪の河内潟周辺においても初期瓦の濃密な分布が確認されており，前者は仏教とは無関係の建築用材として（齋部2000），後者は難波の港湾施設との関連（網2014）が指摘されるなど，いずれも寺院とは関連の薄いものとして捉えられている。畿内へ向けての瓦生産に関連して，港湾施設等の諸施設が拠点的に整備されていくなかで，一部の建物にこれらの瓦が建材として使用された可能性はあろう。

しかし，備中における初期瓦の分布は，かならずしもそれだけでは説明できず，大崎廃寺や秦原廃寺，箭田廃寺では，これらの瓦を使用した建物の痕跡は確認できないものの，7世紀後半以降に寺院が整備されており，大崎廃寺と秦原廃寺ではいくつかの基壇・礎石建物が確認されているなど，あきらかに寺院としての性格を示す。7世紀第2四半期ごろに建てられた瓦葺小堂が，7世紀後半以降に寺院に発展したものと理解すべきであろう。

これらの寺院の選地傾向であるが，大崎廃寺は小平野奥部の山裾に立地する眺望型・聖域型的色彩の濃い寺院であり，また秦原廃寺や箭田廃寺は河川と丘陵に挟まれた狭隘な地を選地する聖域型寺院である。宿寺山遺跡も，伽藍の詳細は不明であるが，寺院であると考えるなら，古墳に隣接す

138　第Ⅵ章　備前・備中地域における寺院選地

表10　備前・備中地域の寺院立地と出土瓦

| 遺跡名 | 旧郡 | 所在地 | 地形 | 伽藍配置 | 年代（出土瓦）（◎：備前・ | | | | | | |
| | | | | | 飛鳥期 | 白鳳期～奈良前期 | | | | | 平城6225-6663系（備前系統） |
						素弁・単弁系	外区圏線素弁・複弁	複弁系	備中式	その他	
賞田廃寺	上道	岡山市中区賞田	山麓	塔2基・金堂	素弁系	○	◎？	○		○	◎
幡多廃寺	上道	岡山市中区赤田	沖積低地	塔・金堂・講堂？		○	○			○	○
居都廃寺	上道	岡山市東区宍甘	山麓	不明			○				
網浜廃寺	上道	岡山市中区網浜	丘陵	不明							○
吉岡廃寺	上道	瀬戸町塩納	山麓	法隆寺式		○	○	○			○
吉井廃寺	上道		山麓	不明		○					
服部廃寺	邑久	瀬戸内市長船町服部	丘陵端部	四天王寺式				○			
須恵廃寺	邑久	瀬戸内市長船町西須恵	山麓	基壇2基		○		川原寺式			
熊山遺跡	邑久	赤磐市奥吉原	山頂	石塔							
香登廃寺	邑久	備前市大内香登	山麓	礎石							○
和気廃寺	邑久	和気町衣笠	山麓	不明				○			
藤野廃寺	邑久	和気町藤野	河川堤防	不明				○			○
黒本廃寺	赤坂	赤磐市黒本	山麓	不明				○			
門前池遺跡	赤坂	赤磐市山陽	丘陵端部	不明		○		○			
備前国分寺	赤坂	赤磐市馬屋	段丘上	国分寺式							○
備前国分尼寺	赤坂	赤磐市馬屋	段丘上	礎石							○
富原北廃寺	津高	岡山市北区富原	山麓	不明				外区珠文帯			○
神力寺跡	津高	岡山市北区一宮	山麓	不明						○	○
大崎廃寺	賀夜	岡山市北区大崎	山麓	四天王寺式	北野廃寺式		水切				
津寺遺跡	賀夜	岡山市北区津寺	河川堤防	不明	奥山廃寺式						
栢寺廃寺	賀夜	総社市南溝手	沖積低地	塔基壇		○	水切				
川入遺跡	賀夜	岡山市北区川入	河川堤防	不明	奥山廃寺式船橋廃寺式						○
宿寺山遺跡	窪屋	総社市宿	山麓	不明							
三須廃寺	窪屋	総社市三須	丘陵端部	不明					○		
備中国分寺	窪屋	総社市上林	丘陵端部	法起寺式							
備中国分尼寺	窪屋	総社市上林	丘陵上	国分尼寺式							
日畑廃寺	都宇	倉敷市日畑	山麓	四天王寺式（東面）		○		○			○
惣爪廃寺	都宇	岡山市惣爪	河川堤防	心礎							
柿梨堂廃寺	都宇	岡山市北区撫川	河川堤防	不明							
秦原廃寺	下道	総社市秦	山麓	塔・金堂・回廊	広隆寺式	○			◎		
岡田廃寺	下道	倉敷市真備町岡田	丘陵上	土壇・礎石					○		
箭田廃寺	下道	倉敷市真備町箭田	山麓	心礎・礎石	奥山廃寺式鬼板				○		
八高廃寺	下道	倉敷市真備町妹	段丘端部	心礎・礎石					○		
占見廃寺	浅口	浅口市金光町地頭下	山麓	礎石					○		
関戸廃寺	小田	笠岡市関戸	山麓	塔・金堂・講堂？		山田寺式		川原寺式			
寺戸廃寺	後月	井原市西江原町寺戸	山麓	不明				○			
英賀廃寺	英賀	真庭市上水田	山麓傾斜地	法起寺式か観世音寺式					○		

| 備中地域での初源) | | | | | | 諸地形・諸施設との関係(○：隣接　△：近接) | | | | | | | 類型 |
| | 奈良 後期 | | | | | | | | | | | | |
平城 6225-6663系（備中系統）	その他平城系	備前国分寺式	備中国分寺式	その他	平安期	古道	河川・湖沼	山地	他寺院	官衙	前・中期古墳	群集墳	類型
		○		○	○	○		○	○	○		○	官衙官道隣接・眺望・聖域？
	○	?			○	○	○		○	○			官衙官道隣接
				○		○	○		○	△			官衙官道隣接
								○	○		○		港津？
				○				○					眺望
						?		○			○		河川
				○			△	△			○		眺望・聖域
	○			○				○			○	○	聖域
								○					山林寺院
		○		重廓文	○	○	△	○					官道隣接・聖域（熊山）？
						○	△	○	△				官道隣接・河川
				○		○	○	○	△	○？			官衙官道隣接？・河川
								○					聖域・水源？
				○		△	△	○		○？	△	○	官衙隣接？
		◎				○	○		△		○		官道隣接
		○				○	○		○		○		官道隣接
				○		△				駅家			官衙官道隣接？眺望？
								○					聖域・神宮寺
								○			○	○	眺望・水源
	6685系						○						河川
◎				○			△			○			官衙隣接？
							○						川港か？
								○	○		○	△	聖域？河川？
	○			○	○	△		○		○	△		官衙隣接
○			◎	新羅系	○	○		○	○			○	官道隣接
			○			○		○	○			○	官道隣接
							○	○			○		聖域
						○	○	○		?			官衙官道隣接？河川
○							○						河川
				○			○						聖域
○								○					眺望
○			○	新羅系		△	○	○		?		○	聖域？
○						△	○	○					聖域？
○								○					眺望
			○		○		○	○					開発拠点・眺望？
				○		△	△	○					眺望・官道隣接・河川
				○				△					眺望

140　第Ⅵ章　備前・備中地域における寺院選地

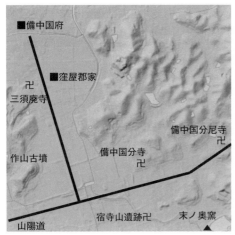 

図82　備中国分寺周辺の地形（右：西より）

るなど古墳追善の聖域型的な選地傾向を示している。この状況は，これまで各地でみてきた7世紀中葉ごろの寺院が，のちに郡家が置かれるような有力者の本拠地付近に造営され，官衙隣接型的な選地が多いことと，あきらかに異なっている。7世紀中葉における画期以前に造営されたこれら諸寺については，体系的な仏教施設としてというよりむしろ，各地で個別に，地域における在地信仰等と融合しつつ造営されていったものとみたい。この状況は備中に特有というよりむしろ，先述の近江衣川廃寺や穴太廃寺，小川廃寺などの状況をみても，類例は少ないながらも，全国的な傾向としてよいと思われる。

　備中におけるその後の寺院造営は，造瓦技術の系譜も含めて，かならずしも7世紀前半の様相を引き継がず，隣国の備前や，他地域とも比較的似た展開をしていく。栢寺廃寺（7世紀中葉）や三須廃寺（7世紀後半）など，のちに郡家になっていく地域に寺院が造営されていく官衙隣接型の事例がある一方で，7世紀後半には，郡家からはある程度距離はあるものの，そこから遠くない広闊な平野部を望む山麓付近に造営された，岡田廃寺や寺戸廃寺，英賀廃寺など眺望型寺院，日畑廃寺に代表される，山塊と河川に囲繞された場所を選地する聖域型寺院，谷底平野の奥部に造営され，小地域のモニュメント的な関戸廃寺など，多様な選地傾向をとるようになる。全体として在地信仰や地域モニュメントとしての色合いが濃く，官道を中心とした陸路との関連性が比較的薄いのが特徴ともいえよう。また西部や北部では，選地傾向は多様ながらも，結果として一郡一寺的な寺院分布を示すことも指摘できよう。

　他地域とはやや異なる特徴としては，7世紀前半の宿寺山遺跡，7世紀後半の占見廃寺などが窯業生産地と近接していたり，また7世紀前半の秦原廃寺が製鉄遺跡に近接しているなど，手工業生産との関係性が指摘できる寺院が一部存在することがあげられる。他地域においては，寺院と農業生産との親和性が高い一方，手工業生産との関連はむしろ薄いことを論じてきたが，備中のこの状況が7世紀前半を中心とした時期的特性なのか，備中という地域的特性なのかは，今後検討の必要があろう。

　それらに対し，備中国分二寺は備前と同様，山陽道に隣接しており，僧寺と尼寺が東西に並んで存在している（図82）。両寺とも南面を山陽道に画され，また寺域北側にほぼ接して丘陵が存在し

ているが，僧寺の西側や，また僧寺と尼寺の間，こうもり塚古墳の周辺あたりには，やや広闊な空閑地が存在しており，付属院地が存在するとしたら，このあたりであろうと考えられる。山陽道に隣接していない国府とは，多少距離は離れているものの，国府へ向かう連絡路との交差点に近い位置にあたり，山陽道への隣接を最優先しつつも，地勢なども考慮しつつ，国府からできるだけ近い場所を選地していることがわかる。

　国分寺造営前後以降の状況としては，備中で在地化した平城6225-6663系の瓦や，備中国分寺系の瓦などが，多くの在地寺院へと展開していっており，国府主導による在地寺院の修造が積極的におこなわれていたことがわかる。瓦の展開については，備前との国境付近の一部の寺院や官営施設では，備前系の6225-6663系瓦が入ってきており，国境付近では国を越えた瓦の融通がおこなわれていたことが知られる。その一方で備中では，国府・郡家周辺や官道沿い等に寺院を新造することがほとんどおこなわれていない点は，備前の状況とはやや異なる。

おわりに

　以上，備前・備中の両国における古代寺院の選地の変遷についてあきらかにしてきた。7世紀から8世紀前半の寺院は，選地傾向は多様ながらも，郡家や集落・官道等に近く，人々が参集する法会の場というよりむしろ，それらとは隔絶した場所に造営され，在地信仰との融合や小地域のモニュメント的色彩が強いという，他地域における状況とほぼ同様の現象がこの地域でもあきらかにすることができた。さらに備中地域においては，7世紀前半に遡る初期寺院においても，そのような傾向が強いことおよび，この時期には手工業生産との関連性も比較的強いことなどを確認した。

　その一方で，幹線陸路沿いに，寺院の維持管理用の付属院地を備えた寺院が多く指向されるのは，基本的には国分寺造営以降であるとの考えを示した。

註
（1）　上道郡からのち藤野郡→磐梨郡。
（2）　のち藤野郡→和気郡。
（3）　寺院造営時には藤野郡または和気郡。
（4）　のち藤野郡→和気郡。
（5）　のち藤野郡→和気郡。
（6）　山陽道がこのルートとなったのは，先述のとおり8世紀中葉ごろであろうが，両宮山古墳の存在からも，古墳時代から重要な交通ルートであったと思われる。
（7）　この点については，草原孝典氏が6225-6663系瓦の段階別に言及しており（岡山市教育委員会2004），参照されたい。

第Ⅶ章　讃岐地域における寺院選地

は じ め に

　讃岐地域は畿内に近く，瀬戸内の海上交通の要衝でもあることから，隣国の播磨や備前・備中と並んで，古代寺院が数多く造営された地域である。管見の限りでも，現在までに30ヶ所以上，飛鳥～奈良期の寺院跡が確認されている。

　本章ではこれら諸寺について，前章までと同様，地理的条件や周辺遺跡等との関係から，寺院選地の傾向性を復原し，ひいてはこの地域における寺院の造営背景に迫りたい。

1　東 讃 地 域（大内郡・寒川郡・三木郡・山田郡・香川郡）（図84）

　本章では，大内郡・寒川郡・三木郡・山田郡・香川郡を東讃地域として扱う。現在までに大内郡1寺，寒川郡4寺，三木郡3寺，山田郡4寺，香川郡4寺が確認されている。

　白鳥廃寺は大内郡に所在し，湊川下流西岸谷筋の丘陵裾部に位置する。発掘調査によって東に塔，西に金堂，およびその北方に建物基壇が確認されており，法起寺式伽藍配置が想定できる。創建瓦は白鳳末期と推定される複弁蓮華文軒丸瓦と重弧文軒平瓦だが，その出土はわずかであり，その後，藤原宮式偏行唐草文軒平瓦や平城宮式均整唐草文軒平瓦および，これらとセットとなる花弁が角張った特徴的な複弁八弁蓮華文軒丸瓦での大規模な整備，修造がおこなわれている。

　下り松廃寺は寒川郡に所在し，南海道沿い，松本駅家が推定されるあたりの平野部に位置している。伽藍の詳細や，心礎など寺院を示す遺構はみつかっていない。宝寿寺跡と同文の素弁六弁蓮華文軒丸瓦が文様的に最先行で，その後藤原宮式軒丸瓦や，平城6304または6316型式と同文の複弁八弁蓮華文軒丸瓦，均整唐草文軒平瓦などを採用している。

　極楽寺跡は寒川郡に所在し，下り松廃寺の西方，南海道沿いに張り出す低台地の南端付近に位置している。明治期には瑞花双鳳八花鏡などが発見されており，昭和44年の発掘調査により講堂と塔の基壇が南北に並んで検出され，四天王寺式伽藍配置が想定されている。創建瓦は鋸歯文縁細弁十二弁蓮華文軒丸瓦と重弧文軒平瓦のセットであり，讃岐一円に広く分布する川原寺式軒丸瓦が細弁化したものの流れを引くとされている（川畑1996など）。それに続く瓦として，外区珠文帯をもつ剣菱型花弁の単弁八弁蓮華文軒丸瓦と変形偏行唐草文軒平瓦なども確認されている。

　石井廃寺は寒川郡に所在し，雨滝山塊から西に派生した丘陵上のやや奥まったところに位置している。塔心礎が残るが，伽藍配置等は不明である。石川寺式の重圏文縁複弁八弁蓮華文軒丸瓦と重弧文軒平瓦を創建瓦とし，その後藤原宮式の影響が濃い複弁七弁蓮華文軒丸瓦と偏行唐草文軒平瓦のセットなどを採用している。偏行唐草文軒平瓦は開法寺跡や善通寺跡などで同文瓦がみられる，

144　第Ⅶ章　讃岐地域における寺院選地

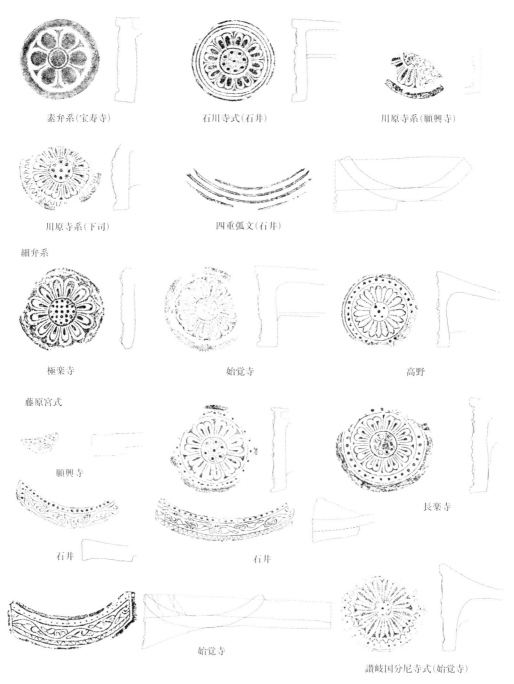

図83　東讃地域の軒瓦（1：8）（川畑1996）

中讃の系譜を引くものである。
　願興寺跡は寒川郡に所在し，高松平野北東方の丘陵端部に位置している（図85）。発掘調査はおこなわれておらず，詳細は不明である。出土瓦は川原寺式の複弁八弁蓮華文軒丸瓦と重弧文軒平瓦を初現とし，藤原宮6647E型式と同笵とされる（山崎1995）偏行唐草文軒平瓦，細弁十五弁蓮華文軒丸瓦，変形均整唐草文軒平瓦などが確認されている。

1　東讃地域　145

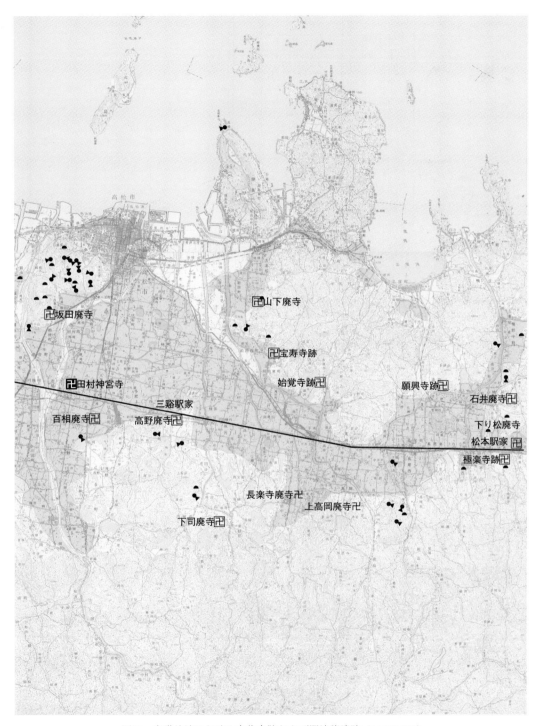

図84　東讃地域における古代寺院および関連諸遺跡（1：150,000）

146　第Ⅶ章　讃岐地域における寺院選地

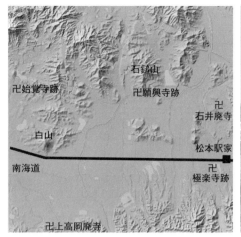

図85　願興寺跡周辺の地形（右：南より願興寺跡を望む）

　上高岡廃寺は三木郡に所在し，高松平野南端の丘陵裾の平野部に位置している。発掘調査はおこなわれておらず詳細は不明。極楽寺跡などと同笵の細弁十二弁蓮華文軒丸瓦や重弧文軒平瓦などが確認されている。

　長楽寺廃寺は三木郡に所在し，上高岡廃寺の西方，高松平野南部の丘陵部に位置する。伽藍の詳細は不明だが，藤原宮の6278Eおよび6646型式に近い（坪之内1982），藤原宮式軒瓦の出土が確認されている。軒平瓦は石井廃寺と同笵である（山崎1995）。

　始覚寺跡は三木郡に所在し，高松平野南東に延びる内陸平野の入口付近北側の丘陵上に位置している。心礎が残存しており，発掘調査で回廊と思われる遺構と平窯が確認されている。細弁系の軒丸瓦が4型式および，石井廃寺などにもみられる変形偏行唐草文軒平瓦の退化型式，上外区に線鋸歯文をもつ均整唐草文軒平瓦が出土している。

　宝寿寺跡は山田郡に所在し，高松平野東縁の丘陵裾部に位置している。土壇および礎石が残っており，塔跡と推定されている。また寺域南端の前田東・中村遺跡が調査され，宝寿寺跡のものと思われる瓦が出土している。出土瓦は百済系とされる素弁六弁および七弁蓮華文軒丸瓦がもっとも古く，その後，始覚寺と同笵の細弁十二弁蓮華文軒丸瓦および外区珠文帯をもつ細弁十四弁・十七弁蓮華文軒丸瓦，藤原宮式と考えられる複弁八弁蓮華文軒丸瓦などが確認されている。軒平瓦はいまのところ，重弧文軒平瓦のみである。

　山下廃寺は山田郡に所在し，宝寿寺跡の北方，高松平野を望む丘陵緩斜面上に位置している。発掘調査はおこなわれておらず，瓦窯の可能性も指摘されている（川畑1996）。出土瓦は，高野廃寺や始覚寺跡，宝寿寺跡など近接諸寺で出土しているものと同文の細弁系軒瓦が中心である。

　下司廃寺は山田郡に所在し，春日川上流域の小盆地内，春日川の支流である朝倉川左岸の河岸段丘上に位置している。発掘調査はおこなわれていないが，土壇および礎石が残存しており，塔跡と推定されている。出土瓦は川原寺式の複弁八弁蓮華文軒丸瓦と重弧文軒平瓦のセットおよび，平安期に降るとされる瓦も確認されている。

　高野廃寺は山田郡に所在し，高松平野の南部，南から南海道沿いに延びてくる丘陵端部に位置しており，寺域の北側には推定南海道が通り，三谿駅家もこの近辺に推定されている。発掘調査はお

こなわれておらず，伽藍の詳細等は不明である。出土瓦は重弧文軒平瓦がもっとも古いが，多くを占めるのは，外区珠文帯を巡らし，花弁と間弁が重弁状に重なる細弁十一弁・十弁・九弁蓮華文軒丸瓦と，変形偏行唐草文軒平瓦である。

坂田廃寺は香川郡に所在し，高松平野北部の独立丘陵である石清尾山塊の東麓谷筋奥に位置している。石清尾山塊には，古墳時代前期の積石塚として著名な岩清尾山古墳群や後期古墳群も多く存在している。金銅仏や基壇，礎石の出土から，寺院と知られる。出土瓦は川原寺式の外縁が＊印文となる複弁八弁蓮華文軒丸瓦などと重弧文軒平瓦が創建期の瓦であり，他に平安期とされる単弁系瓦なども出土している。

勝賀廃寺は香川郡に所在し，勝賀山の北方尾根筋端部に位置しており，瀬戸内海が一望できる立地である。礎石は残るが，寺院を示す明確な遺構は確認されていない。出土瓦は川原寺式の系譜を引く線鋸歯文縁複弁八弁蓮華文軒丸瓦がもっとも古く，その後藤原宮式のセットが採用され，平安期の瓦もみられる。

百相廃寺は香川郡に所在し，香東川の東岸，独立丘陵である船山の山麓の沖積低地上に位置している。字神宮寺の地名からは，田村神社との関係も考えられよう。現船岡神社の境内付近にあたり，礎石のみ残存するとされる。出土瓦は藤原宮式偏行唐草文軒平瓦および，備中地域に分布する備中式軒丸瓦に類似した，外区に鋸歯文と珠文帯を巡らせる素弁蓮華文軒丸瓦が確認され，平安期の瓦もみられる。

田村神宮寺は香川郡に所在し，田村神社境内に位置する。田村神社は香東川中流右岸の平野部，河川が分流するいわゆる〈川合の地〉に位置している。国分寺系瓦が出土しているとされ，奈良時代の創建とされる（安藤文良1988）。

2　中讃地域（阿野郡・鵜足郡・那珂郡・多度郡）（図87）

本章では，阿野郡・鵜足郡・那珂郡・多度郡を中讃地域として扱う。現在までに阿野郡5寺，鵜足郡1寺，那珂郡3寺，多度郡2寺が確認されている。

開法寺跡は阿野郡に所在し，綾川が下流域において扇状地を形成していく扇央部付近の左岸丘陵裾部に位置している。寺院の南方には南海道が通っており，綾川と南海道の交点であるこの地には，讃岐国府が置かれており，地理的にも行政古代讃岐国の中心であったことがわかる。『菅家文草』にも，国府の西にあったとして，その存在が記録されている寺院である[1]。塔基壇等の発掘調査がおこなわれており，法起寺式伽藍配置が想定されている。出土瓦のうち最古のものは，弁間に珠文を配し，いわゆる高句麗系の特徴をもつ素弁十弁蓮華文軒丸瓦であり，7世紀中葉〜第3四半期ごろとしてよいであろう。それ以後の白鳳期の代表的な瓦としては，川原寺式の外縁を＊印文に置き換えた複弁蓮華文軒丸瓦や，おなじく川原寺式の退化形式とみられる（蓮本1993）弁端に切込をもつ鋸歯文縁素弁八弁蓮華文軒丸瓦と，下外区に鋸歯文帯をもたない藤原宮式偏行唐草文軒平瓦のセットなどがあり，また奈良〜平安期に降る瓦も多く確認されている。

鴨廃寺は阿野郡に所在し，綾北平野の東端，烏帽子山麓に位置する。塔心礎が残されている。出土瓦は開法寺跡との同笵関係をもつものが多く，＊文縁複弁蓮華文軒丸瓦や弁端切込をもつ鋸歯文

148　第Ⅶ章　讃岐地域における寺院選地

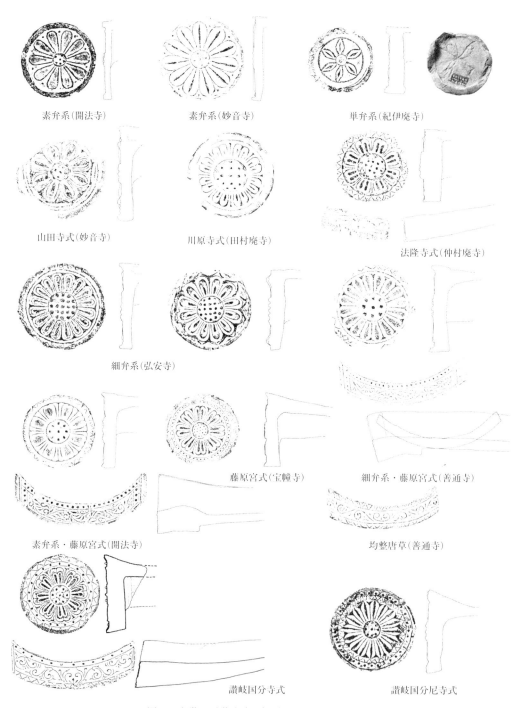

図86　中讃・西讃地域の軒瓦（1:8）（川畑1996）

縁素弁蓮華文軒丸瓦，藤原宮式偏行唐草文軒平瓦などが確認されており，平安期の瓦もみられる。
　醍醐寺跡は阿野郡に所在し，綾川下流域西岸の河川堤防上に位置している。方形の土壇および礎石が残存している。出土瓦は素縁の複弁蓮華文軒丸瓦と，平安期の瓦も出土している。
　讃岐国分寺・国分尼寺は阿野郡に所在し，讃岐国府の東方，本津川沿いの平地奥部に位置してい

2 中讃地域 149

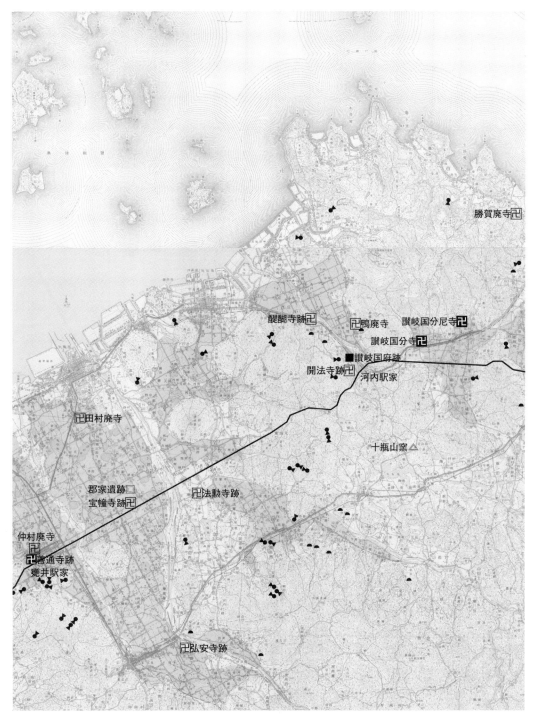

図87　中讃地域における古代寺院および関連諸遺跡（1：150,000）

150　第Ⅶ章　讃岐地域における寺院選地

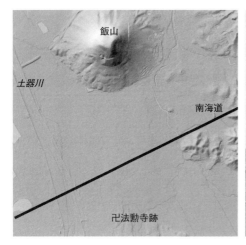

図88　法勲寺跡周辺の地形（右：南より）

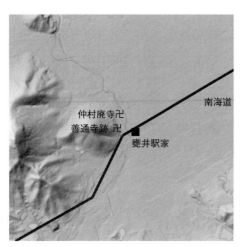

図89　善通寺跡周辺の地形（右：東より）

る。南海道の本道の推定路からはすこし離れているが，国府から国分寺・国分尼寺はほぼ一直線上に位置しており，そこから現高松市街方面へ抜ける支路の存在は十分に考えられよう。出土瓦は東大寺式軒平瓦を中心としており，諸国の国分寺と同様8世紀中葉ごろの創建とされてきたが，近年，創建年代をやや下げて考える論考も提示されている（渡部2013）。また国分尼寺では，国分寺ではほとんど出土しない細弁十六弁蓮華文軒丸瓦が多く出土しており，この瓦の系譜は先述の始覚寺跡をはじめ東讃地域に波及する。

　法勲寺跡は鵜足郡に所在し，土器川中流域東岸の丘陵裾の沖積低地上に位置している。西側の土器川および北側を通過する南海道とは，それぞれ低丘陵によって遮られ，東の小平野に向けて開けた立地となっている。それより特徴的なのは，寺域の真北方向に，讃岐富士とも呼ばれる飯山を遠望できることである（図88）。寺院が神奈備などの山を遠望・遥拝する例は，時代は降るが伊勢大神宮寺ともされる伊勢逢鹿瀬廃寺でもみられ[2]，また若狭地域などでも多く事例が紹介されている（小林裕季2015）。法隆寺式の伽藍配置が推定されている。出土瓦は川原寺式の系譜を引く素縁複弁八弁蓮華文軒丸瓦等もみられるが，弁間に縦線を配する素弁八弁蓮華文軒丸瓦や，子葉を三本線

で示す複線鋸歯文縁単弁蓮華文軒丸瓦など，讃岐国内の他の寺院とは一線を画す特徴的な文様が大部分を占める。平安期の瓦も出土している。

宝幢寺跡は那珂郡に所在し，土器川西岸の丸亀平野中央部の沖積低地上に位置している。寺域は南海道に接しており，また付近に郡家の地名が残ることから，那珂郡家に隣接する寺院とされる。法隆寺式の伽藍配置が推定され，塔心礎も残されている。出土瓦は藤原宮式の複弁八弁蓮華文軒丸瓦が中心で，讃岐国分寺と同范の軒丸瓦や，平安期の軒瓦も確認されている。

田村廃寺は那珂郡に所在し，土器川西岸に形成された沖積低地の末端近くに位置している。塔心礎が残されるほか，発掘調査で梵鐘鋳造遺構なども確認されている。出土瓦は川原寺系の素縁複弁八弁蓮華文軒丸瓦や，細弁十六弁蓮華文軒丸瓦と外区鋸歯文をもたない藤原宮式偏行唐草文軒平瓦のセットなどで，平安期の瓦も出土する。

弘安寺跡は那珂郡に所在し，土器川が丘陵から平野部へと流れ出る結節点の沖積低地に位置している。土壇および心礎が残されている。出土瓦は細弁蓮華文軒丸瓦が中心であり，この種の瓦の讃岐における初現形態とされる。奈良期には平城宮の系譜を引く鋸歯文縁の単弁蓮華文軒丸瓦や外区鋸歯文をもつ均整唐草文軒平瓦などが使用される。

仲村廃寺は多度郡に所在し，弘田川の中流域左岸の丘陵裾部の沖積低地に位置している。南海道にほど近い立地で，南海道が丸亀平野を横切り丘陵部へと続く入口付近に位置する。出土瓦は法隆寺式軒瓦のセットを初現とし，その後弘安寺と同范の細弁蓮華文や，それに後続する細弁十六弁蓮華文軒丸瓦と，外区鋸歯文をもたない藤原宮式の偏行唐草文軒平瓦のセットを採用する。平安後期の瓦も確認されるが，初期の仲村廃寺は奈良時代までに焼失し，その後隣接する善通寺跡に移建されたものとする見解が提示されている。

善通寺跡は多度郡に所在し，仲村廃寺にほぼ隣接して位置している（図89）。現在の善通寺東院が旧伽藍にあたる。金堂跡や講堂跡の土壇が残り，四天王寺式の伽藍配置が想定されている。出土瓦も古手のものは仲村廃寺とほぼ一致しており，仲村廃寺の移建に伴い持ち込まれたものとされる。移建後の瓦としては，平城宮の系譜を引く複弁八弁蓮華文軒丸瓦や変形唐草文軒平瓦，外区鋸歯文帯をもつ均整唐草文軒平瓦などが使用されている。平安期の瓦も出土している。

3　西 讃 地 域（三野郡・刈田郡）（図90）

本章では，三野郡・刈田郡を西讃地域として扱う。現在までに三野郡2寺，刈田郡3寺が確認されている。

道音寺跡は三野郡に所在し，三豊平野北方に張り出す小丘陵の南裾に位置している。南西方向の沖積低地部に向けて開けた立地をとるが，寺域東方を走る南海道の推定位置にも近い。塔心礎が残存している。出土瓦は法隆寺式および川原寺式の複弁八弁蓮華文軒丸瓦を創建瓦とし，奈良期には善通寺跡などと同范の鋸歯文帯均整唐草文軒平瓦などを使用し，平安期に降る瓦もある。

妙音寺跡は三野郡に所在し，陣山から西に伸びる丘陵端部に位置している。寺域のすぐ西方に，南海道の推定路が通っている。出土瓦としては，弁間に珠点を配すなど高句麗系の単弁十一弁蓮華文軒丸瓦が古相を示し，7世紀中葉〜第3四半期ごろの瓦であろう。それに続き山田寺式の重圏文

152　第Ⅶ章　讃岐地域における寺院選地

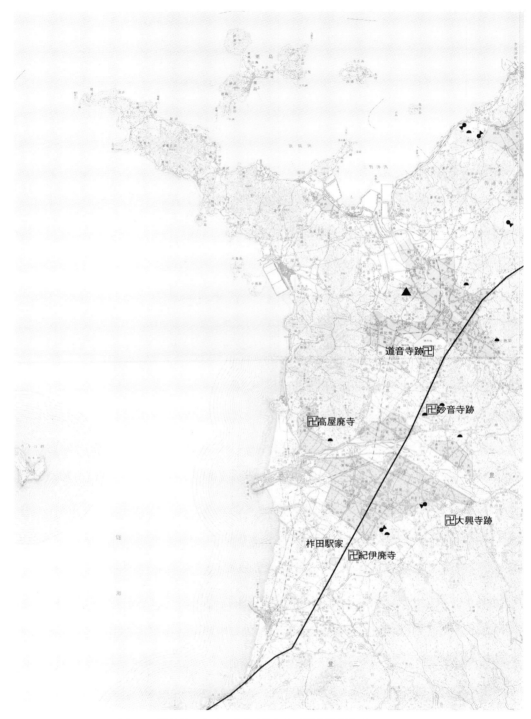

図90　西讃地域における古代寺院および関連諸遺跡（1：150,000）

縁単弁八弁蓮華文軒丸瓦や垂木先・隅木先瓦，川原寺式の系譜を引く素縁複弁八弁蓮華文軒丸瓦などを，奈良期には外区鋸歯文をもつ唐草文軒平瓦を相次いで採用し，平安期の瓦もみられる。

高屋廃寺は刈田郡に所在し，三豊平野の海岸近く，七宝山の形成する丘陵谷間の隘部斜面上に位置している。出土瓦は高句麗系の有稜素弁蓮華文軒丸瓦と重弧文軒平瓦，奈良期には外区鋸歯文帯の均整唐草文軒平瓦を採用し，平安期の瓦もみられる。

大興寺跡は刈田郡に所在し，三豊平野東方の丘陵斜面上に位置している。出土瓦は高句麗系の素弁蓮華文軒丸瓦などである。

紀伊廃寺は刈田郡に所在し，三豊平野南方，柞田川左岸の河川堤防上に位置している。柞田駅家の推定地にもほど近く，駅家との関連性も想定できる。出土瓦は高句麗系の単弁蓮華文の瓦群であるが，多くの型式が縦置型一本作りで製作されているのが特徴的である。一本作りの一群を平安期のものとする見解が提示されているが（川畑1996），文様および技術系譜からは，7世紀に遡る可能性も考えられよう。筆者は原資料を実見していないので，確言は控える。

4　讃岐地域における寺院の選地と動向

以上から，讃岐地域における寺院の選地傾向およびその動向について，東讃地域と中讃・西讃地域に分けて，それぞれ復原していく。

(1)　東　讃　地　域

この地域でもっとも古手の瓦としては，宝寿寺跡や下り松廃寺の素弁系軒丸瓦があり，詳細な年代観は難しいが，おおむね7世紀後半としてよいであろう。しかしこの瓦の系譜は他寺と繋がりをもたずに消滅する。

その後に導入されるのが，川原寺式の系譜を引く一群であり，香川郡坂田廃寺，勝賀廃寺など，東讃の中でも比較的中讃に近い地域に多く分布する。これらは中房も縮小化しており，讃岐の川原寺式の中ではやや遅れると推測する。いちおう7世紀末ごろとしておく。石井廃寺の重圏文縁複弁八弁蓮華文は，文様構成からみる限りでは，それよりやや古そうである。

東讃地域で寺院造営が本格化するのは，川原寺式が細弁化した特徴的な細弁系の軒丸瓦や，藤原宮式軒瓦を中心とした時期である。細弁系瓦については，中讃地域の那珂郡弘安寺跡が初現とされ，弁端が尖り素弁化したものは藤原宮式軒平瓦とセットとなり中讃地域に分布するが，より原型に忠実な個体は，弘安寺跡から寒川郡極楽寺跡へと笵が移動し，そこから上高岡廃寺，始覚寺跡，宝寿寺跡，文様が崩れたものは山下廃寺，高野廃寺と，東讃地域に広く展開する。ちなみにこの瓦はさらに広域展開し，三宅廃寺など但馬を経て，播磨・丹波・丹後へ波及するとされる（前岡2007）。藤原宮式軒瓦については，三野郡宗吉瓦窯での焼成が著名であるが，讃岐国内においては，後述する中讃地域における下外区鋸歯文をもたない偏行唐草文軒平瓦の一群を除き，東讃地域の諸寺に多く分布していることは，すでに先学諸氏により言及されている。願興寺跡の軒平瓦は藤原宮6647Eと同笵であり，石井廃寺や長楽寺廃寺の軒丸瓦は，藤原宮6278Ｃ・Ｅと酷似しており，この地域からも藤原宮に瓦を供給した可能性も指摘されている（山崎1995）。その他白鳥廃寺，下り松廃寺，

154　第Ⅶ章　讃岐地域における寺院選地

表11　讃岐地域の寺院立地と出土瓦

遺跡名	旧郡	所在地	地形	伽藍	出土			
					白鳳期			
					素弁・単弁系	川原寺式	細弁系	藤原宮式偏行唐草
白鳥廃寺	大内	東かがわ市白鳥町湊	丘陵裾	法起寺式	?			○
下り松廃寺	寒川	さぬき市大川町下り松	沖積低地	不明	○			
極楽寺跡	寒川	さぬき市寒川町石田東	台地	四天王寺式・仏像			○	変形
石井廃寺	寒川	さぬき市寒川町石井	山地	心礎		重圏縁		○
願興寺跡	寒川	さぬき市造田	山麓	礎石		素縁		○
上高岡廃寺	三木	木田郡三木町上高岡	台地	礎石			○	
長楽寺廃寺	三木	木田郡三木町氷上	丘陵	不明				○
始覚寺跡	三木	木田郡三木町井上	丘陵	法隆寺式			○	○
宝寿寺跡	山田	高松市前田東町	丘陵端部	土壇・礎石	○		○	?
山下廃寺	山田	高松市高松町	丘陵	礎石			○	○
下司廃寺	山田	高松市東植田町	段丘	土壇・礎石・塼仏		○		○
高野廃寺	山田	高松市川島本町	丘陵端部	礎石			○	○
坂田廃寺	香川	高松市西春日町	山麓・谷筋奥	礎石・仏像		*文縁		
勝賀廃寺	香川	高松市香西西町	丘陵裾・傾斜地	礎石				○
百相廃寺	香川	高松市仏生山町	沖積低地	礎石				○
田村神宮寺	香川	高松市一宮町	平地	不明				
開法寺跡	阿野	坂出市府中町	丘陵裾	法起寺式・仏像	○	*文縁		鋸歯なし
鴨廃寺	阿野	坂出市加茂町	山麓	心礎		*文縁		鋸歯なし
醍醐寺跡	阿野	坂出市西庄町	山麓・氾濫原	塔土壇・礎石		素縁		
讃岐国分寺	阿野	高松市国分寺町	台地	国分寺式				
讃岐国分尼寺	阿野	高松市国分寺町	丘陵	礎石				
法勲寺跡	鵜足	丸亀市飯山町	沖積低地	法隆寺式	複線鋸歯	素縁		
宝幢寺跡	那珂	丸亀市郡家町	沖積低地	法隆寺式？・心礎				軒丸のみ
田村廃寺	那珂	丸亀市田村町	沖積低地	心礎		素縁	○	鋸歯なし
弘安寺跡	那珂	仲多度郡まんのう町	沖積低地	礎石・心礎		○　→	○	
仲村廃寺	多度	善通寺市富士見町	沖積低地	礎石		○・法隆寺式	○	鋸歯なし
善通寺跡	多度	善通寺市善通寺町	沖積低地	四天王寺式・心礎		○・法隆寺式	○	鋸歯なし
道音寺跡	三野	三豊市豊中町	丘陵端部	礎石		○・法隆寺式		
妙音寺跡	三野	三豊市豊中町	丘陵端部	不明	○・山田寺式	素縁		
高屋廃寺	刈田	観音寺市高屋町	丘陵裾・傾斜地	礎石	○			
大興寺跡	刈田	三豊市山本町	丘陵	不明	○			
紀伊廃寺	刈田	観音寺市大野原町	沖積低地	不明	○			

　始覚寺跡，宝寿寺跡，山下廃寺，高野廃寺，勝賀廃寺，百相廃寺と，東讃地域のほとんどの寺院で，創建瓦または修造瓦として藤原宮式が採用されている。いずれも7世紀末か8世紀初頭〜8世紀前葉ごろのものとしてよかろう。また，これも後述するが，川原寺式軒丸瓦が細弁化し弁数を減らしたものが，極楽寺跡，上高岡廃寺で出土しており，これらは東讃では重弧文軒平瓦と組み合うが，祖型となる中讃地域において，藤原宮式偏行唐草文軒平瓦とのセット関係が指摘されている。時期的にはおおむね7世紀末ごろを下限とできるが，その根拠については中讃の項で詳述する。

　8世紀前半〜中葉以降の瓦としては，白鳥廃寺，下り松廃寺，始覚寺跡，山下廃寺で均整唐草文軒平瓦などが確認されており，伽藍の大規模整備（白鳥廃寺）や補修に伴うものであろう。また中

| 瓦 | | | 諸地形・諸施設との関係(◎：隣接　○：近接) | | | | | | | 類　型 |
| 奈　良　期 | | 平安期 | 古道 | 河川・湖沼 | 山地 | 他寺院 | 官衙 | 前・中期古墳 | 群集墳 | |
平城宮式	国分寺系									
○		○		○	○					聖域
○	尼寺		◎							官道隣接
		○	◎						○	官道隣接・眺望
○		○			◎			○	○	山林・聖域
		○			○					眺望・聖域
					○			○		眺望
					○					眺望
上外区鋸歯	尼寺				○				○	眺望
下外区鋸歯					○				○	眺望
		○			○			○	○	聖域・水源？
	尼寺	○	◎					○		官道隣接・駅家関連？
		○		○	◎			○	○	聖域・水運
		○			○					眺望・水運
		○			○			○		集落近接？神宮寺関連？
	？		◎	◎						官道隣接・河川。神宮寺
	尼寺	○	◎	○	○		◎	○		官衙隣接・官道隣接
		○			○				○	眺望
		○		◎	○					河川
○		○	◎			◎				官道隣接
○		○	○			◎				眺望・官道隣接
	尼寺	○		○	遠望					官道隣接・聖域？
○		○	◎				◎？			官道隣接・官衙隣接？
		○								集落近接？
外区鋸歯				○					○	河川・水源？
		○		○		◎				官道隣接
外区鋸歯		○		◎		◎		○		官道隣接
外区鋸歯		○		○						官道隣接・眺望
外区鋸歯		○		◎	○				○	官道隣接・眺望
外区鋸歯		○			○				○	眺望・聖域
		○			○			○		眺望
		○	◎							官道隣接・駅家関連？

讃の阿野郡から東讃地域にかけては，国分尼寺式の細弁蓮華文系瓦が多くみられるのも特徴である。

　以上みてきたように，東讃地域の諸寺においては，素弁蓮華文や川原寺式など，7世紀後半〜末ごろの瓦を創建瓦とする一群（白鳥廃寺，下り松廃寺，石井廃寺，願興寺跡，宝寿寺跡，下司廃寺，坂田廃寺，勝賀廃寺）と，それよりやや遅れて7世紀末〜8世紀前葉ごろに，弘安寺系の細弁系瓦や藤原宮式の瓦などをもちいて創建された一群（上高岡廃寺，長楽寺跡，始覚寺跡，山下廃寺，高野廃寺，百相廃寺）があるが，いずれも選地傾向は大きく異ならず，南海道に隣接した平野部に造営された下り松廃寺を除いては，丘陵端部や台地などから広く平野部を見通すことができる，眺望型の選地をとる寺院が圧倒的に多くを占める（極楽寺跡，願興寺跡，上高岡廃寺，長楽寺廃寺，始覚寺跡，宝寿

寺跡，山下廃寺，高野廃寺，勝賀廃寺）。極楽寺跡や高野廃寺は南海道にも隣接するが，官道沿いに伸びてくる丘陵上に位置しており，眺望型的要素も併せもつ。その一方で，山裾や小盆地内，丘陵内部などに造営され，視線を制限する山林型，聖域型などのタイプの寺院も存在する（白鳥廃寺，石井廃寺，下司廃寺，坂田廃寺）。

それとは逆に，高松平野を北流する諸河川への意識は希薄であり，とくに香東川は，川合の地に田村神社が造営されるなど，河川交通路等として重視されていたと考えられるが，その流域に寺院はほとんど造営されていない。

東讃地域の寺院選地の特徴としては，官道隣接寺院の少なさも相俟って，交通路沿いを中心とした，人々が参集する宗教的拠点というよりむしろ，平野部から仰ぎ見る，平野部を眼下に広く見渡すような権威の象徴としてのモニュメント的な意識や，山林信仰や古墳の集中地帯等，それまでの在地的信仰と結びつく形で，寺院が導入され展開していったものと考えられる。

⑵　中讃・西讃地域

この地域では阿野郡の開法寺跡および三野郡の妙音寺跡が，出土瓦の年代観からは7世紀中葉〜第3四半期と，もっとも古く造営が開始された寺院とみることができる。開法寺跡は綾氏の本拠地近くに造営されたとされ，またその後隣接して讃岐国府も置かれる，讃岐の政治的中枢である。地方においてこの時期最初に造営される寺院については，畿内における7世紀前半代の寺院造営に倣い，造営氏族の本拠地・居宅に近接して造営される事例が多く，官道隣接型の立地をとる妙音寺も含めて，その範疇で捉えることができよう。

中讃地域ではその後，中讃一円に分布がみられる素縁の川原寺式や，多度郡を中心に分布する法隆寺式軒瓦などをもちいて寺院造営が進められる。この地域の寺院選地は，東讃地域と大きく異なり，山裾や台地上にはほとんど寺院が造営されず，平野部を横断する南海道沿いを中心とした，沖積低地上に多く展開するという顕著な特徴がみられる（宝幢寺跡・田村廃寺・仲村廃寺・善通寺跡）。その一方で，南海道からほど遠く，土器川の丘陵部から平野部への流出点の河川沿いを選地する弘安寺跡では，川原寺式を独自に変形させた細弁蓮華文軒丸瓦を創出するが，その一部の系列は仲村廃寺など中讃地域に残るものの，よりオリジナルに近い系列は，極楽寺跡など東讃地域に広く波及していく。寺院造営において，瓦当文様や瓦工人の系譜と，寺院選地上の特徴は，ある程度一致して動くように思われる。その背景としては，瓦工人を管掌する在地有力者または勧進僧等の寺院認知が反映されたものとも考えられよう。

西讃地域においては，妙音寺で採用された高句麗様式の系譜を引く軒丸瓦が，後出諸寺にも主として採用されていく。その選地傾向は東讃・中讃地域ほど顕著な均質性はみられないものの，山裾（高屋廃寺）や丘陵斜面（道音寺跡・大興寺跡）などを指向する，東讃地域に近い選地事例が比較的目立つ。

7世紀末〜8世紀前半ごろには，中讃地域でも東讃地域と同様，藤原宮式の偏行唐草文軒平瓦が広く分布するようになるが，下外区に鋸歯文を施さない文様の瓦を，先述の細弁蓮華文系列の軒丸瓦とセットとして使用する事例が多い（鴨廃寺・醍醐寺跡・仲村廃寺・善通寺跡）など，東讃地域とは異なる特徴をもつ。平城宮式の段階においても，中讃・西讃地域では外区鋸歯文をもつ均整唐草

文の軒平瓦が共有されており，東讃地域も含めて，時期ごとにやや括りは異なるものの，郡を超えたある程度の地域的まとまりをもちつつ，各時期の瓦が展開している様子がみてとれる。

おわりに

　以上，讃岐地域における寺院の動向について，選地傾向および瓦当文様から概観してきた。先にも述べてきたとおり，東讃・中讃・西讃という，地勢的まとまりをもつ区分ごとに，寺院選地の傾向が異なり，また瓦の分布もある程度それに対応している点は，きわめて興味深い。

　その一方で，讃岐全体に敷衍できる特徴も存在する。讃岐はその面積の割には全国でも寺院数の多い地域であるが，ひとつの郡内に複数の寺院が相次いで造営されており，一郡一寺的様相はとらない。その寺院は地理的に近接するものを中心に，多くが瓦当文様の共有関係で結ばれるが，その割に，複数寺院が隣接して造営される例は少なく，郡内各所に散在する様子が見受けられる。複数寺院の隣接については，僧寺と尼寺などの役割分担である可能性が指摘されるが（小笠原2007ほか），讃岐の場合は，そのような役割分担的なものとは異なる理由で多くの寺院が造営されたのであろう。

　他地域では頻繁にみられる河川型の寺院が少ないのも讃岐の特徴であろう。その背景としては，降雨量の関係で河川の流量が少なく，交通路としての河川の重要性が他地域に比して高くなかったことも考えられよう。

　また，法勲寺跡が神奈備である飯山を寺院の真北に遠望する選地であることは先に述べたが，讃岐地域には地勢的に，飯山のほかにも神奈備としてよいような円錐形の独立峰は数多く存在するものの，それらの山麓や，また遥拝するような選地の寺院は，管見の限りほかにみられない。法勲寺跡の所在する鵜足郡は，法勲寺跡の他に寺院跡が確認されていない点も含めて，郡レベル，ひいては国レベルでの寺院と在地信仰の関係は興味深く，今後の課題である。

　最後に讃岐においては，ほとんどの寺院において平安期の瓦が確認されている。菱田氏は讃岐地域の寺院の修造について，讃岐国分寺式瓦の出土が1郡に1〜2寺程度にとどまることから，それらの寺院が「より高い位置付けを与えることが可能になるかもしれない」とし，「地方寺院の階層化に一定の役割を果たしている」と捉えた（菱田2002）。しかしながら，菱田氏が捨象した平安期の瓦については，平安前期のものも含め讃岐地域では多く確認でき，また讃岐国分寺式以外の平城系の奈良期の瓦も数多い。他地域の事例も含め，国分寺式軒瓦出土寺院に特定の位置づけを与えるという菱田氏の見解は首肯すべきところも多いが，讃岐においては単純に非補修や階層化の証左として位置づけることは難しそうである。讃岐では他地域に比して多くの寺院が平安期まで法灯を保っていたのか，それとも平安後期まで続く造瓦系譜の中で，瓦葺で補修・再建される割合が他地域と比して多かったのか，他地域との比較も含め，終章で詳述したい。

註
（1）『菅家文草』巻3　客舎冬夜
　　　　客舎秋徂到此冬
　　　　空床夜々損顔容
　　　　押衙門下寒吹角

158 第Ⅶ章 讃岐地域における寺院選地

　　　　開法寺中曉鷲鐘
　　　　　開法寺在府衙之西
　　　　行楽去留遵月砌
　　　　詠詩緩急播風松
　　　　思量世事長開眼
　　　　不得知音夢裏逢
（2）　本書第Ⅱ章。

第Ⅷ章　豊前・筑前地域における寺院選地

は じ め に

　本章では，西海道地域でも比較的寺院数が多く，また西海道の一国であるとともに，畿内からの
ダイレクトな影響も大きい地域である豊前地域および，大宰府が置かれ西海道諸国の中心である筑
前地域を例にとり，その地勢をはじめ古道・河川や官衙系遺跡，古墳，生産遺跡等との関係，また
出土瓦の様相などから，この地における寺院造営の背景に迫ろうと試みる。

　なお，当該地域の寺院遺跡や出土瓦については，小田富士雄氏や亀田修一氏の一連の著作および，
『九州古瓦図録』等に詳細にまとめられており，本章でもそれらの論考や各報告書等を参照・引用
しつつ述べていく。古道の位置および条里地割の残存については，『地図でみる西日本の古代　律
令制下の陸海交通・条里・史跡』（島方ほか2009）を参考にした。

1　豊前地域における古代寺院の選地 (図91～93)

　豊前国は，企救郡・京都郡・仲津郡・田川郡・築城郡・上毛郡・下毛郡・宇佐郡の8郡からなる。
そのうち現在までに古代寺院が確認されているのは，京都郡2寺，仲津郡4寺，田河郡1寺，上毛
郡1寺，下毛郡2寺，宇佐郡4寺の計14寺である。

　椿市廃寺は京都郡に所在し，京都平野の北西部，小波瀬川に沿った東西に長い平野の最奥の緩斜
面上に位置している。寺院西側の山麓は，福丸古墳群や野口古墳群など，豊前有数の後期群集墳の
密集地帯である。測量調査および発掘調査によって，四天王寺式の伽藍配置があきらかになり，ま
た百済系素弁[1]蓮華文軒丸瓦や平城宮6284F型式と同笵およびそれに追刻した複弁蓮華文軒丸瓦，
統一新羅系唐草文軒平瓦，竹状模骨丸瓦などの出土が確認されている。創建は7世紀後半代とされ
る。

　菩提廃寺は京都郡の西奥，障子岳山麓の高所に位置しており，東側下方に京都平野から南西に連
なる長い平野部を見渡すことができる。田河郡から国府の所在する仲津郡に至る官道沿いに東方の
端部に塔，西方奥に金堂が確認されている。素弁十六弁および十三弁蓮華文軒丸瓦および，文様退
化が進行した段階の法隆寺式忍冬唐草文軒平瓦が出土しており，8世紀末～9世紀ごろの創建と考
えられている。

　上坂廃寺は仲津郡に所在し，祓川左岸の段丘下部のやや狭隘な場所を選地している（図95）。こ
こから祓川上流域にかけては，条里地割を残す平野部が広がっている。舎利孔を有する塔心礎が確
認されており，その西方に金堂跡とおぼしき瓦が溜まった区画溝があり，さらにそれらの北方には
講堂跡と思われる礎石が検出されていることから，観世音寺式伽藍配置が想定されている。出土瓦

160　第Ⅷ章　豊前・筑前地域における寺院選地

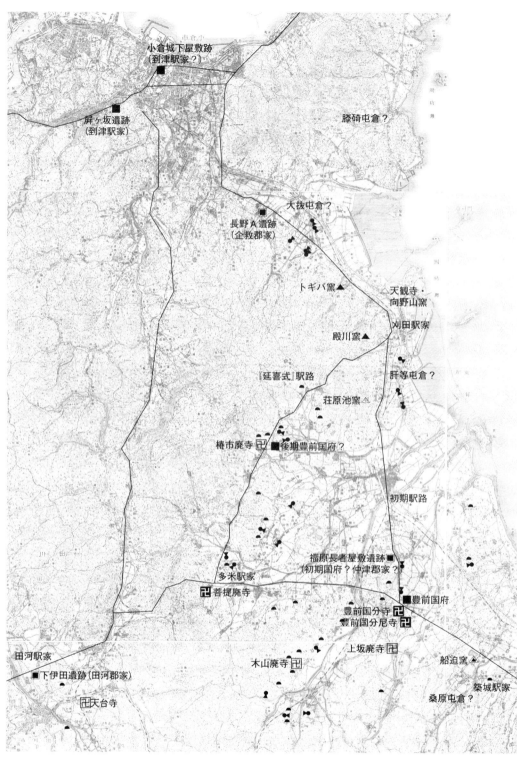

図91　豊前地域北部における古代寺院および関連諸遺跡（1：150,000）

1　豊前地域における古代寺院の選地　　161

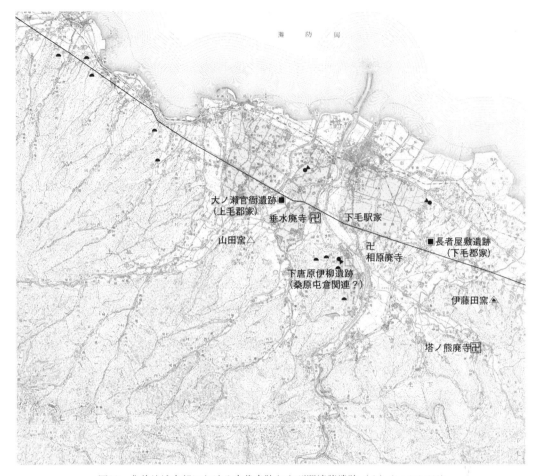

図92　豊前地域南部における古代寺院および関連諸遺跡（1）（1：150,000）

としては，百済系素弁八弁蓮華文軒丸瓦および，老司式の系譜を引く単弁十九弁蓮華文軒丸瓦，偏行唐草文軒平瓦などが確認されており，7世紀末ごろの造営とされる。

　木山廃寺は仲津郡に所在し，今川左岸に広がる扇状地の扇頂部～扇央部付近に位置している（図96）。後背山中には木山古墳群など後期群集墳が多く存在し，今川の対岸には条里地割が広がっている。塔心礎が残るものの，明確な遺構は確認されていない。出土瓦は上坂廃寺と似ており，百済系素弁八弁蓮華文軒丸瓦および，老司式単弁十八弁蓮華文軒丸瓦，偏行唐草文軒平瓦，竹状模骨丸瓦などである。8世紀前半の造営とされる。

　豊前国分寺は仲津郡に所在し，京都平野の中央，今川と祓川に挟まれた低丘陵上に位置し，寺域の北方には田河郡から仲津郡を通って築城郡へと抜ける官道と，企救郡の山陽道から京都郡，仲津郡と南下してくる初期駅路の交点にあたり，さらにその北側には，8世紀中葉以降の豊前国府が所在している。伽藍配置は塔を東，金堂を西に配する観世音寺式が想定されている。出土瓦はわずかに百済系素弁蓮華文軒丸瓦など古手の瓦が確認されるが，多くを占めるのは，鴻臚館式軒丸瓦と退化し陰陽反転した法隆寺式軒平瓦のセットおよび，上坂廃寺と同笵の老司式単弁十九弁蓮華文軒丸瓦と偏行唐草文軒平瓦のセットである。前者は築城郡の船迫窯での焼成が確認されている。創建年

162   第Ⅷ章　豊前・筑前地域における寺院選地

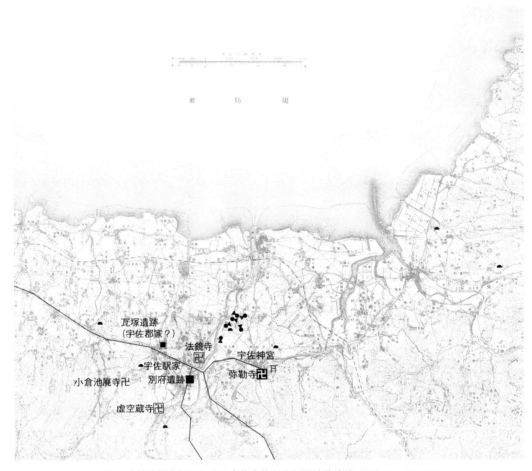

図93　豊前地域南部における古代寺院および関連諸遺跡（2）（1：150,000）

代の上限としては国分寺造営詔が出された天平13（741）年であるが，全国的な国分寺創建期の様相からみるなら，造営の督令が出された天平19（747）年ごろを機に造営が本格化したとも考えられる。下限は国分寺への灌頂幡頒下記事から，天平勝宝8（756）歳がひとつの画期としてあげられよう。

　豊前国分尼寺は国分寺の東方約300mに所在し，土壇の一部が残存している。老司式軒平瓦などが出土している。

　天台寺は田河郡に所在する。彦山川東岸の台地上に位置しており，南方に広く伊田条里を望む地形である。塔を東，金堂を西に配する法起寺式伽藍配置があきらかになっている。創建瓦は統一新羅系軒瓦のセットで，7世紀末ごろとされている。

　垂水廃寺は上毛郡に所在し，山国川の左岸，支流の友枝川との合流点の河岸段丘上に位置している。寺院の西方には広く条里地割をもつ沖積低地が広がる。発掘調査により，官道と傾きを一にすると考えられる，築地で囲まれた方2町の寺域および，礎石建物1棟が確認されたが，伽藍配置等はあきらかになっていない。出土瓦は百済系素弁八弁蓮華文軒丸瓦，統一新羅系唐草文軒平瓦，竹状模骨丸瓦などがあり，塑像や文様塼も確認されている。年代的には山田窯での共伴須恵器などか

1　豊前地域における古代寺院の選地　　163

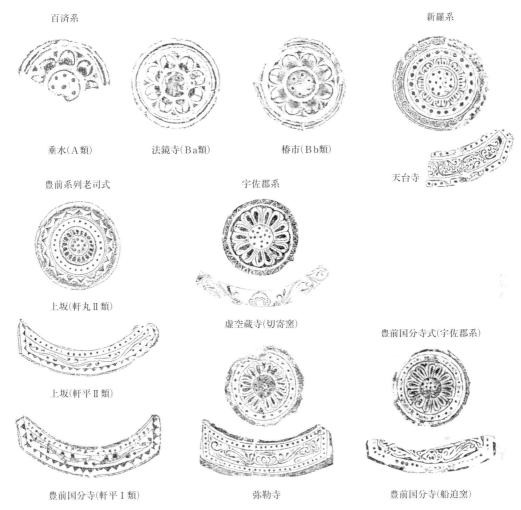

図94　豊前地域の軒瓦（1：8）（豊津町歴史民俗資料館1994）

ら，7世紀末ごろの創建と考えられる。

　相原廃寺は下毛郡に所在し，山国川の右岸の低位段丘上に位置する。寺域の北側には広く条里地割（沖代条里）をもつ扇状の沖積平野が展開しており，寺院はその扇央部，そこへの水源を扼する位置にある。出土瓦は百済系素弁八弁蓮華文軒丸瓦，竹状模骨丸瓦などで，東方の伊藤田窯で焼成されている。7世紀末ごろに創建され，その後の修造などはあまりなされなかったと考えられている。

　塔ノ熊廃寺は下毛郡に所在し，山国川の支流である犬丸川の流域に形成された細長い沖積低地の最奥，八面山から伸びる丘陵の最西端に位置する（図97）。明確な伽藍を示す遺構は検出されていないが，統一新羅系軒丸瓦や瓦塔などが出土している。報告書では8世紀後半の創建とされるが（平田2006），桶巻作りと考えられる平瓦や行基葺式の丸瓦の出土などからも，他の統一新羅系瓦出土寺院の多くとおなじく，7世紀末～8世紀前半の創建と考えてよいであろう。

　小倉池廃寺は宇佐郡に所在し，駅館川と伊呂波川に挟まれた四日市台地上に位置しており，近傍

164　第Ⅷ章　豊前・筑前地域における寺院選地

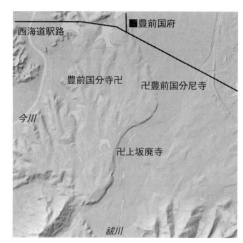

図95　上坂廃寺周辺の地形（右：南南東より）

図96　木山廃寺周辺の地形（右：南東より）

には大規模な横穴墓群である四日市横穴墓が所在する。現在は小倉池の中に基壇建物1棟が残っている。出土瓦には鴻臚館式軒丸瓦と法隆寺式軒平瓦という，宇佐郡に顕著にみられるセットのほか，竹状模骨丸瓦も確認されており，7世紀末ごろの創建とされている。

　虚空蔵寺は宇佐郡に所在し，駅館川の左岸一帯に広がる扇状地性氾濫原の四日市平野の扇央部，駅館川が山地から平野部に流れ込む境界あたりに位置している。伽藍配置は塔を西，金堂を東におく法隆寺式である。出土瓦は川原寺式複弁蓮華文軒丸瓦，鴻臚館式複弁蓮華文軒丸瓦，法隆寺式軒平瓦，統一新羅系唐草文軒平瓦，都府楼式鬼瓦や大和南法華寺同笵の塼仏などが確認されている。

　法鏡寺は宇佐郡に所在し，駅館川の左岸中流，四日市平野の河川堤防上に位置している。官道と河川の陸水交通路の結節点にあたり，近傍には宇佐駅家も推定されている。駅館川の対岸には，赤塚古墳をはじめとする前方後円墳があり，宇佐国造に関する勢力の墓域ともいわれている。伽藍配置は塔は確認されていないが，金堂を東，講堂を北に配しており，法隆寺式伽藍配置が想定されている。出土瓦の多くは虚空蔵寺跡と共通しており，川原寺式複弁蓮華文軒丸瓦，鴻臚館式複弁蓮華文軒丸瓦，法隆寺式軒平瓦，竹状模骨丸瓦，都府楼式鬼瓦が出土している。

図97 塔ノ熊廃寺周辺の地形（右：北西より）

　弥勒寺は宇佐郡に所在し，宇佐神宮が鎮座する御許山の北側山麓に接する谷あいの緩斜面，山地と西方の寄藻川に挟まれた狭隘な地勢に位置している。宇佐神宮の神宮寺として，天平10（738）年に造営がはじめられたとされる。金堂の南に双塔を配する薬師寺式伽藍配置をとる。出土瓦としては鴻臚館式複弁蓮華文軒丸瓦，法隆寺式軒平瓦，都府楼式鬼瓦などが確認されている。

2　豊前地域における寺院の展開過程

　以上の諸寺について，出土瓦の年代と系譜関係を中心に，その展開過程をみていく。
　まず豊前の初期瓦として，先には触れていないが，6世紀末〜7世紀初頭とされる，上桑野遺跡のものがあげられる。凸面に同心円文の当て具痕を残す粘土紐桶巻作りの平瓦で，伊藤田踊ヶ迫窯での焼成が確認されており，高句麗の瓦との類似性が指摘されている（村上ほか1987）。この遺跡については，寺院跡とは断定できない評価の難しい遺跡であり，他の寺院遺跡とは年代的にも瓦の系譜的にも遊離していることからも，本章では検討から除外して考える。
　豊前地域で確実に寺院造営がはじまったのは，おおむね7世紀第4四半期とされており，この時期に使用が開始された瓦としては，豊前中部を中心に豊前全域に展開する百済系素弁蓮華文軒丸瓦，宇佐郡を中心に採用される川原寺系軒丸瓦と法隆寺式軒平瓦のセットがあり，また田河郡天台寺などで使用される統一新羅系軒瓦も，嚆矢はこの時期とされる。
　百済系軒瓦は小田氏によって，豊前中南部の相原廃寺・垂水廃寺にみられるA類，宇佐郡法鏡寺などで確認されるB1類，垂水廃寺および木山廃寺・上坂廃寺・椿市廃寺など豊前中央部に広く分布するB2類の3類に分類されている（小田1966・1975）。そのうち文様構成的にA類が最も古いとされ，亀田氏はその中でも，笵傷の検討から，垂水廃寺→相原廃寺という流れを想定している（亀田2002）。
　川原寺式軒丸瓦と法隆寺式軒平瓦については，その先後関係について亀田氏により分析がなされており（亀田1987），軒丸瓦の八弁から七弁へという文様構成の変遷過程や，軒平瓦の文様や同笵瓦の笵傷変遷から，まず虚空蔵寺に入り，そのあと法鏡寺，弥勒寺など宇佐郡内に展開，さらにそ

表12　豊前地域の寺院立地と出土瓦

遺跡名	旧郡	所在地	地形	伽藍	出土瓦（◎は豊前での初現と考え）				
					白鳳期			白鳳〜
					百済系	新羅系	高句麗系	宇佐郡系（含鴻臚館式）
小倉城下屋敷跡	企救	北九州市小倉北区城内	台地	不明				
椿市廃寺	京都	行橋市福丸	平野奥・緩傾斜地	四天王寺式	○	○	○	
菩提廃寺	京都	みやこ町勝山菩提	山麓	塔				○
上坂廃寺	仲津	みやこ町豊津上坂	沖積低地	塔心礎	○			
木山廃寺	仲津	みやこ町犀川木山	扇端部	塔心礎	○			
豊前国分寺	仲津	みやこ町豊津国分	台地	川原寺式？	○	○	○	○
豊前国分尼寺	仲津	みやこ町豊津徳政	台地	礎石				
天台寺	田河	田川市東区鎮西公園内	台地	法起寺式		◎	◎	
垂水廃寺	上毛	上毛町垂水	河岸段丘	不明	◎	○		
上桑野遺跡	上毛	上毛町下唐原	河岸段丘	不明	初期瓦			
相原廃寺	下毛	中津市相原	低位段丘	法隆寺式	○			
塔ノ熊廃寺	下毛	中津市三光西秣	台地	礎石		○		
小倉池廃寺	宇佐	宇佐市四日市大字上元重	丘陵内池中	基壇1				○
虚空蔵寺	宇佐	宇佐市山本	平野奥部	法隆寺式	○（下林）			◎
法鏡寺	宇佐	宇佐市法鏡寺	河岸段丘	法隆寺式				○
弥勒寺	宇佐	宇佐市南宇佐	山麓	薬師寺式	○			○

図98　相原廃寺周辺の地形（高崎2001に加筆）

の系譜が豊前国分寺や菩提廃寺など，豊前中部に広がっていく過程が復原されている。

これらの変遷過程と寺院立地のあり方を結びつけていくと，次のようなことがあきらかになる。

豊前地域における寺院造営の嚆矢となったのは，7世紀第4四半期ごろにおける垂水廃寺，相原廃寺，虚空蔵寺，法鏡寺などの諸寺と考えられるが，このうち相原廃寺，虚空蔵寺については，のちに条里の敷設される水田地帯を望む場所に位置しており，そこに流れ込む水源を扼する場所を選地する水源型である（図98）。同時に水田地帯からの眺望を重視した眺望型，また開発拠点型としての意味合いをも併せ持つ選地傾向といえよう。豊前の寺院造営に関しては，ひとつは檀越の水田開発や水源祭祀と強く結びつく形で開始されていると考える。

その後の展開においても，基本的にこの選地傾向は豊前全域で共通して維持されている。椿市廃寺・菩提廃寺などはいずれも条里を望むやや高燥な場所を選地する眺望型であり，上坂廃寺もそれに近い。木山廃寺は扇央部付近から扇状地および河川流域の低地部を見渡す水源型かつ眺望型の選地である。小倉池廃寺は山中に造営されながらも，寺院の位置する小倉池を水源とする流路が西方の平野部を潤す水源型である。

られる瓦）		諸地形・諸施設との関係(◎：隣接　○：近接)							想定される選地類型
奈良前期	奈良中期								
老司式	国分寺系	古道	河川・湖沼	山地	他寺院	官衙	前・中期古墳	群集墳	
○		◎							官道隣接。駅家か。
◎(軒丸)		○?	○	○		○?	○	◎	眺望
○			○	◎			○		眺望・山林
◎(軒平)			○						河川・眺望?
○			○	○			○	◎	眺望・聖域・水源
○	◎	◎			◎				官衙隣接・官道隣接
	○	◎			◎				官衙隣接・官道隣接
		◎							眺望
		◎	◎						官道隣接・河川・眺望
		○	○						河川・眺望
		○	○						水源・眺望
				◎					眺望
			○	◎					山林・水源
			○	◎					水源・眺望
		◎	◎			◎	○(対岸)		官道隣接・河川
			◎	◎					河川・聖域?（神宮寺）

　その一方で，垂水廃寺および法鏡寺は，いずれも道路および河川という，陸上交通路と水上交通路の結節点に造営されている。とくに垂水廃寺の寺域区画は，官道の方向に沿っていることが指摘されており，あきらかに道路を意識した造りである。また，垂水廃寺とおなじく上毛郡に位置する下唐原伊柳遺跡においては，桑原屯倉関連とも考えられる官衙的な遺跡が確認されたとの指摘もある。このように豊前地域においては，先述のような水源型・眺望型・開発拠点型寺院が造営される一方で，その初期段階においては官衙・官道隣接型の選地傾向の寺院も確認できるということになる。

　ただしこの選地傾向は，前者とは異なり，8世紀前半段階には継続しないようである。豊前において，垂水廃寺および法鏡寺を除いては，8世紀初頭ごろに整備されたとされるものが多い郡家の所在地と，寺院の位置が一致しないことも特筆すべきであろう。豊前地域における該期の官衙系遺跡としては，企救郡家とされる長野A遺跡，仲津郡家または8世紀前半段階の初期国府ともいわれる福原長者原遺跡，田河郡家とされる下伊田遺跡，上毛郡家とされる大ノ瀬官衙遺跡，下毛郡家とされる長者屋敷遺跡，宇佐郡家とされる瓦塚遺跡と，多くの遺跡が確認されているが，いずれも隣接して明確な寺院遺跡・遺構をもたない点で共通している。これは郡家周辺に寺院が造営される傾向の強い，常陸や下野などの様相とは対照的であり，たいへん興味深い。先に官衙・官道隣接型寺院として触れた垂水廃寺および法鏡寺が所在する上毛郡，宇佐郡においても，上毛郡家とされる大ノ瀬官衙遺跡，宇佐郡家とされる瓦塚遺跡は，いずれも寺院からはやや離れた場所に造営されている[2]。

　また，窯業遺跡を中心とした手工業生産とも，関連性が薄そうである。豊前地域の須恵器生産は，トキバ窯などをはじめとする企救郡南部でとくに盛んであり，築城郡船迫窯，上毛郡友枝窯・山田

窯，下毛郡伊藤田窯などでも，瓦陶兼業窯を含む窯業生産がおこなわれている。しかしながら，企救郡および築城郡では，現在のところ古代寺院は確認されておらず，伊藤田窯も周辺に寺院遺跡は存在しない。

　8世紀前半以降の修造瓦をもつ寺院も，豊前地域では比較的多く存在し，多くの寺院が奈良時代まで法灯を保っていたものと思われる。京都郡・仲津郡など豊前北中部では，椿市廃寺→上坂廃寺のものを祖型とする老司式軒瓦が，宇佐郡など豊前南部では，川原寺式に次いで導入された鴻臚館式軒丸瓦と法隆寺式軒平瓦のセットが，修造瓦として展開する。修造をおこなう寺院とそうでない寺院の立地的な差異は，とくに顕著には見出せない。

　8世紀中葉ごろに，京都平野中央部の丘陵付近に，国府が移転し，また豊前国分寺・国分尼寺の造営が開始される。先述のとおりこの地は，田河郡から東行する駅路と，企救郡の山陽道から南下する駅路の交点にあたり，この陸上交通の結節点の台地上が，官営施設の好適地として開発が進められた様子があきらかである。豊前国分寺の瓦は，船迫窯で焼成された宇佐郡系の鴻臚館式軒丸瓦と法隆寺式軒平瓦のセットがメインであり，上坂廃寺と同笵の老司式軒瓦がそれに次ぐ。国分寺の造営にあたり，豊前南部の工人および北中部からの製品供給という双方において，造営がおこなわれたことを示す。

　老司式軒瓦については，企救郡小倉城下屋敷跡においても確認されている。この遺跡については，古代寺院を想定する見解もあるが（高山2006），明確に寺院を示す遺構や遺物が確認されないこと，山陽道に面していること，瓦の年代が8世紀中葉であり，播磨や備前・備中など山陽道における瓦葺駅家の成立年代とほぼ共通する点，平安期とされる単弁蓮華文軒丸瓦が，平安期の到津駅家とされる屛ヶ坂遺跡のものと同笵である点などを総合すると，移転前の奈良期の到津駅家とするのが妥当と考える。ちなみにここで出土する老司式軒平瓦については，上坂廃寺における3種の軒平瓦のうち，文様的にやや時期が遅れると考えられるⅠ類[3]であり，まず上坂廃寺に導入された老司式軒平瓦が，その後，豊前国分寺や小倉城下屋敷跡など，豊前国内の官営施設の瓦としてもちいられていくという順序をあきらかにすることができる。ちなみに西海道諸国においては，大宰府までの山陽道以外の駅家推定地では，ほとんど瓦の出土はみられない。このことは筑前の項で再論する。

3　筑前地域における古代寺院の選地

　筑前国は，遠賀郡，宗像郡，糟屋郡，席田郡，那珂郡，早良郡，怡土郡，志摩郡，御笠郡，鞍手郡，穂波郡，嘉麻郡，夜須郡，朝座郡の14郡からなる。そのうち現在までに，古代寺院といわれる瓦出土遺跡が確認されているのは，遠賀郡2遺跡，宗像郡2遺跡，糟屋郡3遺跡，早良郡1遺跡，那珂郡7遺跡，御笠郡8遺跡，穂波郡1遺跡，朝座郡1遺跡の計25遺跡である。一見，かなり多くの寺院が造営された地域にみえるが，詳細に検討してみたい。

　まずは筑前北東部である遠賀郡，宗像郡および糟屋郡の遺跡についてである。遠賀郡北浦廃寺，浜口廃寺，宗像郡畦町遺跡，糟屋郡内橋遺跡，多々良込田遺跡に関して，これらの遺跡は，先述の豊前企救郡の小倉城下屋敷跡と同様，いずれも大宰府に通じる山陽道沿いに位置しており，北浦廃寺は夜久駅家，浜口廃寺は島門駅家，畦町遺跡は津日駅家，内橋遺跡，多々良込田遺跡は夷守駅家

3 筑前地域における古代寺院の選地　169

図99　筑前地域北部における古代寺院および関連諸遺跡（1）（1：150,000）

の推定地として妥当な場所に位置している。遺構としても塔心礎など，あきらかに寺院を示すものは確認されていない。出土瓦の年代に関しても，軒瓦が判明している北浦廃寺，浜口廃寺，内橋遺跡，多々良込田遺跡の出土瓦は，あきらかに8世紀前葉以前とできるものはなく，他の山陽道駅家の瓦葺化の年代である8世紀中葉ごろとみても問題ないことが指摘できる。以上のことから，これら諸遺跡については，寺院というよりむしろ，駅家もしくはその関連施設であるとみたほうが蓋然性が高いと考える[4]。ちなみに大宰府より西海道各地に延びる駅路にも多くの駅家が設けられているが，それらの推定地付近において，瓦の出土がほとんどみられないことも，山陽道沿いのこれら諸遺跡が瓦葺駅家であった可能性を後押しする傍証となろう。ただし，北浦廃寺に関しては，官道が通っていたと考えられる沖積低地部からかなり比高差のある台地上の最頂部を選地しており，駅家の立地としてはやや異質であることから，寺院跡である可能性も考えている。

　これらの諸遺跡を駅家関連遺跡と仮定し除外すると，筑前の寺院遺跡は遠賀郡1遺跡，宗像郡1遺跡，糟屋郡1遺跡，早良郡1遺跡，那珂郡7遺跡，御笠郡8遺跡，穂波郡1遺跡，朝座郡1遺跡の計21遺跡となる。那珂郡および大宰府政庁の所在する御笠郡への寺院の集中がみてとれる一方，他の郡においては一郡一寺的展開を示している。以下詳細にみていく。

図100　筑前地域北部における古代寺院および関連諸遺跡（2）（1:150,000）

　北浦廃寺は遠賀郡に所在し，金山川左岸山塊の東麓台地上に位置している。土取によって旧地形は大きく改変されているが，元来は東方に突出した舌状台地を形成していたようである。先述のとおり，金山川左岸に広がる沖積低地とはかなりの比高差をもつ。調査により土壇および礎石が確認されたが，伽藍配置等は不明である。出土瓦のうち創建時の瓦は，凸線で重弁状に表された花弁に子葉を2個配する複弁八弁蓮華文軒丸瓦と，中心飾りに相対する2個のパルメットを下向きに配する均整唐草文軒平瓦の組み合わせとされる。後者は豊後国分寺軒平瓦Ⅱ類との類似が指摘されており，均整を崩す点や文様硬化などから，豊後のものが後出とされる（小田1979）。年代的には9世紀ごろとしてよいであろう。他遺跡と比してやや年代が降る点，注意が必要だが，いちおう取り上げておく。

　神興廃寺は宗像郡に所在し，西郷川右岸の丘陵，南東方向に傾斜する緩斜面上に位置する。宗像郡の中心は宗像神社や多くの古墳が密集する，玄界灘に面した沿岸部であるが，本寺はそこからはかなり離れた内陸部に位置する。塔心礎が残されており，塔を備えた寺院であったことがわかる。出土瓦は鴻臚館式のセットが大部分を占めており，とくに間弁が2本となるものは大宰府政庁237型式の系譜を引くものであり，駕輿丁廃寺や多々良込田遺跡でも類例が確認されている。8世紀第

3 筑前地域における古代寺院の選地　171

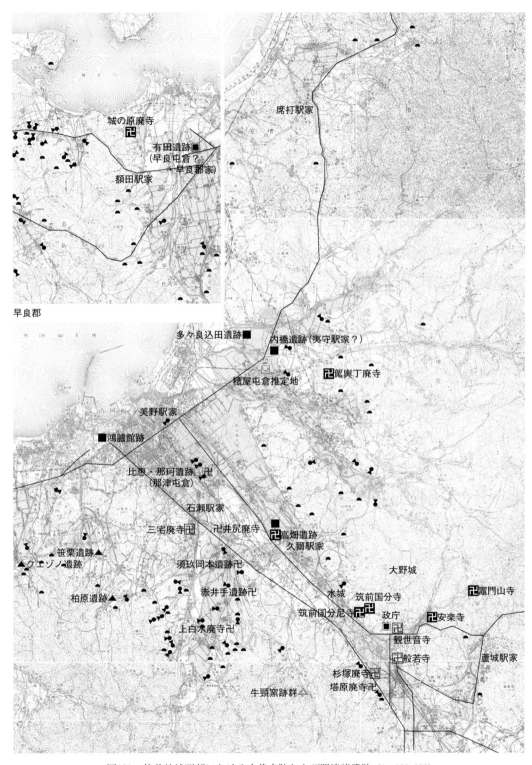

図101　筑前地域西部における古代寺院および関連諸遺跡（1：150,000）

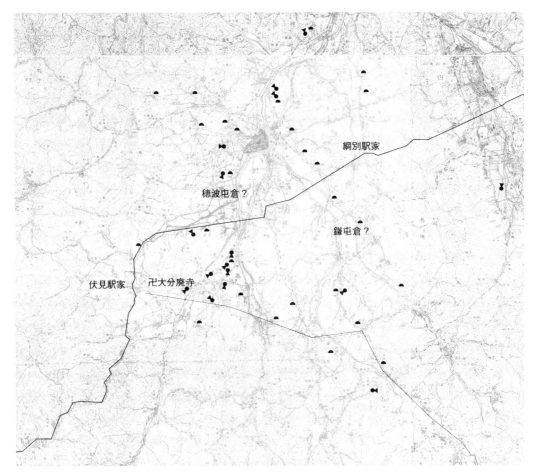

図102　筑前地域中南部における古代寺院および関連諸遺跡（1：150,000）

2四半期～中葉ごろの創建としてよいであろう。また，浜口廃寺と同一叩き板による「延喜十一年」銘平瓦も出土しており，下限がすくなくとも10世紀までは降ることがわかる。

　駕輿丁廃寺は糟屋郡に所在し，福岡平野東部の丘陵上，駕輿丁池の北岸付近に位置し，地形的には南西方向の須恵川流域に向けて開けている。塔心礎をはじめとした礎石および基壇が確認されている。出土瓦は鴻臚館式軒丸瓦と，軒平瓦は老司式と鴻臚館式の双方が確認されている。鴻臚館式軒丸瓦のうち一種は先述のとおり神興廃寺と同文であり，下外区が線鋸歯化した老司式軒平瓦は城の原遺跡と同文である。8世紀第2四半期～中葉ごろとしてよいであろう。

　城の原廃寺は早良郡に所在し，早良平野西方を博多湾に向けて北に伸びる丘陵の北端付近に位置している。塔心礎を含む4つの礎石および土壇が確認されている。出土瓦は線鋸歯文縁単弁蓮華文軒丸瓦や，下外区線鋸歯文の老司式軒平瓦などが確認されており，創建は8世紀中葉ごろと考えられる。

　比恵・那珂遺跡群は那珂郡に所在し，須玖丘陵から伸びる低台地端部，博多湾沿岸部に近いところに位置している。6世紀代の柵列で囲まれた大型建物群などが確認されており，那津屯倉の有力比定地となっている。ここでは，6世紀末～7世紀初頭の溝や土壙から，須恵器と同様の技法をも

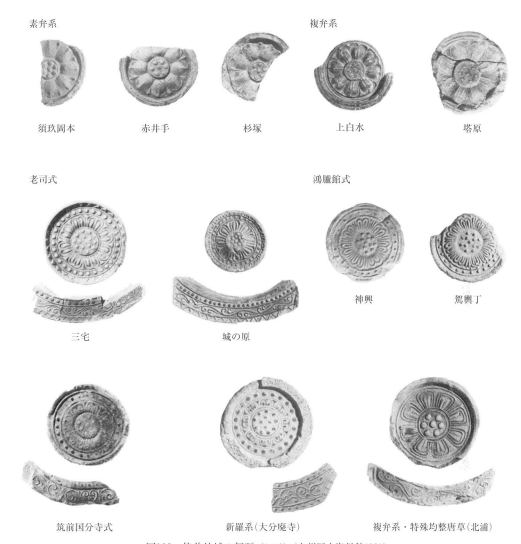

図103　筑前地域の軒瓦（1：8）（九州歴史資料館1981）

ちいた無文の軒丸瓦などが出土しており，その一部は太宰府市神ノ前窯での焼成が確認されている（齋部2000）。またそれとは別に，7世紀末ごろの百済系素弁蓮華文が出土している。寺院を示す明確な遺構は検出されていない。

　三宅廃寺も那珂郡に所在し，油山山塊の東端に伸びる丘陵の南東山麓に位置する（図104）。この周辺から南方に広がる那珂川沿いの台地や沖積低地には，福岡平野最古の前方後円墳である那珂八幡古墳をはじめとする多くの古墳とともに，弥生時代以降，奈良～平安期にかけての集落遺跡も広範囲に分布している。かつては「三宅」の地名より，那津屯倉の有力比定地とされてきた。寺域東側には，水城西門から鴻臚館へと続く官道が推定されている。遺構としては，礎石は残るものの，伽藍配置等は明確でない。出土瓦は老司Ⅰ式・Ⅱ式のセットや竹状模骨丸瓦などが確認されており，8世紀初頭ごろの創建としてよいであろう。

　井尻廃寺は三宅廃寺の東方に所在し，須玖丘陵から北に派生する台地群のうち，那珂川右岸に伸びる低位の台地上に位置する（図104）。寺院としての遺構は不明であるが，百済系の素弁蓮華文軒

174 第Ⅷ章 豊前・筑前地域における寺院選地

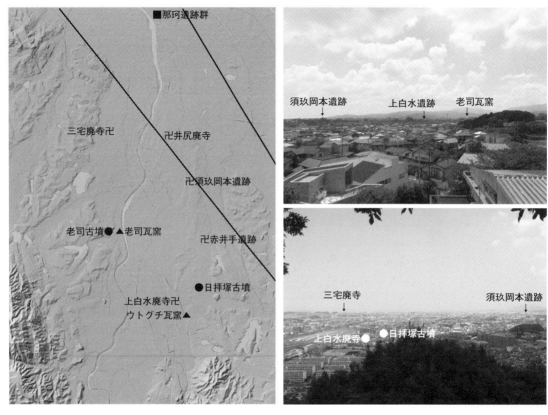

図104 春日平野周辺の地形（右上：三宅廃寺周辺より南を望む，右下：上白水廃寺周辺より北を望む）

丸瓦や竹状模骨丸瓦などが多量に出土している。7世紀後半～末ごろの創建としてよいであろう。
　高畑廃寺は御笠川中流域左岸に広がる台地上に位置しており，寺域の側を水城東門からの山陽道が通る場所にあたる。寺院遺構は明確でないが，都府楼式鬼瓦や文様退化した老司式軒平瓦などが出土している。平瓦の一部は8世紀前半ごろとされるが，鬼瓦などを含め，8世紀中葉～9世紀前半の瓦が主体である。「寺」銘墨書土器の出土などから，本章ではとりあえず寺院跡としておくが，木製祭祀遺物や木簡・郡郷名墨書土器などから8世紀中葉以降の那珂郡家に比定する見解や，位置関係から山陽道の駅家的施設とも考えられている（小林2012）。
　須玖岡本遺跡は須玖丘陵の北端に位置する，弥生集落として著名な遺跡である。また赤井手遺跡はそこからやや南方のおなじく丘陵上の遺跡である（図104）。いずれも寺院の遺構は検出されていないが，百済系の素弁蓮華文軒丸瓦が出土している。7世紀末ごろであろう。
　上白水廃寺は福岡平野が博多湾岸から那珂川沿いに伸びる南端付近，春日丘陵の端部に位置している（図104）。寺院の遺構は検出されていないが，外縁に重圏文をもつ特徴的な複弁蓮華文軒丸瓦が出土している。この瓦は近傍のウトグチ瓦窯での焼成が確認されている。7世紀後半～末ごろの瓦としてよいであろう。
　観世音寺は御笠郡に所在し，四王寺山南麓に位置する大宰府政庁の東隣を占める。天智天皇の発願とされ，奈良期には戒壇が設置される西海道の中心的な寺院であるが，その沿革等についてはここでは省略する。川原寺同笵の軒丸瓦がわずかに出土するものの，主体となるのは老司Ⅰ式である。

その年代観については多くの議論があるものの，ここでは詳細な年代を捉えることは目的ではなく，おおむね7世紀末～8世紀初頭にかけて寺観が整ったものとしておく。

筑前国分寺・国分尼寺は政庁の北西方，四王寺山塊の南西斜面の尾根筋先端付近に位置しており，水城を入って政庁に向かう官道のすぐ東側の高燥な地を選地している。僧寺の伽藍配置は，金堂に取り付く回廊内の東側に塔をもち，金堂の背後に講堂を置く配置であり，尼寺の伽藍配置は不明である。僧寺・尼寺とも鴻臚館式軒瓦を主体としている。創建は8世紀中葉でよいが，西海道の他の国分寺よりやや創建時期は早かったとの指摘がある（小田1970）。

安楽寺は観世音寺の東方，大宰府天満宮の境内にあたり，由緒では菅原道真を葬ったのがその草創とされるが，境内からは老司Ⅱ式軒瓦が出土しており，8世紀に遡る前身寺院の存在が想定されている。

竈門山寺は大宰府天満宮の北東に聳える宝満山の山麓，竈門神社の神宮寺として創建されたとされており，遺構として参道脇に礎石群が存在する。出土瓦のうち最先行のものは鴻臚館Ⅰ式であり，8世紀中葉～後半ごろのものであろう。

般若寺は政庁の南方，大宰府条坊の東側に大きく張り出す丘陵先端の頂部に位置している。発掘調査により塔の基壇が確認され，近傍には原位置を動かされているが塔心礎も現存している。出土瓦は老司Ⅰ式が最多であり，7世紀末～8世紀初頭の創建とみてよい。なお般若寺については，「上宮聖徳法王帝説」裏書に，白雉5（654）年に蘇我日向により建立されたとの記載[5]があるが，出土瓦の年代と合わず，後述の塔原廃寺を般若寺の前身とする見解もある（小田1967）[6]。

杉塚廃寺は筑紫野平野の西方，背振山塊北東麓の緩斜面上に位置している。近傍には前方後円墳である剣塚古墳が，すぐ南側には塔原廃寺が所在する。出土瓦は百済系の素弁蓮華文軒丸瓦がもっとも古く，老司式・鴻臚館式などもみられる。7世紀後半～末ごろの創建であろう。

塔原廃寺は杉塚廃寺のすぐ南，背振山塊の東北端にあたる天拝山の北麓に位置している。古くから塔心礎の存在が確認されており，発掘調査もおこなわれたが，伽藍配置等は不明である。出土瓦は上白水廃寺のものに似た，重圏文縁複弁蓮華文軒丸瓦などがあり，7世紀後半ごろの創建としてよいであろう。

大分廃寺は穂波郡に所在する。筑前から豊前田河郡へと伸びる官道沿いで，東方に穂波川沿いの平野部を見下ろす緩斜面上に位置している。穂波川の向かい側の丘陵部には，装飾古墳として著名な王塚古墳をはじめ多くの古墳が集中している。田河郡天台寺と同様，統一新羅系軒瓦が出土しており，7世紀末ごろの創建と考えられる。

長安寺廃寺は朝座郡に所在する。低丘陵西端の洪積台地上に位置しており，寺域の南北には尾根筋が伸び，視界を遮る。南西方には筑後川支流の桂川沿いの平野部が広がる。付近は斉明天皇の朝倉宮の比定地ともいわれる。発掘調査により礎石建物が確認され，「大寺」「知識」などと書かれた墨書土器も出土している。出土瓦は鴻臚館式が中心であるが，わずかに老司Ⅰ式が混じる。8世紀前半～中葉ごろの創建であろうか。

176　第Ⅷ章　豊前・筑前地域における寺院選地

表13　筑前地域の寺院立地と出土瓦

| 遺跡名 | 旧郡 | 所在地 | 地形 | 伽藍 | 出土瓦 | | | |
| | | | | | 白鳳期 | | | 奈 |
					百済系	新羅系	山田寺式（複弁含）	老司式
北浦廃寺	遠賀	北九州市八幡西区永犬丸	台地	礎石				
浜口廃寺	遠賀	芦屋町浜口	河川堤防	不明				
神興廃寺	宗像	福津市津丸	台地	塔心礎				
畦町遺跡	宗像	福津市畦町	台地	－				
内橋遺跡	糟屋	粕屋町内橋	丘陵端部	不明				○
多々良込田遺跡	糟屋	福岡市東区多の津2丁目	沖積低地	不明				○
駕輿丁廃寺	糟屋	粕屋町仲原	山地	塔心礎・基壇				○
城の原廃寺	早良	福岡市西区拾六町	丘陵端部	塔心礎				○
比恵・那珂遺跡群	那珂	福岡市博多区那珂	台地端部	不明	初期瓦			
三宅廃寺	那珂	福岡市南区三宅	山麓	礎石				○
井尻廃寺	那珂	福岡市南区井尻	台地	不明	○			
高畑廃寺	那珂	福岡市博多区板付	台地	不明				○
須玖岡本遺跡	那珂	春日市岡本町	丘陵端部	不明	○			
赤井手遺跡	那珂	春日市小倉	丘陵	不明	○			
上白水廃寺	那珂	春日市上白水	丘陵端部	不明			○	
観世音寺	御笠	太宰府市観世音寺	台地	観世音寺式			川原寺式	○
筑前国分寺	御笠	太宰府市国分	丘陵端部	大官大寺式				○
筑前国分尼寺	御笠	太宰府市国分	丘陵端部	礎石				○
安楽寺	御笠	太宰府市宰府	台地	不明				○
竈門山寺	御笠	太宰府市内山	山地	礎石建物				
般若寺	御笠	太宰府市朱雀	丘陵頂部	塔基壇・心礎				○
杉塚廃寺	御笠	筑紫野市杉塚	丘陵端部	基壇×2				○
塔原廃寺	御笠	筑紫野市塔原	山麓・台地	心礎			○	
大分廃寺	穂波	飯塚市大分	丘陵端部・緩傾斜地	塔基壇・心礎		○		
長安寺廃寺	朝座	朝倉市須川	丘陵端部	礎石建物				○

4　筑前地域における寺院の展開過程

　以上の諸寺について，その展開過程をみていく。

　筑前における最古の瓦は，比恵・那珂遺跡から出土する。6世紀末〜7世紀初頭の瓦である。しかしこの瓦については先述のとおり，須恵器の技法で製作される特殊な瓦であり，豊前と同様，年代的にも系譜的にも遊離している。寺院を示す確実な遺構も見出せておらず，「仏教伝来とは無関係に，建築用材として導入されたのであろう」（齋部2000）という見解が妥当に思われる。畿内においても，上町台地に散在する瓦出土遺跡について，四天王寺以外には明確な伽藍が認められないことから，「外交や流通の拠点である難波の港湾施設と関連づけると理解しやすい」（網2014）という指摘がなされており，外交の要衝である両者に共通してみられる状況なのであろう。

　それを除くと，筑前における寺院造営は，7世紀後半ごろに開始されたと考えられるが，その分布は大きな偏りを示すことが指摘できる。

　まず，博多湾沿岸には先述の那津屯倉をはじめ，糟屋屯倉，（推定）早良屯倉など複数の屯倉が置かれたことが指摘されており，その比定地もほぼあきらかになりつつある（岩永2012，桃崎2012

良　　期		諸地形・諸施設との関係（◎：隣接　○：近接）							想定される選地類型
鴻臚館式	その他	古道	河川・湖沼	山地	他寺院	官衙	前・中期古墳	群集墳	
	相対蕨手	◎	○	○					官道隣接・眺望
○	相対蕨手	◎	◎				○		官道隣接・河川。駅家か。
○				○					眺望・山林
○？		◎		○					官道隣接。駅家か。
○		◎					◎		官道隣接。駅家か。
○		○	◎						官衙関連か。
○				◎				○	山林・眺望
									眺望
		◎	◎			◎	◎		官衙隣接・官道隣接
		◎	◎	◎	○				官道隣接
		◎	◎		○				官道隣接
		◎	◎			◎		○	官衙隣接・官道隣接
		◎		○	○		○	○	眺望
				○	○		○	○	眺望
				○	○		○	◎	眺望
○		○		○	○	◎			官衙隣接
○		◎		○	◎	◎			官衙隣接・官道隣接
○		◎		○	◎	◎			官衙隣接・官道隣接
○		○		○	○	○			官衙隣接
○				◎					山林
○		○		○	○	○			官衙隣接・眺望
○		◎		○	◎		○		官道隣接・眺望
○		◎		○	◎		○		官道隣接・眺望
		○		○			○		眺望
○				◎					眺望

など）。これらの屯倉は，博多湾という重要な外交拠点を王権が直接押さえたものと評価できるが，これら屯倉推定地の近傍では，あきらかに 7 世紀に遡る瓦がほとんど出土していないことを強調したい。わずかに比恵・那珂遺跡群で 7 世紀後半の百済系瓦が出土するものの，先述の 6 世紀末ごろの瓦出土状況等に鑑みても，あきらかに寺院由来とは断定できず，糟屋・早良両屯倉の推定地付近からも，7 世紀代と確実な瓦は確認されていない。

　博多湾沿岸に限らず，筑前・豊前は屯倉の位置比定が比較的進んでいるが[7]，これを概観しても，寺院との関係は薄いと言わざるをえない。とくに豊前北部の企救郡にも複数の屯倉が推定されているが，企救郡に古代寺院が確認されていないことは先述のとおりである。内陸部の穂波郡大分廃寺と穂波屯倉の関係は微妙だが，これも比定地と寺院とはやや距離をもつようである。那津・早良など屯倉のいくつかは，のちの遺跡展開から，7 世紀後半ごろには評家，ひいては郡家となっていくようであるが，それでも近傍にあきらかな寺院跡をもたない点では同様である。逆に豊前上毛郡においては，先述のとおり桑原屯倉推定地と垂水廃寺は地理的近接も含め関連が深そうであるが，8 世紀前半代においては，郡家は垂水廃寺から離れた場所に造営される（大ノ瀬官衙遺跡）。

　これに対して，筑前においてもっとも多くの該期の瓦が分布するのは，那珂郡の三宅廃寺・井尻廃寺から南へ下った福岡平野南西部であり，この北端を扼す両寺に加え，平野部を取り囲むように，

須玖岡本遺跡・赤井手遺跡，上白水廃寺と，平野部を眼下に見下ろす丘陵上に複数の瓦出土遺跡が展開する。内陸部の御笠郡においては，平野部を広く見渡す眺望型の選地形態とともに，官道にも隣接していた可能性をもつ寺院が複数造営されている。

　このような事実からは，寺院認知のあり方として以下の2つのことが指摘できるように思われる。

　まずは，屯倉や郡家推定地に直接寺院が置かれていないということは，この地域における該期の寺院展開が，〈官〉ではなく，あくまで在地有力者の私寺として展開するということである。博多湾沿岸に位置する屯倉およびその近接地には寺院がおかれず，6世紀の首長墳とされる日拝塚古墳をはじめ多くの古墳が築造される，広闊な後背平野部がむしろ寺院造営の適地とされ，それを囲むように多くの寺院が建立されていることは，その事実を明白にあらわすものと考える。

　もうひとつは，寺院と交通・生産との関連である。桃崎祐輔氏は屯倉の選定について，「屯倉では畜産，製塩，製鉄・鍛冶，窯業等の生産活動が行われ，占地は資源の偏在を反映する」（桃崎2012）と述べているが，これら外交や手工業生産などの拠点と寺院が直接の結びつきをもちにくいことは，豊前でも同様の状況がみられ，特筆すべきであろう。該期における大窯業地帯である牛頸窯跡群においても，近傍の福岡平野南西部には先述のとおり多くの寺院が存在するものの，その製品の運搬ルートと想定できる，御笠川を下って福岡平野南東部から比恵・那珂遺跡群へと到るルート沿いには，7世紀代に遡る古代寺院がまったく存在しないことは興味深い。また，油山北麓には，柏原遺跡・笹栗遺跡・クエゾノ遺跡など，奈良時代の鍛冶炉をもつ遺跡が確認されているが，この近傍にも明確な寺院遺跡は存在しない。7世紀～8世紀初頭の寺院造営は，水田地帯を見渡す眺望型が中心であり，あくまで農業生産拠点を中心とした，前代からの勢力拠点を重視したものと考えてよい。

　また，福岡平野南西部と並ぶ古墳の集中地帯として，宗像郡があげられる。とくに玄界灘に面した沿岸部には，多くの古墳が造営されており，なかでも金銅製馬具など豊富な副葬品をもつ宮地嶽古墳は，当地の有力者である胸肩君の墳墓ともされている。しかしながら，この近傍にも，7世紀代に遡る古代寺院は造営されていない。言うまでもないことだがこの地には宗像大社が所在しており，これを管掌する宗像氏によって，あえて寺院造営が忌避された可能性も考えられよう。このような事例は，かつて筆者が伊勢地域の度会郡や阿坂山麓でも想定しており興味深い[8]。

　8世紀前半～中葉以降になると，遠賀郡・宗像郡・糟屋郡・早良郡など筑前北東部を中心に寺院が造営され，一郡一寺的状況がみられるようになる。これらの寺院については，いずれも大宰府系の瓦が確認でき，その造営については大宰府のなんらかの関与があったものと考えられるが，選地については，かならずしも郡家推定地や官道など，いわゆる〈公的〉な場所への隣接は意識されておらず，むしろ城の原廃寺のような眺望型であったり，神興廃寺や駕輿丁廃寺など，山林寺院にも近い眺望型であったりと，むしろ7世紀代の選地傾向を受け継ぐ事例が多い。寺院造営における地域の主体性を示すものであろう。ただし，7世紀代に数多くの寺院が造営された那珂郡においては，8世紀中葉以降の修造瓦をもつ寺院としては，眺望型の諸寺は淘汰され，官道沿いの三宅廃寺に収斂していき，また8世紀以降の那珂郡家とも想定されている，官道沿いの高畑遺跡において，寺院が新造される。

おわりに

　以上，豊前および筑前地域における古代寺院の造営について，選地傾向を中心に，時期を追って
みてきた。その結果について簡潔にまとめ，本章での考察とする。

　当地における明白な寺院造営は，おおむね7世紀第4四半期ごろを嚆矢とするが，選地傾向とし
ては，水源を扼する水源型，河川沿いの低地部を見渡す眺望型などを中心としており，豊前の一部
において官衙・官道隣接型の選地もみられるという状況である。また造寺がおこなわれる地域には
偏りがみられ，とくに筑前では，那珂・御笠の2郡に寺院が集中して造営される。その後8世紀初
頭～前半ごろにかけて，寺院数は漸増していくが，豊前の一部には官道および河川の結節点という，
交通の要衝を意識した寺院が造営されるものの，多くは前代同様，眺望型を中心とした選地傾向が
継続する。

　その一方で，該期の東国などで顕著にみられる，郡家など官衙系遺跡への隣接は，とくに8世紀
前半段階には意識されておらず，逆に郡家推定遺跡の近傍に明確な該期の寺院はほとんど存在しな
いことは特筆すべきである。また，生産遺跡や屯倉との関連性は，前代も含めむしろ相反的であり，
当地の寺院造営においては，在地有力者層の農業生産拠点を重視しつつおこなわれたものと考えら
れる。

　寺院認知の復原という当初の目的に沿って述べるならば，この地域の寺院造営者の多くは，彼ら
が影響力を及ぼす河川沿いの平野部や小盆地など，小地域（とくに農業拠点）およびそこに住む住
民らを意識した，在地的なモニュメントとして寺院を捉える意識がもっとも大きかったものと考え
られる。中央からの造寺奨励および造寺技術の移入はあったにせよ，その造営自体はあくまで在地
主導であったとしてよい。

　8世紀中葉には，豊前・筑前とも，大宰府系の瓦をもちいた寺院の修造や新造が進み，とくに筑
前では遠賀・宗像・糟屋郡など山陽道沿いの北部地域を中心に，一郡一寺的な様相を呈するように
なる。しかしこの時期においても，新造・修造された寺院の選地として官道沿いが意識された様子
は薄く，むしろ前代同様の眺望型や，山林寺院にも近い寺院が造営され続けており，この地域では
該期においても，造寺活動における在地側の裁量の大きさおよび，彼らによる従前からの寺院認知
が継承されていた状況が窺える。

註
（1）　学史上は「百済系単弁」と呼ばれる瓦であるが，花弁に子葉をもたないため，ここでは素弁と呼んでおく。
（2）　ただし近年，法鏡寺の南方に位置する別府遺跡において，大型掘立柱建物等が確認され，郡家関連遺跡の可能
　　　性が指摘されており，法鏡寺については，郡家または郡家別院等に隣接した寺院であった可能性も考えられる。
（3）　亀田氏はⅠ類が最先行と論じているが（亀田1982），筆者は文様の変遷過程などから，亀田氏分類のⅡ類が最
　　　先行で，その後Ⅰ類→Ⅲ類と続くと考えている（梶原2013）。
（4）　このうち内橋廃寺および多々良込田遺跡については，近年の調査成果などから，西垣彰博氏により，内橋廃寺
　　　を夷守駅家に，多々良込田遺跡を港湾的性格の強い遺跡であるとの指摘がなされており（西垣2013），筆者もそ
　　　の意見に賛同する。
（5）　『上宮聖徳法王帝説』（裏書）

180　第Ⅷ章　豊前・筑前地域における寺院選地

　　　曾我日向子臣，字無耶臣，難波長柄豊碕宮御宇天皇之世，任筑紫大宰帥也。甲寅年十月癸卯朔壬子，為天皇
　　　永悉，起般若寺云々，□□京時定額寺云々。

（6）　これら蘇我日向の関与が考えられる諸寺について，他の地方寺院と同列に論じられるかという問題もあるが，
　　　本章では国分寺等あきらかな〈官寺〉以外は，造営主体についてはとりあえず考慮せずに論じることにする。

（7）　原島礼二氏（原島1977），小田富士雄氏（小田1985）をはじめ多くの論考が提示されており，位置比定につい
　　　て議論のある屯倉も多く存在するが，筆者にはその当否を判断する能力はなく，糟屋，那津屯倉を除いては基本
　　　的にすべての比定地を考慮に入れつつ論じることにする。なおこの地域の屯倉については近年，桃崎祐輔氏の詳
　　　細な論考が提示されており（桃崎2012），本章ではそれを参考にした。
　　　　また屯倉自体についても当然ながら多くの研究史があり，紙数の関係および筆者の力量でそのすべてに目配り
　　　することは難しいが，とくに6世紀以降の屯倉については，領域的な農業生産拠点としてよりむしろ，「ヤマト
　　　王権が列島内の各地に，さまざまな目的のために置いた政治的・軍事的拠点」（舘野2012，傍点筆者）として捉
　　　える舘野和己氏らの見解を基本的には支持する。とくに手工業生産も含めた物資の集散地としての役割は重視す
　　　べきと筆者は考えている。

（8）　ただし筆者はこの現象について，統一的な規制というよりむしろ，7世紀代の地方での祭祀・宗教活動を担う
　　　国造など在地有力者層ごとの認知が反映された，個別の対応と捉えている。のちに国家が仏教・神道を管掌して
　　　いくさいに，そのような各地の状況に鑑みつつ，神郡の設置など諸政策をおこなっていったと考える。

終章　古代寺院の選地傾向についての考察

は じ め に

　本書においてこれまで，東は上総・下総から西は豊前・筑前まで，畿内以外で古代寺院が比較的多く造営された11ヶ国について，具体的な選地のあり方と，そこから想起できる寺院認知について，まずは個別事例ごとに，そしてそれを地域ごとに総合しつつ，その傾向性について復原を試みてきた。

　本章ではそのまとめとして，全国的な選地傾向の変遷について，時期ごとにその様相を捉えつつ，古代の地方における仏教および寺院の導入と展開のあり方について考究していきたい。

　それを考えるにあたっては，当時の寺院の〈公的性格〉の有無や寺院の造営主体を含めた，寺院の性格論にまず言及しておかねばなるまい。この件に関しては，山中敏史氏の諸論が代表的である（山中1982・2005など）。山中氏は「郡衙周辺寺院の性格をめぐる諸説」として，以下の５つをあげている（山中2005）。

　（１）官寺説：郡衙周辺寺院（あるいはその一部）を，評衙・郡衙付属の官寺と考える説
　（２）公寺説：郡司の氏寺であり，かつ公的機能・官寺的機能を伴った寺院とする説
　（３）氏寺説：郡司ら地方豪族によって造営された氏寺とし，公的機能や官寺的性格を認めない説
　（４）知識寺説：異系氏族によって造営・維持管理された寺で，特定氏族に限られず，諸氏族に開放された寺院と捉える説
　（５）家寺説：氏よりさらに細分化された家単位の寺が存在したとする説

　山中氏は，文献史学の研究成果や諸文献史料も引用しつつ，これらの諸説について検討し，自身は「評・郡の公の寺（郡寺）としての性格を有していた」（山中1982）という評価を修正し，「知識寺的な性格とともに，地縁寺的・官寺的な側面も備えていた」と結論づけ，このような寺院を「準官寺と呼ぶことにしたい」（山中2005）と述べている。

　しかしながら，この山中説には，旧稿（山中1982）はもとより，新稿（山中2005）の結論にも問題が多い。文献史学側からの反論としては，三舟隆之氏の論（三舟2013）が詳しいが，そもそも三舟氏も述べるとおり，山中氏の言う〈準官寺〉の具体的な公的内容は，新稿においてもいまだ不分明である。山中氏は複数氏族の知識結集をもって公的役割の根拠とするが，これは三舟氏も言うように〈公〉＝〈公共〉と捉える誤用であろう。氏寺の対置概念として〈官寺〉なり〈準官寺〉，〈公寺〉を設定するのは適切ではない[1]。また地方寺院における法会の内容についても，中井真孝氏が論じる〈奉為天皇〉の造寺造仏の形態の出現（中井1991）[2]や，本郷真紹氏の国家仏教論（本郷2005など）を引用しつつ，天皇らの病気回復祈願や七七斎などの法会が「郡衙周辺寺院でも（中略）

おこなわれるようになったと思われる」（傍点筆者）と述べるが，その具体的証拠は存在しない。また，仮にそのような法会がおこなわれていたとしても[3]，それはあくまで法会といういわばソフトの問題であり，ハードとしての寺院にまで公的色彩を付与する根拠にはなりえない。しかしこれらはいずれも，文献史学の側から理解すべき問題であり，文献史料の解釈の基礎的スキルをもたない筆者が論じる資格はない。

それでは，考古学的事象に関する山中氏の論拠はどうであろうか。まず山中氏は評・郡衙周辺（および隣接）寺院に対して，郡衙より寺院が先行する例が多いとの三舟氏の批判（三舟2003）を受けつつも，「評衙・郡衙の創建期との先後関係いかんに関わらず，評衙・郡衙成立以降にはその周辺に位置し併存していたという意味」で，評・郡衙周辺寺院の用語を「便宜上」もちいるとしている（山中2005）。また，「郡名寺院や一郡一寺の様相を示す寺院についても，郡衙周辺寺院にあたる例が多いので（中略）広義の郡衙周辺寺院として扱う」（山中2005）と，地理的近接にかならずしも限らず，郡という行政区画を基準とした広い公共性をもつ寺院として，郡衙周辺寺院の定義を広くとっている。さらに，霊亀2年のいわゆる寺院併合令との関わりとして，須田勉氏の東国における寺院の修造状況（須田1997）を引きながら，それらの「多くは郡衙周辺寺院である」（山中2005）として，「郡衙周辺寺院には，合併淘汰の対象とされるような寺院はほとんどなかった」（山中2005）と結論づけている。

これらの論点はいずれも，地方寺院の造営と維持について，選地面から考究していくという，本書でこれまでおこなってきた分析と，当然ながら密接に関わりをもつ。本書の分析をもとにしつつ，これら山中氏の論拠を全国的な視座で検証する形で，議論を進めていくことも可能であろう。

ゆえに本章では，寺院選地の時期的変遷という観点から，古代における地方寺院の性格論を通して，寺院造営者の寺院に対する認知を復原していく。ただし，とくに地方寺院においては，その造営年代を厳密に絞り込むことが難しい事例が多く，また選地傾向のあり方も特定の時期に一気に変化するといった種類のものでないため，以後に示す各段階は，年代的に重複する部分が大きいことをあらかじめ断っておく。

また，当然ながら地方寺院史研究が当時の仏教史研究の一分野である以上，文献史学側の研究動向も理解しておく必要がある。筆者は文献史学には不案内ながら，先述の山中氏・三舟氏の論とともに，古代の仏教史を通時的に捉えた本郷氏の論（本郷2005）はたいへんよく整理されており，また首肯する見解も多く，筆者の理解を大いに助けた。また知識寺院説の立場から近年精力的な論考を著している竹内亮氏の論（竹内2016）も基礎としつつ，必要に応じて諸文献を参照する。

1　第0期：7世紀第2四半期（舒明〜皇極朝，乙巳の変以前）

畿内においては寺院造営が急速に広がる時期であり，『日本書紀』推古32（624）年条には，全国に46ヶ寺が存在したともいわれる[4]が，この時期に属する地方寺院はきわめて少ない。本書で扱った地域においては，近江地域で衣川廃寺・穴太廃寺など3ヶ寺と，備中地域で古式の瓦が出土する遺跡がややまとまってみられる程度である。

これらの諸寺の選地傾向は多様であり一概には言えないが，備中の事例などをみると，畿内へ向

けての瓦の生産地および物資の積み出し経路としての足守川流域にやや集中した状況が見受けられる。また窯業生産ばかりでなく，製鉄との関連が考えられる秦原廃寺など，手工業生産との親和性が高い。また近江衣川廃寺や穴太廃寺は，畿内から東山道への出口にあたり，またのちに大津宮が置かれる地域でもある。筑前比恵・那賀遺跡群の初期瓦などを含めて積極的に捉えていくなら，大王家・蘇我氏などを中心とした王権により，屯倉などを含めたその政治経済上重要な拠点に，限定的に寺院（小堂）を造営していったものとも考えられる。

2　第1期：7世紀中葉〜第3四半期ごろ（孝徳〜天智朝，前期評段階）

　この時期は，いくつかの地域において，地方寺院の造営が開始される時期である。これは当時の政治動向と無関係ではまったくなく，大化元（645）年の孝徳天皇による仏教興隆の宣言[5]を経て，孝徳全国立評（鎌田2001a）に伴う地方行政組織の整備とその軌を一にしつつ，地方寺院が展開していくと考えてよいであろう。

　そのような事情もあり，この時期の地方寺院は，のちに郡家（評家）が造営される場所に近接した，本書の用語を使用するなら官衙・官道隣接型の選地をとる寺院が多い。以下，いくつかの事例をあげる。

　尾張元興寺は尾張国愛知評に所在するが，あゆち潟に面する熱田台地端部に位置しており，断夫山古墳・白鳥古墳など古墳後期の大型前方後円墳や，熱田神宮にも近接している。北方には官衙系の遺物等が出土し，のちの愛知郡家とされる正木町遺跡が存在する（本書第Ⅲ章）。

　北野廃寺は三河国碧海評に所在するが，矢作川中流右岸の河川堤防上に位置しており，河川交通の要衝を扼すとともに，南西方の小針遺跡は，碧海郡の中核的遺跡のひとつである（本書序章および後述）。

　来住廃寺は伊予国久米評に所在し，7世紀前半〜9世紀の大型掘立柱建物を含む大規模な建物群（久米官衙遺跡）に隣接して造営されている。寺院自体は後期評段階の造営であるが，前期評段階には官衙内に単堂の瓦葺建物があり，仏堂とも想定されている。

　これらの事例については，当然ながら官寺説や公寺説の側[6]から，積極的に解釈をおこなうことも可能である。山中氏は「大和王権によって設置された初期官寺的な性格を有する寺院であった」（山中2005）としており，志賀崇氏もおなじく，「以前から王権と関わりが深い地域，あるいは交通上・軍事上の要衝であって，王権にとって重要視された地域には，早くから評が設置されるとともに，王権護持祈願などの法会をおこなう官寺的な仏教施設が造営された可能性が高い」（志賀2008）と，立評に伴う王権による寺院造営の振興を積極的に捉えており，そこに〈王権護持〉の官寺的役割を強調している。

　しかしながら，筆者はその考えをとらない。

　その理由としてはまず，この時期に地方の評内に寺院が造営された例がごく僅少であることがあげられる。そもそも地方の造寺活動に王権が関与しているなら，各地の造寺活動に均質性や体系性が見受けられるはずだが，そのような状況は存在しない。やや話は逸れるが，上原真人氏は関東地方の国分寺の郡郷銘文字瓦が律令税制によるものであるという説に対し，おもに郡郷銘文字瓦の出

土がごく一部の国に限られるという不均質性から，税という体系にはそぐわないものであると断じたが（上原1989），それと同様，この時期の寺院は，その不均質性から，王権が一元的に設けたものとは考えにくい。

　志賀氏は「王権にとって重要視された」地に率先して評衙や寺院が設けられたとする。しかしながら，王権が重要視した地域ということでは，王権が各地に設置した屯倉との関係で展開していくのが自然と考えられるが，第Ⅷ章で筆者がすでに述べたとおり，これもむしろ逆に，この時期以降はかなり相関性が薄いと言わざるをえない。

　さらに，不均質性は出土瓦においても顕著である。7世紀中葉から第3四半期ごろにかけては，官寺である大和百済大寺（吉備池廃寺）や大和川原寺の同笵瓦が，ごく少数の特定寺院へと展開することが知られる。和泉海会寺は，創建瓦として吉備池廃寺および摂津四天王寺と同笵の瓦が使用されており，森郁夫氏は，「海会寺の造営に際して官から何らかの形での援助があったに違いない」（森1987）と述べている。また近江大津宮に近接して造営された，天智天皇の勅願寺である崇福寺および，その南方に所在する南滋賀廃寺・大津廃寺では，大和川原寺出土軒丸瓦A種と同笵の瓦が使用されている。このような，中央官寺から瓦笵の下賜・貸与がおこなわれた寺院に関しては，0期の寺院展開に引き続き，その造営に中央の意向・影響が大きく働いたものと捉えてもよいと考える。

　しかし，ごく少数のこれらの寺院に対して，この時期の地方寺院のほとんどは，中央官寺との同笵関係をもたず，むしろ大和や摂河泉地域の諸寺（王権中枢を構成する中央氏族の氏寺と捉えてよいであろう）と，それぞれ個別的な関係で瓦が移動している。本書で扱った寺院としては，伊勢額田廃寺は川原寺E種同笵瓦が入るものの，たとえば尾張元興寺は大和奥山廃寺系の同文瓦および河内野中寺と同笵関係，下総龍角寺は大和山田寺系同文瓦，備中大崎廃寺は山背北野廃寺系瓦など，その祖型は多様である。その造営背景および王権との関与のあり方については，前段の官寺同笵瓦をもちいた諸寺院との異なりが強調できよう。

　日本における初期寺院は，いわゆる捨宅寺院の形態にはじまり，蘇我氏をはじめとした有力氏族が，自邸を取り壊して，もしくは自邸または本拠の近傍に造営したものが多い。岸俊男氏は山田寺などの事例から，「居宅と，仏殿あるいは寺院の併置関係」（岸1984）について論じており，飛鳥寺や百済大寺の造営においては，小墾田宮や百済宮と統一的計画の下に造営されたとの指摘もある（古市2009，十川2012）。本郷氏は古代寺院の機能について，「僧尼が居住し教学を研鑽するとともに法会を修する場としての実践的な機能」と，「その伽藍自体が設営の主体となった人物・一族等の権威を消長する存在としての感覚的な機能」の2つを有したとしつつ，宮宅と寺院の隣接状況こそが，「寺院の感覚的機能に期待する部分」としている（本郷2005）。第1期寺院が〈官衙・官道隣接型〉の選地傾向を示す理由としては，中央における大王または有力氏族の居宅と寺院のセット観および，自邸の脇に寺院を造営するという視覚的・感覚的効果が，地方の初期寺院造営にも反映された結果と考えたほうがよい。

　尾張など上記の諸例のほとんどは，前代からの有力者の拠点が，のちに評家・郡家へとなっていったにすぎず，評家・郡家と寺院では，寺院のほうが先行することが多いことも，先述のとおりすでに三舟隆之氏により指摘されるところである（三舟2003）。

中央と繋がりの深い有力地方豪族が，中央での造寺傾向を引き継ぐ形で，その本拠に寺院を造営したと考えるのが妥当であり，ことさら官との関係を持ち出す必然性に欠けると筆者は考える。瓦の導入経路が多様であることを含め，該期の寺院のほとんどは，在地の有力者の私寺として，それぞれの個別事情のもと，それぞれの有力者が各個に王権またはそれを構成する有力氏族とのパイプを通して造寺技術の移入を図りつつ，造営されたものであろう。中央と地

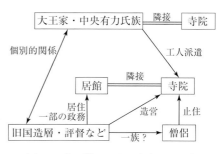

図105　第1期における造寺のあり方

方の個別の氏族間関係によって造寺技術が導入され展開した，氏寺としての理解がもっとも適切に思われる（図105）。

　知識との関わりであるが，中村英重氏は「異姓者を排除して単一の氏族だけが独占する狭義の氏寺は9世紀初頭に成立したもので，7～8世紀の寺院はいずれもいわゆる氏寺ではなく，知識寺院とみるべき」（中村2004）としている。この論を是とするなら，該期のこれらの寺院も，いずれも知識寺院の枠組みで捉えられることとなる。ただし，中村氏が述べる〈氏寺〉は，従来述べられてきた氏寺の概念[7]とは異なるという指摘もあり，注意が必要である。竹内氏は7世紀前半段階の造寺活動について，「氏族や地域の枠を大きく超えた知識結集はまだみられない」（竹内2016）としている。

　この問題について，出土瓦の面から考察を加えてみたい。上原氏は中央の瓦を祖型とする地方の瓦の在地展開について，「基本的には古代日本の律令制の進展とほぼ併行」する4つの類型に分類している（上原1997）。

　　第Ⅰ類：畿内と似た文様の瓦が，そのまま地方に伝播するが，第2・第3世代を生むことなく消
　　　　　滅するもの。
　　第Ⅱ類：同じ系統の文様が，畿内から延びる旧交通路に沿って線的に分布する場合。
　　第Ⅲ類：畿内に源流をもつ文様が，独自の地方色を生み，隣接する郡（評）を含む面的な広がり
　　　　　をもつ場合。
　　第Ⅳ類：第Ⅲ類のような面的な分布が，律令制の地方行政単位である国を限界とする場合。

　この論に照らし合わせつつ，寺院および出土瓦の展開のあり方をみると，後述の第2期の寺院の多くが，第Ⅲ類のような地縁的な瓦当文様の広がりをもつのに対し，第1期の寺院は，龍角寺や北野廃寺など，第Ⅲ類の中心的拠点となるような寺院もあるものの，尾張元興寺や大崎廃寺など，中央と直結しかつ地域に面的に分布しない第Ⅰ類や第Ⅱ類の事例も，かなりの割合で見受けられる。

　むろん，瓦の分布の広狭という考古学的事象と，個別寺院の造営集団が同姓者か異姓者か，造営が知識によるものかどうかという文献史学的な課題は，まったく別の問題であり，直接関係づけられはしない。ただし，第2期以降の寺院に比して，第1期の寺院が地縁的な広がりをもたない例が多いことは，注目しておく必要があろう。

3　第2期：7世紀第3四半期後半〜8世紀初頭ごろ
（天武朝〜，前期評段階後半〜後期評段階）

　全国で寺院造営が活発化し，地方においても爆発的に寺院が激増していく時期である。持統6(692)年には全国に545ヶ寺が存在したとの『扶桑略記』の記事[8]もあるが，全国の瓦出土遺跡数を考えると，これはほぼ妥当な数字であろう。

　この時期には寺院の選地傾向も多様化しており，前代のように単に居宅との隣接や交通の要衝というだけでは語れなくなる。

　それでは，各景観構成要素との相関性について，どのような状況がみてとれるのであろうか。まずは比較的相関性が濃い属性について述べる。

　官衙・官道については，隣接・近接事例は一定程度みられるが，前代のようにほぼすべてがあてはまるわけではなく，むしろこれらを指向しない寺院も多くみられるのが，該期の特徴といえよう。

　河川についてであるが，この時期は陸路（官道）よりむしろ水路指向が強い特徴がみられる。西三河の矢作川流域（本書序章および後述），東播磨の加古川流域（本書第Ⅴ章）など，特定河川の沿岸に寺院が鈴なりに並ぶ例も多く確認されている。河川はおもに物資を運搬する国内交通路であり，地域内におけるモニュメント的性格が重視された可能性があろう。その一方で，河川規模に関わらず，寺院が希薄な河川も存在し，状況は多様である。

　水田地帯について，眼下に条里地割を広く眺望できる選地をとる寺院は全国的に数多く，また水田地帯の中の微高地（本書第Ⅲ章の濃尾平野など）や，台地・扇状地上に複数の寺院を隣接して造営する例もみられる（本書第Ⅰ章の近江愛知郡など）。筆者はこの事例の多さをとくに注視しており，寺院造営が，農業生産とリンクする形で展開した可能性を強く指摘したい。かつて間壁葭子氏は，「地方在地豪族が，律令体制の完備してゆくなかにあって，従来自分たちの支配下にあった経済的な基盤を，公にするのをのがれるために，土地・奴婢の所有が認められている寺に振り替えるかたちで，公収をまぬがれる口実にしたのではないか」（間壁1970）と指摘したが，地方における造寺活動の活発化の背景のひとつとして，地方有力者の寺田としての既得権益の確保を考えてもよいものと思われる。

図106　加賀末松廃寺と白山（野々市市教育委員会提供）

　山麓に造営される寺院も数多い。谷筋奥部に周囲からの眺望を遮るように造営される寺院，前面が河川によって画される寺院などは，集落など居住域とは物理的に隔絶した，聖域的な場所を適地として選地した可能性が高いと思われ，またその後背山地に古墳が存在する事例が多いことは，前代からの山岳信仰や，また祖先信仰を媒介として造寺活動がおこなわれたことを示す好例といえよう。寺院造営氏族と直接系譜が繋がらない前・中期前方後

円墳との隣接例も確認されており，これは寺院造営氏族による，地域支配の正当性の表象なのかもしれない。

　山への意識は，山麓への寺院造営以外の形もとる。讃岐法勲寺は，山容の美しい飯山を北に背負う平野部に位置しており，山麓ではないものの，あきらかに神奈備への指向がみられる（本書第Ⅶ章）。また時期は降るが伊勢大神宮寺とされる逢鹿瀬廃寺も，寺域の南方に神奈備である浅間山を遠望している（本書第Ⅱ章）。これら神奈備や聖なる山を背後にしたり遠望したりする寺院は，白山を南に背負う加賀末松廃寺など全国的に散見しており（図106），また汎アジア的にも確認される状況である（図107）。久保智康氏は，出雲来美廃寺や大井谷Ⅱ遺跡の事例をあげ，小谷に入り込んだところに立地し，しかもそれぞれ山を遥拝することができるこれらの遺跡を，「平安時代前半ころまでに全国各地で営まれた小規模な山寺

図107　インドネシア東ジャワの古代寺院と山（CANDI JAWI，12世紀ごろ）

に多く見られる傾向」と，山寺の一形態として捉えている（久保2012a，久保編2016など）。本書では実際山中に堂宇を築いた山林寺院とは区別し，聖域型寺院の一形態として分類しているが，この選地が山林修行や山への信仰と関連があるという久保氏の見解は首肯すべきと考えている。

　逆に相関性が薄い属性も存在する。

　須恵器を生産した窯業生産地をはじめ，製鉄遺跡や製塩遺跡などの生産遺跡については，その生産に直接的または間接的に，朝鮮半島からの渡来人が関与したとみられる例も多く，それらの技術系譜を持ち込んだ渡来人の造寺活動を伴うとみる考え方がこれまで主流であった（櫃本2009など）。しかしながら，古墳時代以来窯業生産が盛んな尾張地域（本書第Ⅲ章）や，また豊前地域（本書第Ⅷ章）などにおいても，窯業遺跡の所在地，所在郡には，かえって寺院が希薄であることは，筆者が主張してきたとおりである。これは先述の農業生産拠点と寺院との親和性とは，対照的な状況である。

　屯倉との相関性も，先述のとおり意外なことながら認めにくい。屯倉については，王権による大土地所有説から，近年では王権がさまざまな目的のために置いた政治的・軍事的拠点との解釈（舘野2012）が有力となってきている。西海道諸国は，比較的屯倉の位置比定や調査が進んでいるが，そのうち筑前・豊前の屯倉は，博多湾沿岸や豊前地域の沿岸部に濃密に分布しており，窯業生産拠点や鍛冶，海産物生産，祭祀の管掌などを目的に設置されたとされ，資源の偏在と職能集団の存在を示すものとの見解が提示されている（桃崎2012）。筆者の検討では，これらが寺院の分布と一致せず，むしろ相反的であること，筑前では屯倉自体よりむしろ，その後背地の農業生産基盤となる拠点を中心に，寺院が分布することがわかった（本書第Ⅷ章）。これは寺院造営における王権の直接的関与を示しにくい材料であるとともに，農業以外の諸生産と寺院の繋がりの薄さを示す根拠ともなりうると考える。この点については振り返ると，1970年代にすでに八賀晋氏が，美濃地域を題材に，名代・子代・部の分布と寺院の分布が相反的であることを示している（八賀1973）。卓見であるといえよう。

188　終章　古代寺院の選地傾向についての考察

　神社等と寺院の関連性も，この時期はむしろ薄い。伊勢においては，伊勢神宮が所在し，神郡で
もある度会郡には，該期には寺院が造営されておらず，8世紀中葉以降になって，隣接する飯野郡
に，逢鹿瀬廃寺が神宮寺として造営されていくのみである（本書第Ⅱ章）。おなじく神郡としては，
宗像大社の所在する筑前宗像郡においても，宗像君などの築いた古墳は数多く集中しているものの，
該期の寺院は確認できない（本書第Ⅷ章）。また伊勢の阿坂山東麓は，式内社や岩倉地名の存在など
から，古墳の造営があえて忌避された地域と捉える説もあり（穂積2010），ここは同時に寺院の空
白地でもある（本書第Ⅱ章）。また近江では，式内社が濃密に分布する地域は，逆に寺院密度が低い
（本書第Ⅰ章）。本書では扱っていないが，出雲大社の所在する出雲においても7世紀代の寺院は僅
少であり，多くは8世紀に入ってからの造営である。これらは仏教と神祇をともに信仰の軸とする
律令政府の宗教政策とは相容れない。神仏習合の思想が地方に波及する以前においては，在地信仰
と仏教寺院との関わりは，あくまでその地域ごとの対応であったのではないだろうか。

　以上みてきたような寺院選地の多様性は，極端な中央主導の寺院政策をあらわすというより，あ
くまで仏教の担い手が中央・地方の氏族であり，彼らが寺院造営に対し，それぞれ独自の認知とそ
れに応じた対応をとったからにほかならない。そして，その認知から垣間見える，彼らが寺院に対
し求めた目的としては，

　　1．〈河川型〉〈眺望型〉を中心とする，地域内におけるモニュメント
　　2．〈聖域型〉〈水源型〉を中心とする，祖先信仰や在地の伝統的祭祀との融合
　　3．〈開発拠点型〉〈水源型〉を中心とする，水田耕地の開発とその私有化との関わり
以上3点が強調できる。

　これらは，中央政府が地方寺院に対して求めたであろう，護国仏教的な役割とは，本質的に関わ
りが薄い要素が多い[9]。そもそも該期の寺院は，僧坊や営繕施設等をもつものも稀少であり（上原
1986など），恒常的な法会や清浄性の維持が可能であったかも疑わしい。中央政府が強く推奨した
寺院造営において，〈奉為天皇〉（中井1991）を建前としつつも，地方の有力者たちはかなり柔軟に，
そしてある意味たくましく，地域の実情に応じた実利的な個別事情を上乗せしながら，多くの寺を
造っていったものと思われる。

　また，それら膨大な寺院造営を支えた造寺技術との関わりはどうであろうか。先述の上原氏によ
る瓦当文様の地方波及に関する4分類のうち，中央からもたらされた瓦当文様が，各地域で面的に
分布する，類型3のパターンがこの時期はかなり多くなる。このような面的分布については各地で
検討が加えられているが，たとえば菱田哲郎氏は南山城における川原寺式軒丸瓦の分布について，
高麗寺を拠点として地縁的に周辺寺院へと波及していく状況を復原している（菱田1988a）。またそ
れら同文瓦で結ばれた地域内の複数寺院における選地傾向は，たとえば近江愛知郡で開発拠点型の
寺院が密集して造営され，そこには湖東式軒瓦が使用されるなど，選地傾向と造瓦工人系譜がほぼ
一致する事例も多い。

　知識との関係はどうであろうか。この時期の地方寺院における知識結集の代表例として，河内野
中寺所蔵の金銅弥勒菩薩半跏像銘があげられる。この銘文には，栢寺の知識として，天皇の病気平
癒祈願のために，116人が結集して造られたものであることが記されている[10]。鎌田元一氏による
と，刻銘された「丙寅年」（666〈天智称制5〉年）は銘文の作成記入年であり，「栢寺」については，

本書でも扱った備中賀夜郡栢寺廃寺であるとされる（鎌田2001bなど）。竹内氏はこの銘文について，終助詞「也」で時制が異なる2文に分かれるとし，「中宮」に詣でたということも含め，文中の「天皇」は661年に崩じた斉明天皇の可能性が高いとしている（竹内2016）。さらに竹内氏は論を深め，備中栢寺廃寺出土の瓦に篦書された「評太君服」[11]という記載から，栢寺

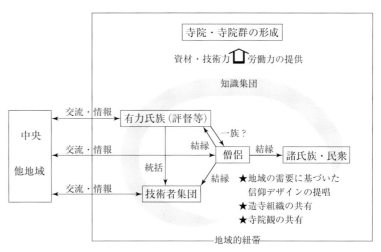

図108　第2期〜第3期における造寺のあり方

の檀越である加夜氏とは異姓の服部氏が，加夜評督として知識結縁者に加わっていたことを示すとする[12]。

　この栢寺廃寺の篦書文字瓦と軒瓦との関係をみると，この文字瓦は栢寺廃寺の創建瓦である素弁蓮華文系の瓦ではなく，それに後出する，外区に珠文帯を巡らせた複弁八弁蓮華文軒丸瓦と組み合うものとされる（総社市教育委員会2009）。備中式と呼ばれるこれらの瓦について妹尾周三氏は，その祖型が下道郡秦原廃寺であり，秦原廃寺を中心として放射状に備中諸寺に広く波及したものであると論じている（妹尾2002）。秦原廃寺の造営は先述のとおり7世紀中葉に遡り（本書第Ⅵ章），その造営氏族は，秦原郷の地名からも秦氏と考えるのが穏当であろう（湊・亀田2006など）[13]。7世紀中葉には賀夜氏や秦氏という，在地の有力氏族を檀越としてそれぞれ別個に寺院造営が開始されたが，7世紀第3四半期後半以降ごろになると，郡を超え，また氏族の域を超えた広い範囲での知識結集がおこなわれるようになり，そういった中で，広闊な総社平野の中央部に位置し，のちに賀夜郡家や備中国府も近傍におかれる[14]栢寺廃寺が，備中の拠点的な寺院のひとつとして，複数氏族がそれぞれ私財を結集する形で伽藍の整備がおこなわれていったものと筆者は想定する。

　おなじく中国地方における寺町廃寺式軒瓦[15]の分布状況は，『日本霊異記』における禅師弘済や三谷郡大領の活動[16]と関連づけられ，また僧侶の都鄙間交通による文化伝播や在地における技術保持の証左として捉えられている（松下1969，菱田2005など）。この瓦については，備中大崎廃寺から栢寺廃寺，備後寺町廃寺へと線的に波及（上原氏類型の第Ⅱ類）した後，寺町廃寺を中心に，備後・安芸・出雲へと，笵移動を含めた面的な分布（上原氏類型の第Ⅲ類）を示す[17]。同様の分布状況を示す備中式瓦の分布域も，秦氏およびその影響下の勧進僧等を中心とした知識結集のおこなわれた範囲とみなしても大過あるまい。

　これまでの見解では，各寺院について，それぞれの造営氏族をあきらかにしていく研究手法が，古代寺院研究のひとつの方向性であったが，かならずしもひとつの寺院が特定の氏族に対応するものではなく，選地傾向や瓦の分布などから，各地の寺院を〈寺院群〉として捉えなおす必要があるのではないだろうか。地域に大きな影響力をもつ評督層などを中心とした有力氏族が，地域内の諸

氏族や民衆を，僧侶を通して結縁し，地域ごとの需要に基づきつつ，複数の寺院を計画的に地域に配置していったものと筆者は考えている（図108）。それは栢寺廃寺にみられるように，造営当初の檀越の垣根を越えた広域の結集であった可能性もある。仏教の教義を中心に博識な勧進僧たちは，汎東アジア的にみられる祖先信仰[18]と古墳を含めた祖先墓の追善を結びつけ，また古来の自然信仰や山岳信仰に密教・道教その他の面[19]からその意味づけをおこなったのであろう。また都鄙間を頻繁に渡り歩いた彼らは，当然ながら中央の政策にも詳しく，中央における仏教の隆盛やモニュメントとしての寺院の意義，寺田の確保といった実利的な面も，大いに説いたことであろう。

　ただし本書では，地域ごとの多様性および，一定エリア内での寺院群の選地傾向の共通性や造瓦組織の共有という面や，また寺院の造営がおこなわれない地域も散見する例から，この時期においては先述のとおり，仏教受容を含めた造寺戦略の決定主体はあくまで各地域であったことを再度強調したい。勧進僧はあくまでその意向に沿う形で，諸々の仏教的根拠を提供していったのであろう。そして，結果として造営された多くの寺院および，そこを拠点とした僧侶の往来に伴い，仏教の教義および，その教義に基づいた法会を執行する場としての寺院の意味合いが，徐々に地域社会に浸透していったものと考える。その過程は，後段の第3期以降の寺院選地の変遷にも示される。

4　第3期：7世紀末～8世紀初頭ごろ
（大宝令前後～，全国的な郡衙遺跡の成立）

　この時期は前代に引き続き，多様な寺院選地をとる国が多い。
　その中で，コの字型の建物配置をとる典型的な郡衙遺跡が，全国で確認されるようになるに伴い，郡家に隣接して寺院を造営する事例が，関東地方を中心に確認される。
　その好例として，やや時期は遡るながらも，岐阜県弥勒寺遺跡群の例がよく引用される（図109）。弥勒寺遺跡群は美濃国武儀郡家とされるが，長良川が大きく湾曲する右岸丘陵裾の小平野部に，コ

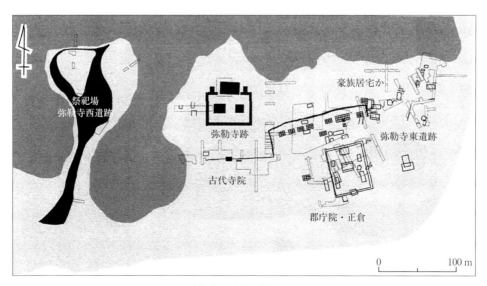

図109　弥勒寺遺跡群の構造（永井2016）

字状の建物群や倉庫群など郡家中枢部と考えられる遺構および，伽藍をもつ礎石建瓦葺の弥勒寺廃寺，さらにその西側には，祭祀遺物が出土する弥勒寺西遺跡が存在する（田中2008など）。官衙と寺院と祭祀遺跡がセットで隣接する事例は，尾張勝川遺跡（梶原2016a）などもその可能性が指摘でき，当時の（またこれよりわずかに遡る時期からの）郡家周辺の典型的な景観のひとつであったのであろう[20]。

国単位の広域的なあり方としては，下野・常陸などは，各郡の郡家のそばに一つずつ寺院が造営されており，いわゆる一郡一寺的な様相をとる。これらの中には，茨城県新治廃寺や茨城廃寺など，郡名を冠するいわゆる郡名寺院も多く，これらは官寺・公寺説のおもな拠り所となってきた。

下野那須郡においては，古墳時代中期ごろ，那珂川右岸の広闊な平野部を中心に，多くの古

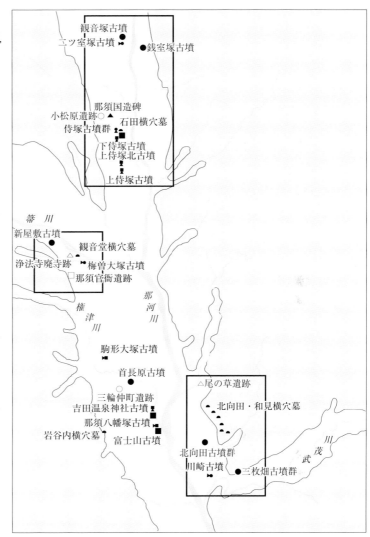

図110　那須地域の古墳分布と主要遺跡

墳が造営される。なかでも，箒川との合流点よりやや上流には，上侍塚・下侍塚など著名な前方後方墳が集中し，時期は降るが那須国造碑もここで発見されている。それが6世紀末ごろの梅曽大塚古墳の造営を嚆矢に，あらたに箒川右岸地域の開発が開始され，7世紀末には那須郡家および，隣接して浄法寺廃寺が造営されていく（図110）。古墳時代までの遺跡密度が薄く，従来の在地有力者層の本拠と離れた場所に郡家が造営される例について，山中氏は〈非本拠地型郡衙〉という名称を与えている（山中1982）。それまでの特定氏族の本貫を離れ，あらたな地を選地し，そこに公的施設である郡家と，複数氏族の結集の場としての寺院がセットで造営されたという状況は，ストーリーとして理解しやすい。しかしながら，関東地方においてこのような典型的な一郡一寺的様相を示す下野・常陸は，関東の中でも比較的造寺活動の開始が遅い地域であり，その一方で，早い時期から造寺がおこなわれる武蔵・上野・下総などは，かならずしも一郡一寺でなく，多様な様相を示す。また逆に関東地方以外においても，たとえば遠江では，寺院造営の開始は7世紀末以降と，下

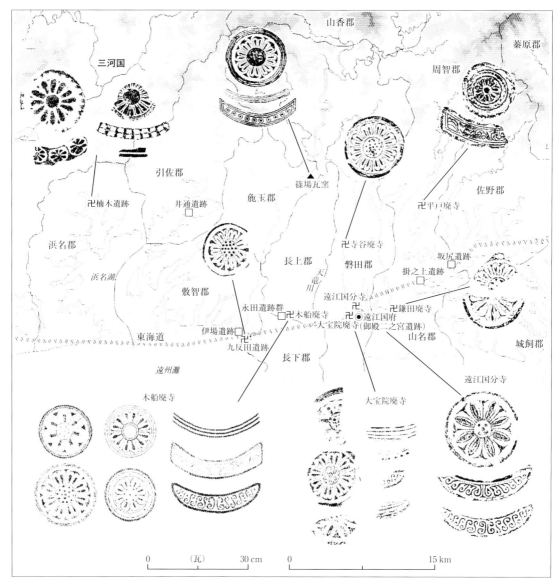

図111　遠江地域における古代寺院の展開と古瓦（鈴木2011）

野や常陸同様やや遅れるのであるが，とくに遠江西半において，各郡にほぼひとつずつ寺院・瓦出土遺跡が展開し，そのあり方も，伊場遺跡（敷智郡家）と九反田遺跡，永田遺跡群（長田郡家）と木船廃寺というように，郡家推定遺跡と寺院がセットとなり，東海道沿いを中心に展開していく様相が看取できる（図111）（鈴木2011など）。しかもそこに葺かれる瓦については，遠江国府とされる御殿・二ノ宮遺跡に近接する大宝院廃寺の系譜を引く瓦が，遠江一円の多くの寺院に波及するなど，公的規制力の強さがイメージされる（梶原2016b）。郡家隣接寺院が計画的に造営されるか否かは，まずひとつは各郡または各国における該期の寺院の有無という条件に規定されそうである。

　天武・持統朝期における郡家の全国的整備および，国家仏教の成立過程[21]に伴い，それまで寺院造営が低調だった地域を中心に，郡家に近接した場所を選地し，郡内複数氏族による〈オオヤケ

=公共の寺〉としての寺院造営がおこなわれ，各氏族の祖先信仰等の拠点および国家的法会の施行の場[22]として機能したという認識を筆者はもっている。郡という行政単位が確立し，また国家的な仏教法会が重視され，さらに寺院の拡散にともない僧侶の往来が盛んとなっていくという該期の状況の中で，郡内にひとつも寺院がないということは，なにかと不都合が多かったのであろう。そういった意味において「知識寺的な性格とともに，地縁寺的・官寺的な側面も備えていた」という山中氏論は，先述の栢寺廃寺例なども含め，現象面としては首肯できる部分も多いと思われる。

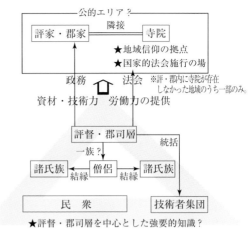

図112　第3期における評家・郡家隣接寺院のあり方

　その上で，次の問題としては，郡家と寺院が隣接して存在するべきという認知が，該期における全国的な傾向として確認できるのか，つまり郡家の全国的な整備が進むとともに，各地の寺院も郡家周辺に遷されるか，または郡家に隣接して存在した寺院がとくに重視されていくという，国家の施策としての全国的な斉一性が看取できるのかということがあげられる。

　豊前地域の事例をあげよう（本書第Ⅷ章）。豊前の寺院造営も，下野や常陸と同様，7世紀末ごろ以降にはじまったとされる。これとほぼ同時期に，大ノ瀬官衙遺跡（上毛郡家）や長者屋敷遺跡（下毛郡家）など，郡家とされる遺跡も官道沿いに多く確認されるが，寺院の選地は郡家に隣接せず，台地端部や扇央部，河川沿いなどを中心とした選地傾向をとる。また上総地域においては，7世紀第4四半期ごろ，郡衙遺跡の形成にやや先行して寺院造営が盛んとなるが，それら郡家の推定地とかならずしも隣接しておらず，古墳や後代の火葬墓も含めた総合的な郡内の土地利用の中で，寺院造営の適地が選ばれていることがわかる（本書第Ⅲ章）。このような，かならずしも官衙を指向しない選地の多様性は，豊前や上総にとどまらず多くの地域で普遍的に確認できる。

　ちなみに東海道諸国においては，尾張や西三河までは寺院造営開始が早く，選地も多様であるのに対し，先述の遠江以東は寺院が比較的少なくなり，一郡一寺的な様相や郡家に隣接して寺院が造営される例が増える傾向がみられる（梶原2016b）。おおまかではあるが，一郡一寺的様相や郡家に隣接した寺院造営は東日本が中心であり，東西差としてみてとることができよう[23]。

　さらにその意味するところを，視点を変えて掘り下げてみる。

　下総龍角寺（印旛郡）は，7世紀第3四半期ごろの造営で，下総の中核的寺院である。龍角寺の創建期の文字瓦には，寺院周辺地名や職能集団名が刻書されたものがあり，これらは山路氏により，「五十戸」との関わりが指摘されている（山路2005b）。これらについては行政単位を媒介とした貢進と捉えることも可能だが，山路氏は「知識」との関わりで考えるのが妥当とし，「擬制的な知識」であると論じている（山路2005b）。8世紀前半創建の常陸台渡里廃寺（那賀郡）の郷名文字瓦も同様である。

　龍角寺のように有力氏族（大生部直氏）が大檀越となる例もあるが，単独の氏族ではなく，おそ

らく僧侶の活動などを媒介としつつ郡内複数氏族が檀越となり，ひとつの寺院を協業して造営していく過程をあらわすのではないだろうか。

　このような下地が濃厚にあった関東地方をはじめとした東国においては，下野・常陸など寺院造営が遅れた地域においても，郡家周辺の地を選地し，郡という公的機関を媒介に郡内諸氏族が知識結集する形での寺院造営が，積極的に推し進められたものと考えられる（図112）。

　さらにそれが下敷きとなり，東国諸国では国分寺造営時にも，「知識の強要」（上原1989）という形で造寺資源の郡郷ごとの割当が積極的におこなわれたという歴史的な流れとして筆者は評価している。

5　第4期：8世紀前半〜中葉ごろ（平城遷都後，霊亀の寺院併合令〜）

　霊亀2（716）年のいわゆる〈寺院併合令〉に関しては多くの議論があるが，その実効性については，やはり考古学的に確認される寺院遺跡の消長が重要な意味をもつ。

　菱田氏は，近江地域の古代寺院出土瓦を検討する中で，飛鳥期に創建された後，修造瓦をもたない寺院（非補修型寺院）に比べ，奈良時代の修造瓦をもつ寺院（補修型寺院）が僅少であることから，「非補修型寺院の中に，この政策（寺院併合令：筆者註）によって廃寺となったものが含まれ，補修型の寺院を併合後も存続していく寺院と重ねることができそうである」としている（菱田2002）。その一方で須田氏は，関東地方の寺院において，「7世紀代に創建された多くの寺院で，8世紀前半期の造営に対する継続や補修に対する痕跡が認められ」，「国分寺が創建された8世紀中ごろから後半期には，ほとんどの寺院で補修瓦が確認できる」とする（須田2013）。実際のところ，寺院併合令の実効性は，考古学的にどの程度確認できるのであろうか。

　表14は，本書で扱った各国における，飛鳥時代創建寺院数および奈良時代に補修がおこなわれた寺院数を，表にあらわしたものである。

　たしかに，当時の政権首座である藤原不比等の長男武智麻呂が国司を務めており，寺院併合令の直接的な根拠であったとも考えられる近江においては，70を超す飛鳥時代創建寺院のうち7割以上が奈良時代の修造瓦をもたず，菱田氏の論じるとおりの状況が追認できる。むろん，修造瓦をもたないからといって，寺院としての機能が失われていたとはいえず，実際に，瓦は7世紀のものだけだが，出土土器の年代は平安期まで降る寺院も数多い。しかしながら，修造瓦をもたない寺院は，もつ寺院と比して相対的に，維持管理に恒常的な配慮が払われてはいなかったと評価することはできよう。

　しかしながら近江以外の地域では，寺院数は減ってはいるものの，近江ほど状況は顕著ではない。尾張や讃岐では5割前後，伊勢や上総・下総ではおおむね6割の寺院[24]が，畿内に近い西国の播磨，備前・備中では7割以上の寺院が修造対象となっている。西海道の豊前，筑前は修造瓦をもつ割合が低いが，これはこの地域の寺院造営のピークが7世紀末と，表に示した他地域に比べて若干遅く，そのぶん喫緊な修造の必要性が薄かったことが起因しよう。表中の飛鳥時代創建寺院数÷郡数の数値をみてもわかるとおり，近江は他地域に比して郡あたりの寺院密度が飛び抜けて高く，そのことが淘汰率が高かった主因であろう。また近江に次いで比較的寺院密度の高い尾張や讃岐にお

5　第4期：8世紀前半～中葉ごろ　*195*

表14　各国における奈良期修造瓦をもつ寺院の数と割合（1）

旧　　国	郡数	飛鳥期創建の瓦葺寺院数	飛鳥期の寺院数÷郡数	塔または複数堂宇 単堂・不明	奈良期修造瓦なし	奈良期修造瓦あり		国分二寺を除く奈良期創建の瓦葺寺院数	奈良期の寺院数÷郡数
近　江	12	79	6.583	16	4	12(75%)	23(29%)	2	2.083
				63	49	11(17%)			
伊　勢	13	23	1.769	7	3	4(57%)	14(61%)	8	1.692
				16	6	10(63%)			
尾　張	8	35	4.375	11	2	9(82%)	17(49%)	5	2.750
				24	16	8(33%)			
下総・上総	12＋11	18	0.783	2	1	1(50%)	12(67%)	17	1.260
				16	5	11(69%)			
播　磨	12	38	3.167	28	6	22(79%)	27(71%)	2	2.417
				10	5	5(50%)			
備前・備中	8＋9	28	1.647	14	2	12(86%)	23(82%)	4	1.588
				14	3	11(79%)			
讃　岐	11	29	2.636	12	4	8(67%)	14(48%)	1	1.363
				17	11	6(35%)			
豊　前	8	11	1.375	7	1	6(86%)	6(55%)	2	1.000
				4	4	0(0%)			
筑　前	14	8	0.571	3	2	1(33%)	1(13%)	11(駅家推定地を除く)	0.857
				5	5	0(0%)			

※割合3倍以上および3分の1以下を網掛けで示した。

いても，かなり高い淘汰率を示しており[25]，寺院の淘汰率は，寺院数の多寡とほぼ連動していることが指摘できる。

　次に，各国における奈良時代の修造瓦をもつ寺院について，共通の特徴があるのかをみていきたい。

　まずは寺院の規模との関連についてみていきたい。おなじく表14では，塔または複数の堂宇をもつ，比較的規模の大きな寺院と，それらの痕跡が確認されず，おそらく単堂であった可能性の高い寺院に分けて，その修造の有無についての割合をあげている。近江や尾張・讃岐など，寺院の淘汰率が高い地域では，小規模な寺院が圧倒的に多く淘汰されているものの，それ以外の地域も含めたら，塔や複数堂宇をもつ寺院が，かならずしも修造の対象となっていないことがわかる。塔や複数堂宇をもつ寺院においても，修造瓦の割合は総体として創建瓦よりかなり少ない事例が多く，規模の大幅の縮小が看取されることからも，修造対象自体は規模が大きく，造営者または寺院自体の経済的体力が大きい寺院にやや偏りつつも，寺院に対する認知としては，モニュメント的な大伽藍の維持はあまり意図されず，むしろ法会の場としての役割が重視されるようになったものと捉えられよう。

　本書で扱ってきた，選地との関係はどうであろうか。表15は各国における寺院の修造瓦の有無を，選地ごとに計数したものである[26]。

　まず極端な淘汰率を示すのが，近江における開発拠点型や港津型，尾張における村落内寺院である。これらは近江愛知郡の扇状地や栗太郡西部の野洲川河口域（本書第Ⅰ章），濃尾平野の微高地上（本書第Ⅲ章）など，極端に寺院が密集して造営された地点を含んでおり，そのような場所は，かな

196　終章　古代寺院の選地傾向についての考察

表15　各国における奈良期修造瓦をもつ寺院の数と割合（２）

旧　　国	官衙・官道隣接	河川	港津	眺望	開発拠点	水源	聖域	山林寺院	村落内寺院	計
近　江	11	2	3	0	5	0	1	1	0	23
	14	2	10	6	11	0	11	2	0	56
伊　勢	4	3	0	5	0	0	0	1	1	14
	2	1	2	3	0	0	1	0	0	9
尾　張	10	3	2	3	0	0	0	1	3	22
	1	3	0	0	0	0	0	0	9	13
下総・上総	4	3	0	2	0	1	2	0	0	12
	1	2	0	2	0	1	0	0	0	6
播　磨	11	6	0	7	1	0	2	0	0	27
	3	5	0	2	1	0	0	0	0	11
備前・備中	7	1	1	7	0	0	6	0	0	23
	2	0	0	1	0	0	2	0	0	5
讃　岐	7	1	0	3	0	0	3	0	0	14
	2	1	0	8	0	0	2	0	2	15
豊　前	1	1	0	2	0	1	1	0	0	6
	1	1	0	2	0	0	1	0	0	5
筑　前	1	0	0	0	0	0	0	0	0	1
	3	0	0	4	0	0	0	0	0	7
計	56	20	6	29	7	2	15	3	4	142
	29	15	12	28	12	2	16	2	11	127
	66%	57%	33%	51%	37%	50%	48%	60%	27%	53%

※上段：奈良時代の修造瓦をもつ寺院，下段：もたない寺院。
※8寺以上を網掛けで示した。

り大幅な淘汰が進んだものと思われる。

　官衙・官道隣接型については，全体として6〜7割と比較的多くの寺院が修造対象となっている。とくに尾張や播磨，また備前・備中や讃岐においても，官衙・官道隣接型の修造率は高く，同じく6割強の修造率である河川型などとともに，交通の要衝で人々が参集しやすい選地の寺院は，修造対象となりやすいことがわかる。

　それに対して，聖域型や眺望型は各々5割前後と，比較的その数を減らしていることがみてとれる。とくに近江における聖域型，讃岐における眺望型など，その地域を代表する選地傾向の寺院が，大きく数を減らしていることは注目すべきであろう。モニュメント的な色彩や古墳の追善，山岳信仰[27]など，古来の伝統的信仰形態を引き継ぎ，それゆえにかならずしも実際的な利便性がよくなかった寺院については，淘汰の対象となることが多かったものと思われる。開発拠点型など，経済的実利を大きな目的としたと思われる寺院についても，淘汰率は高い。

　ただし，総体的にみると，官衙・官道隣接型や河川型の6〜7割に対し，聖域型や眺望型も5割前後は修造対象となっており，それほど極端な差が出ているわけではない。山中氏は「郡衙周辺寺院には，合併淘汰の対象とされるような寺院はほとんどなかった」（山中2005）と述べるが，近江でも愛知郡以東では官衙・官道隣接型寺院がかならずしも修造の対象とはならない（本書第Ⅰ章）

ことや，先述の豊前における郡家と寺院の立地的な乖離も含め，山中氏論は地域を限定した傾向性としてならともかく，一概には成立しない。修造寺院の選択については，郡家や官道に隣接した寺院が優先されることが多いなど，一定の傾向性はみられるものの，政府の一元的な政策というよりはむしろ，基本的には各地域の事情に応じつつ，ある程度のばらつきを配慮しつつ淘汰が進められたものと評価したい。

　また，奈良時代に修造された寺院のうち，多くは後述の天平年間以降に修造された寺院であり，それに比して，奈良時代前半の修造瓦をもつ寺院はごくわずかであるということは，ここで特記しておかねばなるまい。しかし僅少ながらも，豊前椿市廃寺や播磨溝口廃寺など，それらの一部は平城宮・京と同笵の瓦をもつなど，中央と密接な関係をもつことがわかっている。これは，8世紀中葉以降，中央との「同文」瓦は多いが「同笵」瓦はむしろ減少することを考えあわせると，たいへん興味深い。ごく一部の重要な拠点寺院に，官寺の瓦笵を下賜する状況は，先述のとおり7世紀中葉からみてとれる。8世紀前半においては，地方寺院の新造や修造は全体として低調であり，国家的の重要な地点にのみ限定的に，国家の強い関与のもと進められた可能性もあろう。今後さらに検討していきたい。

　さらに特筆しておかねばならないことは，地方寺院の一部においてこの時期，寺院の近傍に掘立柱建物群などが形成されるようになり，それらは寺院に附属する営繕施設とされている。網氏は，「寺院を建立氏族の私的な専利経営から切り離し，僧尼供養を安定させることが問題」となり，奈良時代には「寺地が施入され寺院地の成立が認められるようになる」と論じており（網2001），檀越の経済基盤と未分化だった寺院の経済基盤が，この時期檀越の手を離れ，寺院の経済的独立性が高まるとともに，この点からもモニュメント的な寺院の性格が低下し，法会の場としての機能性がより高まったものと評価できよう。

　以上，〈寺院併合令〉下の該期の寺院の様相をまとめると，

1. 寺院が稠密に分布する地域（国レベルにおいても，また郡以下の小地域レベルにおいても）を中心に，寺院の統合・再編が進められたが，それ以外の地域での淘汰率はさほど高くなく，〈寺院併合令〉の実効性は限定的に捉えたほうがよい。

2. 官衙・官道隣接型など，アクセス性が高い選地の寺院が，比較的多く修造対象となるのに対し，聖域型や眺望型など，伝統的な選地傾向の寺院は淘汰対象になりやすかった。ただし，その差は顕著とは言い難く，地域社会各個の動向の中で，修造対象寺院が選択されていったものと思われる。

3. 該期の瓦で修造された寺院はかならずしも多くなく，それでいて中央同笵瓦が散見することからは，〈併合〉の有無は別として，該期における地方寺院の修造・造営が低調であり，かつ中央の政策的配慮のもと，特定寺院の修造を中心に進められた可能性がある。該期に存続した寺院は附属施設をもつようになり，法会の施行を中心とした継続的な寺院の維持が図られるようになった。

というような状況が復原できる。

　山林寺院（山寺）についてもみておきたい。日本における山林寺院は，天智7（668）年に，大津宮の北西方山中に造営された崇福寺を嚆矢とし，7世紀末から8世紀初頭ごろにかけては，宮都の

所在した大和盆地南部の丘陵部に，葡萄唐草文という特殊な文様の軒平瓦をもつ山林寺院が多く造営されるようになる（近江昌司1970，近江俊秀1996，大西2003・2016など）。地方における山林寺院について，久保氏は北陸地方等の非瓦葺寺院の事例などから，「急速に増えていく時期は（中略）奈良時代の末から平安時代の初期あたりの8世紀後半」（久保編2016）と述べるが，瓦葺の地方山林寺院の造営の嚆矢はそれよりやや早そうである。尾張大山廃寺の塔跡の主要瓦は横置型一本作りであり，筆者は8世紀第2四半期のものと考えているし（本書第Ⅳ章および梶原2007など），三河真福寺東谷遺跡の北野廃寺式軒瓦（後述）や近江狛坂寺の川原寺式軒瓦（本書第Ⅰ章），伊賀毛原廃寺の瓦（梶原2010）なども，おおむね8世紀前半から中ごろのものと捉えてよい瓦である。上川通夫氏は山林寺院と「僧尼令」の実効性とを関連づけつつ，「申請すれば山林寺院での修行を認めるということすらいわなくなって，（中略）許可申請の手続きすらも省略したという意味での大きな動きは，730年くらいに出てくるのではないか」（久保編2016）と述べるが，地方における山林寺院の出現とおおむね整合的と考える。なおこの時期の山林寺院は，多くの研究者がすでに述べるとおり，谷筋に多くの平坦地を造成していく中世以降の山寺と異なり，南向きの尾根筋端部を開削して，その上に一堂または複数の建物を造営することが多い。

　寺院と山との関係は，出雲など複数の地域でこの時期以降に，寺院と神社が密接な関係をもちつつ展開していく（久保2016）ことも含め，神仏習合との関わりや，悔過などそこでおこなわれた法会の問題を考慮しつつ論じる必要がある。筆者はこの問題に対して十分に答えうる力量をもたないが，第2期の項で述べたような，山への指向が山麓への寺院造営や神奈備を遥拝する選地をとる段階から，この時期以降，久保氏の述べる奈良末から平安初期にかけて，山中に寺院を営む形へと徐々にその選地形態を変化させつつあるという現象面は指摘することができよう。国分寺と山林寺院との有機的関係を述べた上原氏の見解（上原2002など）や，第3期の項で述べた郡家と寺院の隣接事例において，さらにそれに近接して律令的な祭祀遺構が検出されるようになることから，該期の宗教政策全般の整備と関連づけて筆者は考えている。

6　第5期：8世紀中葉～末ごろ（国分寺建立詔～）

　霊亀2（716）年のいわゆる〈寺院併合令〉については，天平7（735）年に方針転換がなされており[28]，これ以降は都鄙を問わずふたたび寺院の造営や修造が奨励されるようになる。さらに天平13（741）年の聖武天皇による国分寺建立詔を契機に，全国に官営寺院である国分寺・国分尼寺が造営されていく。とくに国分寺には七重塔が造立され，〈国華〉として地方における律令政府の権威を示すモニュメント的役割を果たした。国分寺には国師（のち講師）が止住し，国家的な諸法会に携わるとともに，各国における寺院や僧尼の統括をおこなうという，地方における仏教行政の中心としての役割も果たしたとされる。

　この国分寺造営および，それと前後する国府等官営諸施設の高質化[29]を契機に，多くの地域においては，国内の造瓦組織の多くが，国府または国分寺に収斂していくことは，筆者がこれまでの研究の中で指摘してきた（梶原2010a）。それにともない，国内地方寺院の修造が，国分寺系瓦を中心におこなわれるようになっていく。

先述したが，地方寺院における奈良期の修造瓦については，その大半が各国の国府・国分寺系瓦で占められており，それ以外の瓦も含め，ほとんどが天平期以降に降ることが確認でき[30]，天平7年詔に基づいた状況であるといえよう。表14には，各国における奈良期修造寺院の割合に，奈良期にあらたに造営された寺院を加えた，奈良期の瓦葺寺院の総数および，それを郡数で割った数値を示している。各郡の飛鳥期の寺院数が比較的少なく，また奈良期修造寺院の数も多くない下総・上総と筑前においては，奈良期に多くの寺院が一斉に造営される一

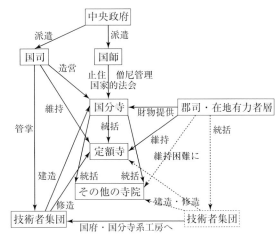

図113　第5期における造寺のあり方

方，飛鳥時代寺院数の多い近江や尾張，播磨，讃岐などでは，国分二寺を除き，奈良時代の寺院新造はほとんどおこなわれない。その結果，奈良期における郡ごとの寺院数の割合は，飛鳥期のそれに比して，大幅に平均化されていることがみてとれる。また尾張地域の事例で検討したとおり，これらの奈良時代寺院は，例外もあるものの，地域的にも国内各郡にほぼ均等に配されている（本書第Ⅲ章，図45）。またこれらの寺院に修造または創建瓦として葺かれた国府・国分寺系瓦は，その分布がほぼ国内に限定されるという，上原氏分類の第Ⅳ類にあたる。

　かつて森郁夫氏は，国分寺造営に協力した郡司等に，報償として寺院造営を認める証として，国分寺系の瓦当文様を下賜したものとした（森1974など）。しかし，本章でみてきたような寺院数の平均化は，郡司等の自発的協力への個別的な見返りとして考えるよりむしろ，該期における地方寺院の修造・新造が，国司・国師により国ごとに計画的に実施された結果として捉えるほうが理解しやすい。菱田氏は平城宮・京系瓦や国分寺系瓦の地方展開について，地方寺院の一部を定額寺として編成していく過程を示すものと捉えており（菱田2002），筆者も菱田氏の述べるような，私寺中心の寺院政策の転換過程とみたい。郡司等の在地有力者層にとって，自らの宗教拠点である寺院，それも礎石建瓦葺の壮麗な伽藍を，高いコストを掛けて単独で維持することにはもはや魅力も実利もなく，その結果が国家が地方寺院を維持管理していく定額寺制であり，造瓦等技術者の国府・国分寺系工房への収斂にあらわれているといえよう（図113）。このような中で，定額寺の選定に漏れた寺院の多くは，その維持が困難となり廃絶していったものと考えられる。

　国分寺系瓦の国内展開については，報償説，定額寺説に加えて，山路氏が下総大塚前廃寺（本書第Ⅳ章参照）などの検討から，国分寺による寺田開発との関係性を論じている（山路ほか2014など）。国分寺系瓦について筆者は，先にも触れたとおり，国府・国分寺・駅家等，地方官営施設の造営・高質化および，その一方での地方における私寺の減少等による造寺活動の低下に関連して，国内造瓦組織が国府や国分寺に収斂していくという，実質的な事情として考えており，国分寺系瓦による寺院の新造が即，国分寺や官との関わりとして捉えられるかどうかは議論の余地はある。しかしながら，8世紀後半段階においても，造寺活動と水田開発との関係性の強さが窺える点はたいへん興味深い。該期の国分寺政策との関連を含めつつ，傾聴すべき意見であると考えている。

国分寺の選地については，建立詔に「人に近くは薫臭の及ぶ所を欲せず，人に遠くは衆を労はして帰集することを欲はず」[31]と記されるとおり，官道沿いの段丘端部等に造営される例が過半である。モニュメントとしての七重塔を誇示するとともに，人々が参集しての法会を執り行うのに適した選地であるといえよう。

7　ケース・スタディ──西三河の事例（図114・115）

以上のとおり，古代寺院の選地傾向においては，東国と西国というおおまかな地域的偏差も確認できるものの，全体としては，時期ごとにそのあり方に違いがあることを述べてきた。本項では，そのような時期的な特徴が顕著な地域として，西三河地域を例にあげつつ，古代寺院の展開過程についてみていきたい。

先にも述べたとおり，西三河地域においては，矢作川流域を中心に，北野廃寺式と呼ばれる高句麗系の素弁蓮華文軒瓦をもつ寺院が数多く造営されている。その嚆矢となったのが，岡崎市北野廃寺である。北野廃寺は矢作川中流右岸の河川堤防上，台地が張り出し矢作川を扼する要衝に位置している。塔・金堂・講堂を南北に配する四天王寺式伽藍配置をとる。南西方には古代の拠点集落である小針遺跡が所在しており，小針遺跡の性格については不明な部分も多いながらも，当時の青見（碧海）評の中枢に造営された，官衙・官道隣接型の寺院と評価してよかろう。出土瓦の年代などから，7世紀半ば〜第3四半期前半ごろの造営かと思われる。

その後，西三河地域一円において，北野廃寺式軒瓦を使用した寺院造営が，広く展開していく。のちの碧海郡内のエリアにおいては，寺領廃寺や別郷廃寺，塔ノ元遺跡など，矢作川とその支流である鹿乗川が形成する台地の縁辺部に集中して，寺院造営が進行していく。この台地縁辺部の集落変遷については，7世紀末ごろを端緒に，台地上部へと進出したとの指摘があり（永井2010），寺院造営もこの動きと連動していることがわかる。碧海郡内における段丘上の高燥地開発に伴い，その尖兵的なモニュメントとしての寺院造営がおこなわれたと筆者は考えており，これらの諸寺については，開発拠点型的な要素が大きいとみている。その背景には「青見評督」としての北野廃寺造営者の評内における開発戦略が垣間見える。

その一方で，舞木廃寺（賀茂郡）や丸山廃寺（額田郡）など，評の域外にも北野廃寺式は広く展開していく。しかしながらこれら地域における寺院選地のあり方は，矢作川およびその支流沿いに造営されるという，河川型を基軸とするという大枠での共通性をもちつつも，碧海郡内とはやや様相を異にする。舞木廃寺は籠川が平野部に湧出する地点の丘陵端部に位置しており，南側眼下に見下ろせる平野部は，古墳時代以降，開発が進んでいた地域である。既開発地を広く見下ろす，眺望型寺院と評価できよう。丸山廃寺は乙川右岸の低位段丘縁辺部に位置する寺院であるが，その周辺には，経ヶ峰1号墳や亀山古墳群など，豊富な副葬品をもつ5〜6世紀の古墳が集中して築造されている。河川型かつ，首長層の奥津城としての聖域型寺院と評価できよう。これら碧海郡外の諸寺については，「国造級氏族」としての北野廃寺造営者が，前代からの関係性に基づき，工人の派遣等をおこない，地域の造寺活動を推進したものと捉えたい。永井氏は「北野廃寺の同文瓦が，その創建期とほぼ同時期に西三河地域で展開するのは概ね青見評の時代と考えられ（中略）同廃寺が青

7 ケース・スタディ 201

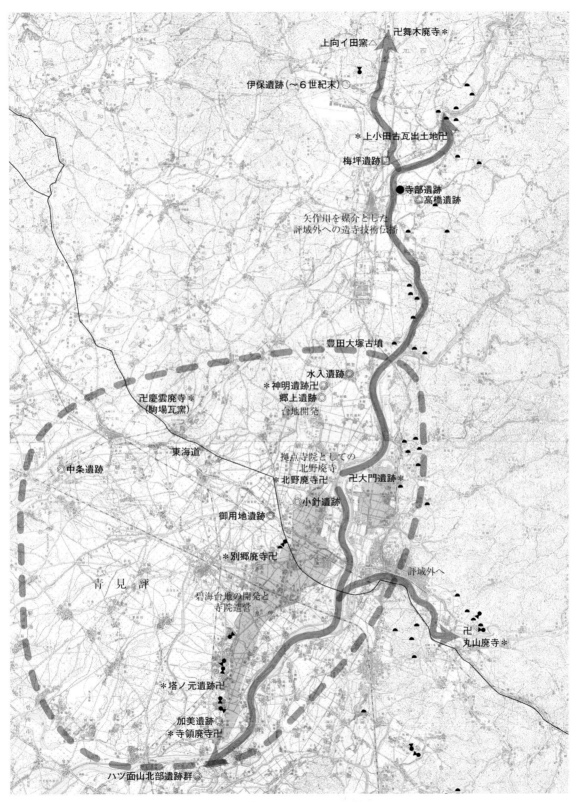

図114 西三河地域における7世紀後半の造寺活動（1：150,000）（＊は北野廃寺式軒瓦をもつ寺院）

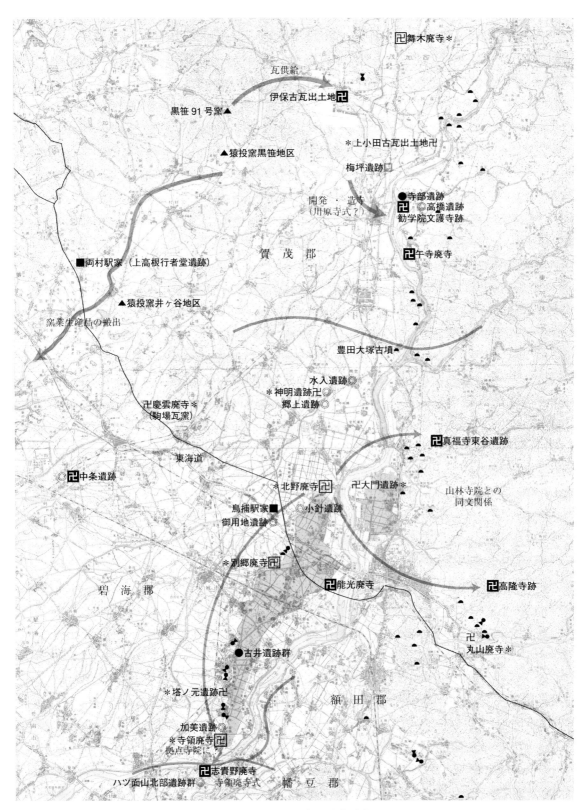

図115　西三河地域における8世紀の造寺活動（1:150,000）

見評督の氏寺であった可能性が高い。加えて同文瓦は同時に評の領域外でも展開していることから，青見評督が兼ね備えていたかつての三河国造の地位が様々な関係に作用していた（後略）」（永井2011）と述べるが，北野廃寺造営者とされる青見評督の性格の二面性が，選地傾向にもあらわれていることは興味深い。

このような矢作川流域での造瓦組織の共通性が，8世紀初頭ごろになると，状況が変わってくる。この時期，賀茂郡内に川原寺式瓦をもちいた伊保白鳳寺が造営される。それを契機として，舞木廃寺や賀茂郡家の可能性も指摘される寺部遺跡（勧学院文護寺）など，賀茂郡内一円に，北野廃寺式に替わって川原寺式瓦が波及していく。その一方で北野廃寺式は，碧海郡内に影響を保持しつつも，南の幡豆郡域に展開していくが，幡豆郡の北野廃寺式は七弁化したものが主流であり，碧海郡の北野廃寺式とは様相を異にしている。

このような状況からは，7世紀末から8世紀初頭，領域的な地方行政組織が確立されていくにつれて，郡域を基軸とした生産・物流体制が編成されていく状況を示すものと考えられる。かつての地方の有力者たちは，「郡領」という立場で，その影響力が領域としての「郡」に規定されるようになり，造寺計画や造瓦のあり方も，郡を単位として，また西三河では明瞭に確認できないものの，地域によってはさらに上位の「国」の影響・関与も含めつつ，おこなわれるようになっていく。ただし，讃岐地域などのように，8世紀に入っても前代からの複数郡にまたがる選地傾向や造瓦組織の共有がみられる地域も存在しており，かならずしも一様ではない。

おわりに

以上，7世紀中葉から8世紀における地方寺院の選地傾向とそこから復原できる寺院の造営意図，寺院への意識・認知の変化を，第0期〜第5期の計6期に分けて概観してきた。

寺院選地の地域ごとの多様性からは，当時の寺院造営における，単純な上意下達的〈官寺〉〈公寺〉論が成立しえないことがわかる。〈奉為天皇〉の論理や，「諸国家ごとに仏舎を造り，仏像および経典を置いて礼拝供養せよ」[32]との天武14年詔にみられるような仏教振興政策は，むろんそのとおりではあるものの，それはあくまで制度および理念である。それを承けつつ地方における古代寺院造営の実態は，本書でみてきたような選地傾向ひとつとっても多様であり，その多様性を紐解くことで，地域社会における仏教受容のあり方を考究していくことこそが，考古学の役割であると考える。

また，かつての古代寺院研究の主流であった，造営氏族をあきらかにすることを目的とする〈氏寺〉論についても，その意義は認めつつも，再考の段階にきているといえよう。一郡または複数郡，時には半国または一国単位にもおよぶ選地傾向の共通性や造瓦組織の共有状況からは，特定の寺院が特定の氏族によって造営されたことを前提に，個別寺院ごとに檀越探しをする〈氏寺〉論ではなく，大小の複数氏族による広域的な造寺計画のあり方を考えていかねばならないと考える。

その過程においては，知識を取りまとめる勧進僧の存在はとくに重要である。古代寺院を知識寺院としてとらえる視角は，文献史料や銘文資料，出土文字資料などを通して，文献史学の立場から多く論じられる研究傾向にある。考古学においても，菱田氏（菱田2005など）や山中氏（山中2005）

など，古代寺院造営における知識や勧進僧の活動を強調しており，また道昭の造寺活動を出土瓦の系譜から跡づける花谷浩氏の優れた研究もある（花谷1999・2003）。筆者も基本的にはそれに賛同する。

　しかしながら，地方寺院も含めて概観するとき，すべてを知識や勧進僧の活動に単純に帰結させることにもまた慎重であらねばなるまい。〈奉為天皇〉が該期の寺院造営における理念として用いられたのと同様，仏に結集する〈知識〉もまた，造寺活動におけるひとつの理念であり，さらに言うなら造寺造仏の方便であるともいえる。単一氏族の氏寺に近い寺院から，複数氏族の知識による寺院，民衆レベルまで知識を結集する寺院など，その範囲はそれぞれの寺院ごと多様であろう。また関東地方の一部寺院や国分寺の造営で指摘される，「擬制的な知識」（山路2005b），「強制的な知識」（上原1989）のような形態まで存在する。知識によって寺院が造営されたことは是としつつ，その具体的な造寺活動のあり方については，とくに地方寺院においては，考古学的な検討からあきらかにできることが多いと考える。造瓦技術を含めた造寺技術および技術者，造瓦に必要な薪や粘土・窯場の提供など，勧進僧と在地の有力者がどのような協業体制をとりつつ，実際に寺院造営を進めていったのかという点は，そもそも有力僧侶の出自自体が，中央地方の有力者の子弟であることが多いことも考え併せつつ，慎重に議論していかねばなるまい。

　文化人類学・民俗学の立場からの議論に目を向けると，菅豊氏は伝統文化の担い手に関する議論の中で，「強い権力によって客体化される弱者——伝統の担い手——像は，ときには正しい場合もあるが，それだけでは現象の一部分しか表現できない局面もあるだろう。無意識のうちに国家的意図に絡め取られる消極的な担い手像，国家的意図を自らの行為の文脈に自然と再定置する担い手像，さらに戦略的に自己客体化に参画し利益を上げようとする積極的な担い手像など，いくつもの関与者のレイヤーが重畳している」（菅2012）と論じており，また野澤暁子氏はバリ島における儀礼行為の検討の中で，実際に儀礼行為をおこなう村人たちの中においても，かならずしもその正確な観念が共有されているわけではないとし，そのような「担い手（村人）の無意識性」を儀礼研究の共通問題のひとつとする（野澤2013）。

　該期の政治動向とそれに基づいた仏教政策，それを承けたうえでの，実際の造寺に携わる中央地方の有力者たちそれぞれの仏教に対する認知や造寺戦略，造寺に関する多くの労働に実際にほぼ強制的に駆り出され，また完成後はその寺院の偉容を日々目にすることとなる民衆，さらにそれを結縁して寺院造営をプロデュースする勧進僧，この複雑なレイヤーの絡み合いを，多様性を念頭に置きつつ読み解いていった先に，古代における寺院と仏教のあり方が総合的に見えてくるものと考える。

　これらの諸問題については，残念ながら筆者の力不足により，本書ではあくまで問題提起の段階にとどまっており，それに有効な結論を与えることはできていないが，今後の研究へ向けての一定の方向性と課題を示したところで，擱筆することとしたい。

註
（1）　ただし，単一または近しい氏族のみによって造営される寺院と，複数氏族が地縁的に結集して造営される知識寺的な寺院を分けて考える視点は，有効であると考える。この点については後述する。
（2）　中井氏は，「7世紀後半に入ると，天皇（聖朝）を直接の被願対象や回向対象とするものが現れ」，「仏事にお

ける「奉為天皇」という論理の発生と定着とが，天皇制国家の成立と「国家の仏教」の展開とに密接な関係を有する」（中井1991）と論じる。

（３）　本郷氏は，「天武朝になって，『金光明経』『仁王般若経』といった護国経典の積極的な普及が図られていることからして，実践的な機能の面で鎮護国家の役割を果たさせようとしたことは疑いない」（本郷2005）とする。

（４）　『日本書紀』推古32年９月甲戌条

校寺及僧尼，具録其寺所造之縁，亦僧尼入道之縁，及度之年月日也。当是時，有寺冊六所，僧八百十六人，尼五百六十九人，并一千三百八十五人。

（５）　『日本書紀』大化元年８月癸卯条

遣使於大寺，喚聚僧尼，而詔曰，於磯城嶋宮御宇天王十三年中，百済明王，奉伝仏法於我大倭。（中略）朕更復思崇正教，光啓大猷。

（６）　山中氏が新稿（山中2005）で説く〈準官寺〉説も含む。

（７）　たとえば田村圓澄氏は，「氏族の族長・氏上が建立したものであり，その子孫により帰依相伝され，氏族一門の現当二世の祈願所となった寺院であり，氏族の本拠に建てられる場合が多く，住僧も一門から選ばれることが多い」（『国史大辞典』「氏寺」の項）としている。

（８）　『扶桑略記』持統６年９月条

有勅令計天下諸寺凡五百四十五寺。

（９）　本郷氏は国家が仏教に期待した鎮護国家を目的とする機能について，天皇の病気治癒や追善など国王擁護と，降雨など災異消除の国土擁護が含まれるとし，その具体的な事例分析から，「とくに国土擁護について（中略）祈雨といった農耕社会の安定に直結するような場合には，一貫して神器的な手段が優先して講じられ，仏教はあくまで補完的な役割しか担わされていない」と述べる（本郷2005）。該期の地方寺院における水田開発や水源重視の選地などに鑑みるに，この時期においては，中央の仏教政策がかならずしも正確には反映されていなかった可能性も高いと考える。

（10）　野中寺蔵金銅弥勒菩薩半跏像刻銘

丙寅年四月大朔八日癸卯開記栢寺知識之等詣中宮天皇大御身労坐之時誓願之奉弥勒御像也
友等一百十八是依六道四生人等此教可相之也

（11）　竹内氏の釈読による。

（12）　竹内氏は加夜評の譜代氏族である加夜氏以外の氏族が評督を務めていたことについて，百済戦役（663年）との関係を指摘している。

（13）　妹尾周三氏は秦原廃寺の造営氏族として，下道氏を想定している（妹尾2002）。

（14）　足利1974・1978など。

（15）　瓦当下端に三角形の突起をもつことから，松下正司氏により，いわゆる〈水切り瓦〉と称された瓦群である（松下1969など）。

（16）　『日本霊異記』上巻第７

禅師弘済者百済国人也。当百済乱時，備後三谷郡大領之先祖，為救百済遣運旅。時発誓願事，「若平還卒，為諸神祇，造立伽藍」。遂免災難。即請禅師，相共還来，造三谷寺。（後略）

（17）　この瓦の波及状況については，松下氏の諸研究を嚆矢とし，近年に至るまで多くの論説がある（妹尾1991・1993，花谷2010・2016，妹尾2011，小林2014，日浦2015など）。

（18）　三舟氏は「古代仏教は（中略）東アジア世界での祖霊信仰と結びついた七世父母的な祖先信仰と追善供養を原理とする」（三舟2013）と，古代寺院における祖先信仰の役割を強調する。

（19）　それに関連して薗田香融氏は「山寺や山房を中心とする山林仏教は，官大寺や宮廷の国家仏教に対立する性質のものではなく，（中略）神叡・道慈のごとき「南都六宗」の代表的な学匠が「求聞持法」という密教的な山林修行に，それもかなり熱心な態度をもって打込んでいた」（薗田1957）とした。長岡龍作氏は，「山水が現世と仏の世界を媒介するという点において仏教的な意味をもち，その関係の中で現世は仏教的なおこないの場という意

味をもつ」（長岡2014）としており，また時枝務氏は筑前宝満山の検討から，「山林仏教の展開が，山頂祭祀の形成に大きな役割を果たした」（時枝2016）としている。

(20)　ただし，寺院に隣接する整然とした規格性をもつ掘立柱建物群については，無批判に郡家など官衙関連遺跡と断ずるのではなく，寺院付属地における寺院関連施設である可能性も考慮しなくてはならないことを，とくに付記しておく。

(21)　田村氏は飛鳥時代の仏教を，祈病などの現世利益や七世父母の追善を志向する〈氏族仏教〉と捉え，天武朝期において，律令国家体制擁護に基づく〈国家仏教〉が要請されたとした（田村1969）。

(22)　註（３）本郷氏の見解による。ただし三舟氏は，「これらの地方寺院で鎮護国家的な行事が行われたことは，『書紀』や『続日本紀』などの正史や『日本霊異記』などの仏教説話などの文献資料にはほとんど見られない」（三舟2013）としている。

(23)　ただし上総地域においては，７世紀第４四半期ごろにはじまる寺院造営の多くは一郡一寺的様相を示すが，やや先行して造営される寺院は，郡家の推定地とかならずしも隣接しておらず，古墳や後代の火葬墓も含めた総合的な郡内の土地利用の中で，寺院造営の適地が選ばれていることがわかる（本書第Ⅳ章）。一郡一寺的なあり方と，郡家への隣接はかならずしも対応しているわけではなく，地域ごとに多様な様相を示す。

(24)　８世紀前葉ごろまで完成がずれ込み，その後修造がおこなわれなかった寺院を除く。

(25)　菱田氏は讃岐における国分寺式瓦の分布から，「都城あるいは国分寺の影響が現れたもの（中略）を抽出すると，（中略）やはり一郡に１，２ヶ所程度になる」と述べるが（菱田2002），讃岐には国分寺式以外の奈良時代の瓦も多く，それを加えると，修造率自体は一郡一寺となるほど低くはない。

(26)　なお，本書を通して多くの寺院は複数の選地傾向をもつものとして示されているが，表15では各々の選地傾向の中で，もっとも強く意識されたであろうと筆者が考える選地に限定して分類した。ひとつの寺院が単純にひとつの選地に分類されるものではないことは筆者も十分認識するところであり（本書序章），表15からの分析は多分にぶれを含んだものとなる。ただし，選地傾向からみた寺院認知のあり方（図20）における両極端な選地（たとえば官衙・官道隣接型と聖域型）がひとつの寺院で両立する例は稀であり，おおまかな傾向性を理解するうえでは有効であると考える。

(27)　ただし山岳信仰については，詳しくは後述するが，山林修行を包摂した仏教のあり方が確立していく中で，山麓や遥拝という形から，行場としての山林寺院を中心とした形へと変化していったものと考えている。

(28)　『続日本紀』天平７年６月己丑条

　　　勅曰，先令併寺者，自今以後，更不須併。宜令寺々務修造。若有懈怠不肯造成者，准前併之。其既併造訖，不煩分拆。

(29)　大橋泰夫氏は，７世紀末から８世紀初頭に独立した施設として成立した国府が，８世紀第２四半期以降に整備されていくと論じた（大橋2011など）。実際各国の国府では，８世紀第２四半期の瓦が最先行である国が多い。

(30)　西海道地域を除く。西海道地域では，各国国分寺に先んじて老司式や鴻臚館式の瓦が地方寺院に広く波及しており（梶原2010a），７世紀末ごろから８世紀前半ごろに継続しつつ，地方寺院の造営が進行していったものと考えられる。

(31)　『続日本紀』天平13年３月乙巳条

　　　（前略）必択好所，実可久長，近人則不欲薫臭所及。遠人不欲労衆帰集。（後略）

(32)　『日本書紀』天武13年４月壬申条

　　　詔，諸国毎家，作仏舎，乃置仏像及経，以礼拝供養。

　　この詔については古くより議論があり，「諸国毎家」を府家と解し国府の寺とする説，家を官家と解し郡ごとの寺とする説，家を個人の私宅と解し有力者の私寺とする説などがあるが，天武朝後半以降７世紀末にかけて，郡家に近接する寺院が増加してくることからも，詔の文言としては「評を介した公民支配と関連づけた寺院建立の督励」（上川1994）を意図したという見解を支持する。ただしこれらの諸寺に安易に〈公的〉色彩を付与する論には，前述のとおり与しない。

主要参考文献

愛 知 県2010『愛知県史　資料編 4　考古 4　飛鳥〜平安』愛知県史編さん委員会

足利健亮1974「吉備地方における古代山陽道・覚え書き」『歴史地理学紀要』16

足利健亮1978「備前国」「備中国」『古代日本の交通路Ⅲ』大明堂

天野暢保2010「交通路・駅家」『愛知県史　資料編 4　考古 4　飛鳥〜平安』愛知県史編さん委員会

網　伸也2001「畿内における在地寺院の様相」『古代』110　早稲田大学考古学会

網　伸也2006「景観的見地からの伽藍配置」『考古学ジャーナル』545　ニュー・サイエンス社

網　伸也2014「なにわの考古学最前線③　古代の難波と四天王寺―飛鳥時代の寺院関連遺跡を中心に―」
　　『大阪春秋』153　新風書房

安藤鴻基1979「上総国に於ける平城宮系古瓦の伝播と展開を巡って」『千草山遺跡発掘調査報告書』

安藤鴻基1980「房総 7 世紀史の一姿相」『古代探叢』早稲田大学出版部

安藤文良1987「歴史時代・古瓦」『香川県史　第13巻 資料編　考古』香川県

安藤文良1988「古代寺院」『香川県史　第 1 巻 通史編』香川県

今里幾次1995『播磨古瓦の研究』真陽社

市 川 市2014『下総国戸籍　遺跡編』

井上　薫1966『奈良朝仏教史の研究』吉川弘文館

井上光貞1971『日本古代の国家と仏教』岩波書店

今泉　潔1995「瓦と建物，そのイメージと原風景に関する覚書」『千葉県史研究』 3

今里幾次1995『播磨古瓦の研究』真陽社

今里幾次2003「播磨の古代寺院と檀越」『古代寺院からみた播磨』第 3 回播磨考古学研究会実行委員会

今津勝紀・菱田哲郎ほか2008「古代の賀茂郡と社会」『加西市史』 1

岩永省三2012「糟屋屯倉中核施設所在地の可能性」『日本考古学協会2012年度福岡大会　研究発表資料』

岩永省三2014「ミヤケの考古学的研究のための予備的検討」『東アジア古文化論攷』 2　髙倉洋彰先生退
　　職記念論集刊行会

上杉和央1999「飛鳥・白鳳期における寺院の立地について」『史林』82-6　史学研究会

上田睦・近藤康司1992「伊勢・伊賀・志摩における古代瓦の様相」『紀伊半島の文化史的研究　考古学編』
　　関西大学文学部考古学研究室

植野浩三・水野正好ほか1997『多哥寺遺跡Ⅱ』中町教育委員会

上原真人1986「仏教」『岩波講座 日本考古学 4　集落と祭祀』岩波書店

上原真人1989「東国国分寺の文字瓦再考」『古代文化』41-12

上原真人1997『瓦を読む』講談社

上原真人2000「山岳寺院の考古学・総説」『大谷女子大学文化財学科開設記念 山岳寺院の考古学』大谷女
　　子大学

上原真人2002「古代の平地寺院と山林寺院」『仏教芸術』265　毎日新聞社

上原真人2003「初期瓦生産と屯倉制」『京都大学文学部研究紀要』42

内田保之2004「近江国」『日本古代道路事典』古代交通研究会

内田保之ほか2017『安養寺遺跡』滋賀県教育委員会

近江昌司1970「葡萄唐草紋軒平瓦の研究」『考古学雑誌』55-4　日本考古学会

近江俊秀1996「岡寺式軒瓦出土寺院をめぐる二，三の問題」『考古学雑誌』81-3　日本考古学会

大阪府教育委員会1968『河内高井田・鳥坂寺跡の調査』

大西貴夫2003「岡寺式軒瓦に関する一考察」『山岳信仰と考古学』同成社

大西貴夫2016「宮都と周辺の山寺―飛鳥・奈良時代を中心に―」『日本の古代山寺』高志書院

大橋信弥1990「錦部寺・国興寺・浄福寺」『滋賀県文化財保護協会紀要』 4

大橋泰夫2009「国郡制と地方官衙の成立」『古代地方行政単位の成立と在地社会』奈良文化財研究所

大橋泰夫2011「古代国府の成立をめぐる研究」『古代文化』63-3　古代学協会

大橋泰夫2016『国郡制と国府成立の研究』平成24～27年度科学研究費補助金基盤研究（C）研究成果報告書

大脇　潔1983「古代寺院の造営と工人の移動―蓮華文帯鴟尾を中心として―」『文化財論叢』奈良国立文化財研究所

小笠原好彦2007「同笵軒瓦からみた古代の僧寺と尼寺」『考古学論究―小笠原好彦先生退任記念論集―』真陽社

小笠原好彦ほか1989『近江の古代寺院』真陽社

岡田　登1986「伊勢大神宮寺としての逢鹿瀬寺について」『史料』85　皇學館大学史料編纂所

岡田　登2002「多度神宮寺跡」『多度町史　資料編1　考古・古代・中世』多度町

岡本一士2003「赤石・賀古・印南郡」『古代寺院からみた播磨』播磨考古学研究会

岡本東三1993「下総龍角寺の山田寺式軒瓦について」『千葉史学』23　千葉歴史学会

岡本東三1996『東国の古代寺院と瓦』吉川弘文館

岡山県教育委員会2003『改訂　岡山県遺跡地図』 5・6・9分冊

岡山市教育委員会2004『ハガ遺跡―備前国府関連遺跡の発掘調査報告―』

小川真理子2001「地方における律令期の様相―中町内の遺跡をめぐって―」『東山古墳群Ⅱ』中町教育委員会

小田富士雄1966「百済系単弁軒丸瓦考」『史淵』95

小田富士雄1967『塔原廃寺』福岡県教育委員会

小田富士雄1970「観世音寺と国分寺」『古代の日本』 3　角川書店

小田富士雄1975「百済系単弁軒丸瓦考・その二」『九州文化史研究所紀要』20

小田富士雄1979「豊後国分寺跡出土の瓦当資料」『豊後国分寺跡』大分市教育委員会

小田富士雄1985「第4編　古墳時代」『北九州市史　総論　先史・原史』北九州市

甲斐弓子2009『わが国古代寺院にみられる軍事的要素の研究』雄山閣

加古川総合文化センター1994『よみがえる伽藍～西条廃寺と播磨の古代寺院～』

柏原市教育委員会2011『鳥坂寺跡発掘調査報告書』

梶山　勝1985『尾張の古代寺院と瓦』名古屋市博物館

梶山　勝1991「尾張国分寺軒瓦とその同型瓦の分布をめぐって」『名古屋市博物館研究紀要』14

梶山　勝1995「小幡廃寺出土の遺物をめぐって」『名古屋市博物館研究紀要』18

梶山　勝1996「法海寺と弥勒寺廃寺の同文・同笵軒瓦」『知多古文化研究』10　知多古文化研究会

梶山　勝1997a「長福寺廃寺出土軒瓦の再検討」『名古屋市博物館研究紀要』20

梶山　勝1997b「西三河の古代寺院―北野廃寺系軒丸瓦を中心として―」『愛知県史研究』創刊号

梶山　勝1999「観音寺廃寺の軒瓦―尾張における藤原宮式軒瓦の展開―」『瓦衣千年――森郁夫先生還暦記念論文集』真陽社

梶山　勝2001「尾張の坂田寺式軒丸瓦をめぐる二，三の問題」『名古屋市博物館研究紀要』24

梶原義実2005「山陽道・山陰道における平城宮系瓦の展開―6225・6663系を中心として―」『考古学研究』52-1

梶原義実2007「尾張・三河地域における奈良時代の古瓦」『愛知県史研究』11

梶原義実2009「国分寺研究における諸問題」『名古屋大学文学部研究論集』164

梶原義実2010a『国分寺瓦の研究―考古学からみた律令期生産組織の地方的展開―』名古屋大学出版会

梶原義実2010b「古代寺院と行基集団―和泉地域における奈良時代寺院の動向と「行基四十九院」―」『名古屋大学文学部研究論集』史学56

梶原義実2010c「選地からみた古代寺院の造営事情」『遠古登攀—遠山昭登君追悼考古学論集—』真陽社

梶原義実2010d「軒瓦」『愛知県史 資料編4 考古4 飛鳥〜平安』愛知県史編さん委員会

梶原義実2011a「豊前地域における古代寺院の諸相—選地・周辺環境と瓦当文より—」平成23年度九州史学会大会

梶原義実2011b「古代寺院の選地に関する考察—近江地域を題材として—」『考古学雑誌』95-4

梶原義実2012a「尾張地域における古代寺院の動向」『東海の古代3 尾張・三河の古墳と古代社会』同成社

梶原義実2012b「伊勢地域における古代寺院の選地」『名古屋大学文学部研究論集』173

梶原義実2013「国分寺と造瓦」『国分寺の創建—組織・技術編—』吉川弘文館

梶原義実2014a「九州北部地域における古代寺院の展開」『九州考古学』89

梶原義実2014b「西三河の古代寺院—その展開と造寺戦略—」安城市歴史博物館講演資料

梶原義実2014c「7〜8世紀における地方寺院の展開過程〜選地傾向を中心として〜」仏教史学会2014年3月例会報告資料

梶原義実2016a「勝川遺跡出土の古代瓦について」『尾張◎勝川 Ⅴ 古墳から古代寺院へ』考古学フォーラム

梶原義実2016b「浜松の古代寺院と瓦」浜松市教育委員会講演資料

梶原義実2016c「讃岐地域における寺院選地」『名古屋大学文学部研究論集』185

金子裕之1983「軒瓦製作技法に関する二，三の考察」『文化財論叢』奈良国立文化財研究所

鎌田元一2001a「評の成立と国造」『律令公民制の研究』塙書房

鎌田元一2001b「野中寺弥勒造像銘と天皇号」2001年日本史研究会報告

上川通夫1994「律令国家形成期の仏教」『仏教史学研究』37-2 仏教史学会

上川通夫2007「ヤマト国家時代の仏教」『日本中世仏教形成史論』校倉書房

上川通夫2013「なぜ仏教か，どういう仏教か」『日本史研究』615 日本史研究会

亀田修一1982「豊前国分寺の造営に関して」『古文化論集（下）』森貞次郎博士古稀記念論文集刊行会（編）

亀田修一1987「豊前の古代寺院跡」『東アジアの考古と歴史（下）』岡崎敬先生退官記念事業会（編）

亀田修一2002「豊前の「百済系単弁軒丸瓦」小考—相原廃寺と垂水廃寺の瓦—」『藤澤一夫先生卒寿記念論文集』同刊行会（編）

川畑 聰1996『讃岐の古瓦展』高松市歴史資料館

関東古瓦研究会1997『シンポジウム関東の初期寺院 資料編』

岸 俊男1984「宮宅と寺院」『古代宮都の探求』塙書房

岸本直文2001「4 集落と条里」『小野市史』1

北村圭弘1995「玉縁部凸面布目丸瓦について」『普光寺廃寺・屋中寺廃寺』滋賀県教育委員会

鬼頭清明1984「古代国家と仏教思想」『講座 日本歴史2 古代2』東京大学出版会

木下 良2009『事典 日本古代の道と駅』吉川弘文館

木下良監修・武部健一著2005『完全踏査 続古代の道』吉川弘文館

金田章裕1978「尾張国」『古代日本の交通路 Ⅰ』大明堂

九州歴史資料館1981『九州古瓦図録』柏書房

京都大学文学部考古学研究室1992『塑像出土古代寺院の総合的研究』

葛原克人2001「吉備出土の角端点珠瓦」『岡山県立博物館研究報告』21

久保智康1999「国府をめぐる山林寺院の展開—越前・加賀の場合—」『国宝と歴史の旅』3 朝日新聞社

久保智康2001「古代山林寺院の空間構成」『古代』110 早稲田大学考古学会

久保智康2012a「古代出雲の山寺と社」『大出雲展』島根県立古代出雲歴史博物館

久保智康2012b「宗教空間としての山寺と社—古代出雲を例に—」『季刊 考古学』121 雄山閣

久保智康2016「山寺と神社の構成―神仏習合の空間論序説―」『日本の古代山寺』高志書院

久保智康編2016『日本の古代山寺』高志書院

古代交通研究会2004『日本古代道路事典』八木書店

小林三郎・佐々木憲一編2013『古墳から寺院へ～関東の7世紀を考える～』六一書房

小林新平2014「中国地方における造瓦工人集団の展開―いわゆる水切り瓦の事例―」『考古学研究』60-4　考古学研究会

小林裕季2015「みはまとわかさの山寺Ⅱ」『平成27年度美浜町歴史フォーラム　再論　若狭の古代寺院』美浜町教育委員会

小林義彦2012「Ⅲ　おわりに」『高畑遺跡2』福岡市教育委員会

小松葉子2010「近江国滋賀郡瀬田川西岸における古代道路の復元」『滋賀県文化財保護協会紀要』23

近藤義郎編1992～2000『前方後円墳集成』山川出版社

齋部麻矢2000「九州における初現期の瓦」『古代瓦研究』Ⅰ　奈良国立文化財研究所

坂詰秀一1987「初期伽藍の類型認識と伽藍構成における僧地の問題」『日本考古学論集7　官衙と寺院』吉川弘文館

志賀　崇2008「国分寺と郡衙周辺寺院」『国分寺の創建を読むⅡ―組織・技術編―』国士舘大学

重岡　卓1997「「湖東式軒瓦」に関する基礎的考察」『滋賀県文化財保護協会紀要』10

島方洸一ほか2009『地図でみる西日本の古代　律令制下の陸海交通・条里・史跡』日本大学文理学部叢書

島方洸一ほか2012『地図でみる東日本の古代　律令制下の陸海交通・条里・史跡』日本大学文理学部叢書

清水政宏2002『西ヶ谷遺跡4』四日市市教育委員会

城ヶ谷和広1984「七，八世紀における須恵器生産の展開に関する一考察―法量の問題を中心に―」『考古学雑誌』70-2　日本考古学会

城ヶ谷和広1996「律令体制の形成と須恵器生産―7世紀における瓦陶兼業窯の展開―」『日本考古学』3　日本考古学協会

菅　豊2012「公共民俗学の可能性」『民俗学の可能性を拓く』青弓社

鈴木一有2011『木船廃寺跡2次』浜松市文化振興財団

鈴木景二1994「都鄙間交通と在地秩序―奈良・平安初期の仏教を素材として―」『日本史研究』379　日本史研究会

須田　勉1980「古代地方豪族と造寺活動―上総国を中心として―」『古代探叢―滝口宏先生古稀記念考古学論集―』早稲田大学出版部

須田　勉1985「平安初期における村落内寺院の存在形態」『古代探叢』Ⅱ　早稲田大学出版部

須田　勉1997「寺院併合令と東国の諸寺」『国士舘大学文学部人文学会紀要』30

須田　勉1998「国分寺の創建」『聖武天皇と国分寺』関東古瓦研究会

須田　勉2013『日本古代の寺院・官衙造営』吉川弘文館

関野　貞1941「日本建築史」『日本の建築と芸術』岩波書店

妹尾周三1991「安芸・備後の古瓦（その1）」『古文化談叢』26　九州古文化研究会

妹尾周三1993「寺町廃寺式軒丸瓦の伝播―備後寺町廃寺と出雲神門寺境内廃寺―」『島根考古学会誌』10

妹尾周三2002「造瓦工人と寺院の造営氏族―備中式軒丸瓦の検討―」『考古学研究』49-1　考古学研究会

妹尾周三2011「出雲へ伝わった仏教の特質―古代寺院から見た地域間交流とその背景―」『古代出雲の多面的交流の研究』島根県古代文化センター

総社市教育委員会2009『大文字遺跡（栢寺廃寺）』

十川陽一2012「百済大寺造営の体制とその性格」『古代文化』64-2

薗田香融1957「古代仏教における山林修行とその意義―特に自然智宗をめぐって―」『南都仏教』4　南都仏教研究会

薗田香融1974「第4節　宗教と文化」『兵庫県史』1

第3回播磨考古学研究集会実行委員会2003『古代寺院からみた播磨』

高井悌三郎ほか1987『播磨繁昌廃寺』加西市教育委員会

高崎章子2001「地理と歴史的環境」『長者屋敷遺跡』中津市教育委員会

高取正男1982『民間信仰史の研究』法蔵館

高橋美久二1995『古代交通の考古地理』大明堂

高山京子2006「古代の建物―小倉城跡出土の古代瓦―」『図説 田川・京築の歴史』郷土出版社

竹内英昭1992「伊勢・伊賀の古代寺院と瓦」『古代仏教東へ―寺と窯―』東海埋蔵文化財研究会

竹内英昭1993「伊勢地方における官系瓦の分布―奈良時代後半期の軒丸瓦の様相―」『斎宮歴史博物館研究紀要』2

竹内英昭2008「寺院跡概要」『三重県史　資料編 考古2』三重県

竹内英昭・野口美幸1992「伊勢・伊賀」『古代仏教東へ―寺と窯―』東海埋蔵文化財研究会

竹内　亮2016『日本古代の寺院と社会』塙書房

竹原伸仁2002「行基の足跡をめぐって―摂津・北河内―」『行基の考古学』摂河泉古代寺院研究会

舘野和己1978「屯倉制の成立」『日本史研究』190

舘野和己2012「ミヤケ制研究の現在」『日本考古学協会2012年度福岡大会　研究発表資料集』

田中　卓1980「尾張国はもと東山道か」『史料』26　皇學館大学史料編纂所

田中弘志2008『律令体制を支えた地方官衙　弥勒寺遺跡群』新泉社

田村圓澄1969「国家仏教の成立過程」『飛鳥仏教史研究』塙書房

千 葉 県1998『千葉県の歴史　資料編 考古4』

辻富美雄1985『釜生田辻垣内瓦窯跡群発掘調査概報』嬉野町教育委員会

辻川哲朗2008「近江・野洲郡内の古代東山道ルート復元について―琵琶湖東岸地域における水陸ネットワークの形成過程との関係をめぐって―」『滋賀県文化財保護協会紀要』21

坪之内徹1982「畿内周辺の藤原宮式軒瓦―讃岐・近江を中心にして―」『考古学雑誌』68-1　日本考古学会

出宮徳尚1975「幡多廃寺の歴史的意義」『幡多廃寺発掘調査報告』岡山市教育委員会

出宮徳尚1992「集成17　瓦当文」『吉備の考古学的研究（下）』山陽新聞社

寺岡　洋2014「近江・滋賀郡の古代寺院―瓦積基壇・輻線文縁軒丸瓦の源流―」『むくげ通信』265　むくげの会

東海埋蔵文化財研究会1992『古代仏教東へ―寺と窯―』

時枝　務2005『修験道の考古学的研究』雄山閣

時枝　務2016『山岳宗教遺跡の研究』岩田書院

栃木県立なす風土記の丘資料館2009『那須の横穴墓』

豊川市教育委員会2005『上ノ蔵遺跡』

豊津町歴史民俗資料館1994「豊前国の白鳳期から平安時代初期の軒瓦」豊前国の古瓦観察会資料

直木孝次郎1978「日本霊異記にみえる「堂」について」『奈良時代史の諸問題』塙書房

中井真孝1991『日本古代仏教制度史の研究』法蔵館

中林隆之2007『日本古代国家の仏教編成』塙書房

永井邦仁2006「東海地方の古代瓦塔研究ノオト」『愛知県埋蔵文化財センター研究紀要』7

永井邦仁2010「碧海台地東縁の古代集落」『愛知県埋蔵文化財センター研究紀要』11

永井邦仁2011「北野廃寺は三河国造の寺か」『考古学フォーラム』20

永井邦仁2013「尾張国府跡の研究（1）」『愛知県埋蔵文化財センター研究紀要』14

永井邦仁2016「勝川遺跡の古代寺院とその空間」『尾張◎勝川　Ⅴ　古墳から古代寺院へ』考古学フォーラム

長岡龍作2006「悔過と仏像」『鹿園雑集』8　奈良国立博物館

長岡龍作2014『仏像―祈りと風景―』敬文舎

中島　正2017『古代寺院造営の考古学―南山城における仏教の受容と展開―』同成社

中村太一1996『日本古代国家と幹線道路』吉川弘文館

中村英重2004「氏寺と氏神」『古代氏族と宗教祭祀』吉川弘文館

奈良国立文化財研究所1983『飛鳥白鳳寺院関係文献目録』

西垣彰博2013『内橋坪見遺跡概要報告書』粕屋町教育委員会

西田　猛2003「託賀・賀古郡」『古代寺院からみた播磨』播磨考古学研究会

新田　剛1998「伊勢国分寺の軒瓦」『かにかくに―八賀晋先生退官記念文集―』三重大学人文学部考古学研究室

新田　剛2004「伊勢国」『日本古代道路事典』古代交通研究会

野澤暁子2013『聖なる鉄琴スロンディンの民族誌』春風社

蓮本和博1993「讃岐における白鳳寺院出土瓦の研究―川原寺式軒丸瓦の系譜の作成を通して―」『香川県自然科学館研究報告』15

畑中英二1995「滋賀県下における手工業生産―7世紀後半代の様相を中心に―」『北陸古代土器研究』5

畑中英二2010「天平17年以降の甲賀寺―近江国分寺との関わりを中心に―」『日本考古学』29　日本考古学協会

八賀　晋1973「地方寺院の成立と歴史的背景―美濃の川原寺式瓦の分布―」『考古学研究』20-1　考古学研究会

八賀　晋2010「寺院」『愛知県史　資料編4　考古4　飛鳥～平安』愛知県史編さん委員会

八賀晋ほか2010『愛知県史　資料編4　考古4　飛鳥～平安』愛知県史編さん委員会

花谷　浩1993「寺の瓦作りと宮の瓦作り」『考古学研究』40-2

花谷　浩1999「飛鳥寺東南禅院とその創建瓦」『瓦衣千年――森郁夫先生還暦記念論文集』真陽社

花谷　浩2003「山崎廃寺の造営と山崎院, そして堂内荘厳」『大山崎町埋蔵文化財調査報告書』25　大山崎町教育委員会

花谷　浩2010「古代寺院の瓦生産と古代山陰の領域性―出雲西部を中心に―」『出雲国の形成と国府成立の研究』島根県古代文化センター

花谷　浩2016a「『出雲国風土記』に記された寺院と瓦」『日本古代考古学論集』同成社

花谷　浩2016b「三井Ⅱ遺跡の瓦窯と瓦について」『杉沢遺跡・杉沢Ⅱ遺跡・杉沢横穴墓群』出雲市教育委員会

林　博通1986「大津京の寺と瓦」『古代の瓦を考える―年代・生産・流通―』帝塚山大学考古学研究所

林　博通2001『大津京跡の研究』思文閣出版

速水　侑1986『日本仏教史　古代』吉川弘文館

原島礼二1977『日本古代王権の形成』校倉書房

播磨考古学研究集会2003『古代寺院からみた播磨』

日浦裕子2015「備後国から出雲国への造瓦工人の活動に対する再検討―寺町廃寺ＦⅠＢ型式を対象に―」『島根考古学会誌』32

菱田哲郎1988a「瓦の范と製作技術」『京都大学構内遺跡調査研究年報　昭和60年度』京都大学埋蔵文化財研究センター

菱田哲郎1988b「鴟尾の生産と地域色―東播系と西播系の鴟尾―」『古代文化』40-6　古代学協会

菱田哲郎1994「瓦当文様の創出と7世紀の仏教政策」『古代王権と交流』5　名著出版

菱田哲郎2002「考古学からみた古代社会の変容」『日本の時代史5　平安京』吉川弘文館

菱田哲郎2005「古代における仏教の普及―仏法僧の交易をめぐって―」『考古学研究』52-3　考古学研究会

菱田哲郎2007『古代日本　国家形成の考古学』京都大学学術出版会

菱田哲郎2008「古代集落と交通路と地域社会」『太邇波考古』27

菱田哲郎・宮原文隆1995『多哥寺遺跡』中町教育委員会

菱田哲郎ほか2010「第5章　加西の古代」『加西市史』7

櫃本誠一2009「播磨における古代氏族の検討」『兵庫発信の考古学　間壁葭子先生喜寿記念論文集』

兵庫県立歴史博物館2002『古代兵庫への旅―奈良・平安の寺院と役所―』

平田由美2006『塔ノ熊廃寺』中津市教育委員会

藤本　誠2016『古代国家仏教と在地社会―日本霊異記と東大寺諷誦文稿の研究―』吉川弘文館

古市　晃2009「飛鳥の空間構造と都市住民の成立」『日本古代王権の支配論理』塙書房

北條献示1998「東畑廃寺と尾張国府・国分二寺」『楢崎彰一先生古希記念論文集』

北條献示2004「尾張国」『日本古代道路事典』古代交通研究会

北條献示2011「伽藍配置と寺院地」『尾張国分寺跡総括報告書』稲沢市教育委員会

穂積裕昌2000「伊勢の地域的特質―近畿から東国へ至る陸路と海路の地域拠点―」『第8回春日井シンポジウム資料集』春日井シンポジウム実行委員会

穂積裕昌2003「伊勢湾西岸域における古墳時代港津の成立」『考古学に学ぶ』Ⅱ　同志社大学

穂積裕昌2010「伊勢をめぐるふたつの信仰～アザカとイセ～」『東海における古墳時代祭祀・信仰の諸問題』考古学研究会東海例会

本郷真紹2005『律令国家仏教の研究』法蔵館

前岡孝彰2007「但馬の古代寺院とその軒瓦」『考古学論究―小笠原好彦先生退任記念論集―』

間壁葭子1970「官寺と私寺」『古代の日本4　中国・四国』角川書店

松下正司1969「備後北部の古瓦―いわゆる水切り瓦の様相―」『考古学雑誌』55-1　日本考古学会

松下正司1993「水切瓦再考」『考古論集　潮見浩先生退官記念論文集』潮見浩先生退官記念事業会

松村知也2010「山寺からの視線・山寺への視線」『遠古登攀―遠山昭登君追悼考古学論集―』真陽社

丸山竜平1992「日野川中流域の白鳳期寺院と古墳」『塑像出土古代寺院の総合的研究』京都大学文学部考古学研究室

三重県2005『三重県史　資料編　考古1』

三重県2008『三重県史　資料編　考古2』

三重県の古瓦刊行会1994『三重県の古瓦』

湊哲夫・亀田修一2006『吉備の古代寺院』吉備人出版

三舟隆之2003『日本古代地方寺院の成立』吉川弘文館

三舟隆之2013『日本古代の王権と寺院』名著刊行会

宮瀧交二1989「古代村落の「堂」―『日本霊異記』における「堂」の再検討―」『塔影　本郷高等学校紀要』22

村上久和・吉田寛・宮本工1987「豊前における初期瓦の一様相」『古文化談叢』8

桃崎祐輔2012「九州の屯倉研究序説」『日本考古学協会2012年度福岡大会　研究発表資料集』

森　郁夫1974「平城宮系軒瓦と国分寺造営」『古代研究』3　元興寺仏教民俗資料研究所考古学研究室

森　郁夫1987「水路・陸路に沿った古代の寺」『大阪湾をめぐる文化の流れ―もの・ひと・みち―』帝塚山考古学研究所

森　郁夫1998『日本古代寺院造営の研究』法政大学出版局

森　郁夫2009『日本古代寺院造営の諸問題』雄山閣

森川常厚2008「古代集落概要」『三重県史　資料編　考古2』三重県

山崎信二1995「藤原宮造瓦と藤原宮の時期の各地の造瓦」『文化財論叢』Ⅱ　奈良国立文化財研究所

山路直充1994「寺院地という用語」『下総国分寺跡』市立市川考古博物館

山路直充1999「関東地方の伽藍配置―8世紀以前について―」『シンポジウム古代寺院の伽藍配置』帝塚山大学考古学研究所

山路直充2000「下総龍角寺」『文字瓦と考古学』日本考古学協会第66回総会国士舘大学大会実行委員会

山路直充2004「甲斐における瓦葺き寺院の出現―天狗沢瓦窯出土の鎧瓦の祖型をおって―」『開発と神仏のかかわり』帝京大学山梨文化財研究所

山路直充2005a「上総・下総の山田寺式軒瓦」『古代瓦研究Ⅱ―山田寺式軒瓦の成立と展開―』奈良文化財研究所

山路直充2005b「文字瓦の生産―7・8世紀の坂東諸国と陸奥国を中心に―」『文字と古代日本3　流通と文字』吉川弘文館

山路直充ほか2014『企画展　古代の村ムラ』市川考古博物館

山中　章2011「考古学からみた日本古代駅伝路設置の歴史的背景」『東海地方の駅家研究の最前線～東海道・東山道の駅家と駅路～』考古学研究会東海例会

山中敏史1982「評・郡衙の成立とその意義」『文化財論叢』奈良国立文化財研究所

山中敏史1994『古代地方官衙遺跡の研究』塙書房

山中敏史2005「地方官衙と周辺寺院をめぐる問題」『地方郡衙と寺院―郡衙周辺寺院を中心として―』奈良文化財研究所

山中敏史・志賀崇2006「郡衙周辺寺院の性格と役割」『郡衙周辺寺院の研究』奈良文化財研究所

山の考古学研究会編2003『山岳信仰と考古学』同成社

吉田一彦1995『日本古代社会と仏教』吉川弘文館

吉田真由美2016『伊勢の瓦　大和の瓦』鈴鹿市考古博物館

吉本昌弘1990「播磨国邑美・佐突駅家間の山陽道古代バイパス」『今里幾次先生古稀記念 播磨考古学論叢』

吉本昌弘2004「播磨国」『日本古代道路事典』八木書店

渡部明夫2013『讃岐国分寺の考古学的研究』同成社

あとがき──今後の課題

　筆者は，はしがきでも述べたとおり，寺院造営の背景と当時の人々の寺院への認知を知ることを目的として，寺院選地を題材としつつ，これまで研究をおこなってきた。

　しかしこうしてこの研究を一書に纏め上げた現在，まだまだ多くの問題が山積しており，筆者の不勉強と力量不足を痛感するばかりである。

　まずなにより強く感じるのが，仏教史学や仏教自体への造詣のなさである。久保智康氏は山寺研究の現状を説く中で，「「いかなる仏が祀られ，それを本尊としていかなる法会が修されて，地域の人々とどのような信仰的関わりを結んでいたのか」という本質的問題を射程に置いた研究がきわめて少ないというのが現状」（久保2016）と述べる。当然ながら仏教史学は研究史も研究内容も深淵であり，付け焼き刃的な筆者の理解は皮相的ですらないことは否めない。非常に耳が痛いながらも，傾聴し自戒すべき言葉であると思っている。

　また本書は〈景観〉論の名のつくとおり，筆者にとって専門外の歴史地理学分野に大きく踏み込んだ内容であるが，にもかかわらず，歴史地理学の方法論や研究史についても，見様見真似でおこなっているに過ぎず，とくに歴史地理学の研究者の方々には，謝して叱正を乞いたい。選地の元となる地勢・地理的区分に関しても，本書で扱った諸寺院跡についてはすべて直接現地を訪れ，視認してきているが，それは当然ながらあくまで現地形であり，地図的にも近代までしか遡り得ていない。むろん河川流路の大きな変更などはそれ以前のことでも反映してはいるが，本来的にはより当時に近い地理的データを復元し使用する必要がある。たとえば濃尾平野では，発掘調査成果等に基づき鬼頭剛氏が微地形分析を試みており，歴史地理学的にもより古い段階の史資料からの地形分析は多いと思われるが，いずれも活かすことは果たせなかった。

　各地域の状況を総合化し，総論的に議論を展開することは筆者の研究手法の特徴ではあるが，その地域の詳細な地形や遺跡分布等には十分に通じておらず，われながら隔靴掻痒の観は否めない。各地域の状況に精通した方々に，筆者の理解が不十分な部分をご批判，ご教示いただくことで，このような視点からの研究が進展していくことを希望するものである。

　出土瓦については筆者の専門分野であるが，その分布や先後関係を含む文様系譜の展開については，基本的に先学の研究を踏襲しており，こちらは現地形をすべて視認したこととは逆に，筆者による資料観察に基づいた再評価はあまりおこなっていない。むろんそれら諸先学の論を十分に咀嚼し，その優れた分析に基づく解釈を是としたうえでの踏襲ではあるが，瓦を研究する考古学者としては，原資料に完全に当たりきれていない点は反省すべき点である。

　本書の基本的な方法論である〈選地の類型化〉についても，本来的に多様な選地を類型化することが果たして可能なのか，方法論として正しいのかという点について，絶えず自問と試行錯誤を繰り返してきた。本書中でも示しているとおり，あるひとつの寺院が特定の選地区分に一対一対応するということはむしろ珍しく，複数の選地区分にまたがった傾向性を示すことのほうがむしろ多い。

筆者の設定した選地区分はあくまでおおまかな枠としてとらえ，解釈はできるだけ寺院ごとの状況に沿う形や，広域的な傾向としておこなっていくよう心掛けたが，方法論自体の検証と洗練化が，逆に今後の課題として炙り出されていると認識している。

このように多くの問題・課題を抱えてはいるものの，〈選地〉を主属性として寺院の造営背景を総合的に考究するというあらたな研究手法をとることで，あきらかにできた部分も多いと思われる。古代寺院研究のひとつの視角として，多くのご意見，ご教示を頂戴することができればと，心より願う次第である。

本書の各章の初出は以下のとおりである。なお，出版にあたっていずれも多少の加筆をおこなったり，また複数の論文や講演資料からの抜粋・組み直しをおこなったりしており，本書をもって筆者の現在の見解とする。

第1章　「選地からみた古代寺院の造営事情」『遠古登攀─遠山昭登君追悼考古学論集─』，2010年，「古代寺院の選地に関する考察─近江地域を題材として─」『考古学雑誌』95－4，2011年

第2章　「古代寺院の選地に関する考察─近江地域を題材として─」『考古学雑誌』95－4，2011年

第3章　「伊勢地域における古代寺院の選地」『名古屋大学文学部研究論集』173，2012年

第4章　「尾張地域における古代寺院の動向」『尾張・三河の古墳と古代社会』2012年

第5章　書き下ろし

第6章　東播地域：「加古川流域における古代寺院の動向」『法道仙人伝承と古代・中世の播磨』大手前大学史学研究所，2012年，西播地域：書き下ろし

第7章　備前・備中東半：「選地からみた古代寺院の造営事情」『遠古登攀─遠山昭登君追悼考古学論集─』2010年，備中西半：書き下ろし

第8章　「讃岐地域における寺院選地」『名古屋大学文学部研究論集』185，2016年

第9章　「九州北部地域における古代寺院の展開」『九州考古学』89，2014年

第10章　「7～8世紀における地方寺院の展開過程～選地傾向を中心として～」仏教史学会2014年3月例会報告資料，2014年，「西三河の古代寺院─その展開と造寺戦略─」安城市歴史博物館講演資料，2014年，「浜松の古代寺院と瓦」浜松市教育委員会講演資料，2016年，Yoshimitsu Kajiwara, "Ancient Temples in Japan: Construction Background", International conference: The Future of collaboration between Universitas Negeri Surabaya and Research Center for Cultural Heritage and Texts of Nagoya University, 2017 の講演内容を纏めて書き下ろし

本書については，文部科学省科学研究費基盤研究（C）「播磨における古代・中世寺院の造営背景と地域伝承についての考古学・歴史学的研究」（2010～12年度，研究分担者），文部科学省科学研究費若手研究（B）「国分寺・国分尼寺および国府・駅家等出土瓦に関する総合的研究」（2013～16年度，研究代表者），文部科学省科学研究費基盤研究（B）「古代における谷底平野および周辺丘陵部

の開発と宗教施設の展開に関する研究」（2017〜21年度〈予定〉，研究代表者），市原国際奨学財団2010年度研究助成「古代寺院の選地からみた日本古代の仏教思想・仏教政策に関する認知考古学的研究」，大幸財団2012年度人文科学系学術研究助成「日本古代の仏教思想・制度に関する考古学的研究」，三菱財団2012年度人文科学研究助成「法華寺および国分尼寺に関する学際的研究」（研究代表者）の研究成果の一部である。

　本書の執筆にあたっては，多くの方々にお世話になり，また学問的刺激をうけたが，とくに下記の方々には，筆者の研究について報告の機会をいただくなどご厚誼を頂戴し，また個人的に有益なご教示を賜った。また筆者が奉職する名古屋大学大学院文学研究科考古学研究室の学生・院生には，講義その他を通して，本書の内容について多くの指摘をいただいた。末尾ながら心より御礼申し上げたい。

　上原真人・魚津知克・久保智康・鈴木一有・辻田淳一郎・中井淳史・永井邦仁・野澤暁子・菱田哲郎・古尾谷知浩・三舟隆之・桃崎祐輔・吉田一彦（五十音順・敬称略）

　本書の出版にあたっては，吉川弘文館の石津輝真氏・並木隆氏，歴史の森の関昌弘氏にさまざまな面でお世話になった。感謝の意を表したい。

　最後に私事ではあるが，筆者が幼少の頃より考古学の道へと誘ってくれ，いまでもよき相談相手である父に，心より感謝申し上げたい。

　　2017年8月

梶　原　義　実

索　　　引

I　寺院・瓦出土遺跡

あ 行

相原廃寺	163,165,166
赤井手遺跡	174,178
明科廃寺	72
英賀廃寺	137,140
飛鳥寺	1,184
畦町遺跡	168
安土廃寺	24
穴太廃寺	19,20,38,137,140,182,183
網浜廃寺	126,130
安養院跡	46,54,57
安養寺廃寺	24,40
安楽寺	175
斑鳩寺	1
石井廃寺	143,146,153〜155
石居廃寺	23,26,38
石塔寺	27
石守廃寺	98,102,108,110,111
井尻廃寺	173,174,177
伊勢国分寺・国分尼寺	44,46,55
伊勢寺廃寺	50,56
磯廃寺	30,39
一志廃寺	49,50,55
市之郷廃寺	112,118,119
員弁廃寺	44,54,55
猪子廃寺	27
茨城廃寺	191
伊保白鳳寺	203
今富廃寺	89,92〜94
今西古瓦出土地	31
岩熊廃寺	91,92,94
上野廃寺	50,55
内橋遺跡	168,179
占見廃寺	136,140
嬉野廃寺	49,50,55
榎木百坊廃寺	30
逢鹿瀬廃寺	51,56,150,187,188
小江寺遺跡	30
大井谷II遺跡	187
大鹿廃寺	44,45,54

大崎廃寺	131,137,184,185,189
大椎廃寺	89
大角廃寺	48
大塚前廃寺	81,85,199
大津廃寺	20,38,184
大供廃寺	31,39
大東廃寺	30
大町廃寺	36
大山廃寺	64,71,198
岡田廃寺	136,140
小神廃寺	108,116〜118
小川廃寺(近江)	27,137,140
小川廃寺(上総)	91,93
奥村廃寺	117,118,120
奥山廃寺	71
小倉池廃寺	163,166
小幡西新廃寺	64,70,72,74
小幡花の木廃寺(大永寺)	65,70,73,74
尾張元興寺	65,69〜74,83,183〜185
尾張国分寺・国分尼寺	61,65,73
音楽寺	59,69,71
園城寺	19

か 行

海会寺	184
垣籠廃寺	30,39
海道田遺跡	66,71
開法寺跡	143,147,156
香登廃寺	128,130
柿梨堂廃寺	134
笠寺廃寺	23,38
上総大寺廃寺	90〜93
上総国分寺・国分尼寺	89
勝川廃寺	64,71,191
勝部廃寺	61,68
勝賀廃寺	147,153〜155
綺田廃寺	27,38
竈門山寺	175
上桑野遺跡	165
上坂廃寺	159,164,166〜168
上白水廃寺	174,175,178

上高岡廃寺	146,154,155
蒲生堂廃寺	27
鴨廃寺	147,156
栢寺廃寺	131,140,189,193
駕輿丁遺跡	170,172,178
唐川廃寺	31
軽野塔ノ塚廃寺	28,38
河合廃寺	97,99,101,108～111
川井薬師堂廃寺	60,71
川入遺跡	131,137
川原寺	184
願興寺跡	144,146,153,155
観世音寺	174
観音寺廃寺	64,71
神戸廃寺	61,68,71
紀伊廃寺	153
木内廃寺	82～84,86,94
木下別所廃寺	81,83,84,86,94,95
菊間廃寺	88
来住廃寺	183
北浦廃寺	168～170
北小山廃寺	41,53～55
喜田・清水遺跡	102,108,110
北野廃寺(三河)	13,183,185,200,203
北野廃寺(山背)	131,137,184
北村廃寺	24
木流廃寺	27,28,38
衣川廃寺	19,20,36,38,137,140,182,183
吉備池廃寺(百済大寺)	41,184
木船廃寺	192
木山廃寺	161,164～166
旧明仙寺跡	101
櫛田廃寺	118,119
九十九坊廃寺	90～92,94
下り松廃寺	143,153～155
九反田遺跡	192
熊山遺跡	128
倉橋部廃寺	26,38
栗栖廃寺	117～119
来美廃寺	187
黒岩廃寺	60,68,71
黒本廃寺	128,129
下司廃寺	146,155,156
毛原廃寺	198
小犬丸中谷廃寺	117,118,121
弘安寺跡	118,151,153～155
甲賀寺	21,24,40
光善寺廃寺	88,92～94
広渡廃寺	97,99,108,111,121
香山廃寺	117,119
広隆寺	134,137

虚空蔵寺	15,164～166
国昌寺	20,38,40
極楽寺(尾張)	65,69
極楽寺跡(讃岐)	143,146,154,156
小倉城下屋敷跡	168
越部廃寺	117～119
居都廃寺	126,129,130
小谷遺跡	90,93
小平井廃寺	23
狛坂寺	23,198
高麗寺	74,188
小八木廃寺	28
金剛山廃寺	115,116,118,119
金堂廃寺	27,28,38

さ 行

西条廃寺	98,102,108,110,111,112
坂田廃寺	147,153,155,156
讃岐国分寺・国分尼寺	148,150
三大寺廃寺	30,39
山田寺(美濃)	61
始覚寺跡	146,150,153～155
四神田廃寺	51
四天王寺(摂津)	3,111,184
四天王寺廃寺(伊勢)	46,54,55
品野西遺跡	65
篠田廃寺	61
渋見廃寺	46,55
下総国分寺・国分尼寺	75,80
下太田廃寺	108,116,118,119
下岡部廃寺	27
甚目寺遺跡	61,68,71～73
下野薬師寺	118
下鈎東遺跡	23
宿寺山遺跡	131,137,140
寿楽寺廃寺	73
賞田廃寺	123,126,127,129,130
城の原遺跡	172,178
浄法寺廃寺	191
寺領廃寺	200
白鳥廃寺	143,153～156
真行寺廃寺	90～93
神興廃寺	170,172,178
新宿廃寺	117
新庄馬場廃寺	30
真福寺東谷遺跡	198
新部大寺廃寺	99,101,108,110,111
神力寺跡	128～130
吸谷廃寺	97,102,103,108,110,118
崇福寺	14,19,27,38,39,184,197
須恵廃寺	127,129

220 索　引

末松廃寺………………………44,187	手原廃寺…………………………23
杉塚廃寺……………………………175	寺戸廃寺……………………136,140
須玖岡本遺跡………………174,178	寺野廃寺……………………………61
砂山廃寺……………………………61	寺部遺跡…………………………201
清林寺跡…………………………61,71	寺町廃寺……………………131,189
関戸廃寺……………………136,140	天華寺廃寺………………………49,55
膳所廃寺……………………………20	天台寺……………………162,165,175
瀬田廃寺……………………23,38,40	天王廃寺…………………………46,54
千僧供廃寺………………………25,38	伝法寺廃寺………………60,71,73
善通寺跡………143,150,151,156	道音寺跡……………………151,156
千本屋廃寺…………………117,119	東光寺跡……………………………23
宗玄坊廃寺………………………61,71	塔ノ熊廃寺………………95,163,165
惣爪廃寺……………………………134	塔ノ元遺跡………………………200
	塔原廃寺……………………………175
た　行	東流廃寺…………………………59,71
	トドメキ遺跡…………65,70,71,74
大興寺跡………………152,153,156	殿原廃寺…………97,102,108,112
醍醐寺跡……………………148,156	富原北廃寺………………128〜130
太寺廃寺………98,108,111,112,121	
大分廃寺……………………175,177	**な　行**
大宝院廃寺………………………192	
大宝寺………………………………31,39	縄生廃寺………………44,51,54,55
台渡里廃寺………………………193	中井廃寺……………………117,118
高井田廃寺………………9,13,20	長尾廃寺……………………116〜119
貴田寺廃寺………………………50,55	中垣内廃寺…………………………117
高寺廃寺……………………………49	長熊廃寺………………………81,85,94
多哥寺廃寺…………102,108〜111	中島廃寺………………61,71,73,74
高野廃寺……………146,153〜155	中谷遺跡………………………49,55,56
高畑廃寺……………………174,178	中西廃寺………98,108,110,111,112
高宮廃寺(河内)……………………4	永原廃寺……………………………24
高宮廃寺(近江)……………………28	仲村廃寺……………………151,156
高屋廃寺……………………153,156	流山廃寺………………………75,85,86
竹ヶ鼻廃寺………………………28,38	名木廃寺……………………………82〜84
武士廃寺………………………88,92,93	鳴海廃寺………65,68,70,73,74
多古台遺跡………………………82,85	名和廃寺………65,70,73,74
多々良込田遺跡…………168〜170,179	新治廃寺……………………83,191
多度神宮寺………………………41,55	丹生寺廃寺………………………50
田村神宮寺………………………147	西大高廃寺………65,70,71,74
田村廃寺……………………151,156	西ヶ谷廃寺………………………44,55
垂水廃寺…………162,165〜167,177	西方廃寺………………………41,54,55
筑前国分寺・国分尼寺……………175	額田廃寺………41,44,55,184
智積廃寺………………………44,54,55	野口廃寺…………98,108,110,112
千葉寺廃寺………………………82,83	野条廃寺…………102,108,110,112
長安寺廃寺………………………175	野中垣内廃寺………44,51,56,57
長光寺………………………………24,38	野々目廃寺………………………28
長福寺廃寺………60,68,71,73	野村廃寺……………………103,110
長楽寺廃寺…………146,153,154	
築地台遺跡………………………82,84	**は　行**
津里廃寺……………………………30,31	
辻井廃寺…………108,112,118,119	掎鹿廃寺…………102,108,110
津寺遺跡……………………131,137	畑田廃寺……………………………28,38
椿市廃寺…………159,166,168,197	幡多廃寺……………126,129,130
	八太廃寺………………………49,55

秦原廃寺	134,136,137,140,183,189,205	丸山廃寺	200
八高廃寺	136	満願寺廃寺	30
服部廃寺	127,129	三河国分寺・国分尼寺	9,13
花摘寺廃寺	10,13,21,23,38	三須廃寺	133,140
華寺廃寺	31	溝口廃寺	97,110,112,118,119,197
埴谷横宿廃寺	91,92,94	御土井廃寺	60,71
浜口廃寺	168,169,172	御堂寺	82
早瀬廃寺	117,119	南小山廃寺	41,44,54,55
播磨国分寺・国分尼寺	112,118	南滋賀廃寺	19〜21,27,30,38〜40,184
繁昌廃寺	97,102,103,108,109	南法華寺	164
般若寺	175	見野廃寺	112,119
比恵・那珂遺跡群	137,172,175,177,178,183	宮井廃寺	26,27,38
日置前廃寺	36,39	三宅廃寺(尾張)	61,71
東畑廃寺	61,68,71,73	三宅廃寺(但馬)	153
備前国分寺・国分尼寺	123,128,130	三宅廃寺(筑前)	173,177
比蘇寺	8	妙音寺跡	151,156
ヒタキ廃寺	50,56,57	妙園寺廃寺	28
備中国分寺・国分尼寺	131,140	妙興寺跡	61,73
日畑廃寺	133,134,136,140	御麻生薗廃寺	50,57
姫　寺	61,71	弥勒寺(豊前)	165
兵主廃寺	24,38	弥勒寺廃寺(尾張)	64,71,73
福林寺跡	24,38	弥勒寺廃寺(美濃)	191
普光寺跡	27	目加田廃寺	28
藤野廃寺	128	本薬師寺	120
豊前国分寺・国分尼寺	162,166,168	百相廃寺	147,154,155
淵高廃寺	61,73	諸桑廃寺	61,71
二日市場廃寺	89,92,94	門前池遺跡	128,129
船木廃寺	24,38		
船戸廃寺	80,85,86	**や　行**	
古観音廃寺	65,69,73		
豊後国分寺・国分尼寺	170	薬師堂跡	61,68
別郷廃寺	200	八坂廃寺	103,110
法海寺	66,71,73	小食土廃寺	90,93
法勲寺跡	150,157,187	八島廃寺	30
宝光寺跡	10,21	益須寺	24,38
宝寿寺跡	143,146,153〜155	箭田廃寺	136,137
宝幢寺跡	151,156	屋中寺	27,38
法堂寺廃寺	27,38	野中寺	184,188,205
奉免上原台遺跡	88,92〜94	八夫廃寺	24
法隆寺	3	山下廃寺	146,153〜156
法立廃寺	61,71	山角廃寺	98,111
菩提廃寺	159,166	山田寺(大和)	1,184
法鏡寺	163〜167,179	山田廃寺(上総)	91,93
法性寺跡	61,68,71,73	結城廃寺	83,85,86
法勝寺廃寺	30	雪野寺	7〜9,14,24,27,30,37,38
		湯坂廃寺	91,92,94
ま　行		与井廃寺	118
		八日市場大寺廃寺	82〜84,86,94
舞木廃寺	95,200,203	吉井廃寺	126,127,130
曲遺跡	50,56,57	吉岡廃寺	126,127,129
松尾寺廃寺	31		
真里谷廃寺	91		

222　索　引

ら　行

龍角寺‥‥‥‥‥75,81〜83,85,86,92,94,95,184,185,193
龍正院廃寺‥‥‥‥‥‥‥‥‥‥‥‥‥‥82〜84,86,94

わ　行

和気廃寺‥‥‥‥‥‥‥‥‥‥‥‥‥‥‥‥‥‥‥‥128
藁園廃寺‥‥‥‥‥‥‥‥‥‥‥‥‥‥‥‥‥‥‥31,39

Ⅱ　瓦　関　係

あ　行

飛鳥寺式‥‥‥‥‥‥‥‥‥‥‥‥‥‥19,71,119
石川寺式‥‥‥‥‥‥‥‥‥‥‥‥‥‥‥‥‥143
奥山廃寺式‥‥‥‥‥‥‥‥‥‥131,136,137,184

か　行

花雲文‥‥‥‥‥‥‥‥‥‥‥‥‥‥‥‥‥‥50
軽寺式‥‥‥‥‥‥‥‥‥‥‥‥‥‥‥‥‥‥71
川原寺式‥‥‥‥19,26〜28,36,38,41,44,49,50,71,90,91,
　　108,110,118,127,136,143,144,146,147,150,151,
　　153〜156,164,165,168,174,184,188,198,203
北野廃寺(三河)式‥‥‥‥‥‥‥‥10,11,73,198,200,203
紀寺式‥‥‥‥‥‥‥‥‥‥‥24,27,49,89,91,92
百済系‥‥‥‥146,159,161〜163,165,173〜175,177,179
高句麗系‥‥‥‥‥‥‥147,151,153,156,165,200
興福寺式‥‥‥‥‥‥‥‥‥‥‥‥‥‥‥108,118
鴻臚館式‥‥‥‥‥161,164,165,168,169,172,175,206
国府系(国衙系)‥‥‥23,31,37〜39,43,55,56,97,98,111,
　　112,118,120,130,131,198,199
国分(尼)寺式・系‥‥39,41,44,50,51,55,56,61,70,73〜
　　75,80〜83,85,86,88〜91,93,94,108,136,141,147,
　　155,157,170,199
古新羅系‥‥‥‥‥‥‥‥‥‥‥‥‥‥‥‥128
湖東式‥‥‥‥‥‥‥‥‥15,26〜28,31,38,71,188

さ　行

西隆寺式‥‥‥‥‥‥‥‥‥‥‥‥‥‥‥50,57
坂田寺式‥‥‥‥‥‥‥‥‥‥‥‥‥‥‥‥71
側視蓮華文‥‥‥‥‥‥‥‥‥‥‥‥‥‥19,82

た　行

大安寺式‥‥‥‥‥‥‥‥‥‥‥‥‥‥‥‥72
大官大寺式‥‥‥‥‥‥‥‥‥‥‥‥‥‥‥46
縦置型一本作り‥‥‥‥‥‥‥19,21,127,153
竹状模骨丸瓦‥‥‥‥‥‥‥159,161〜164,174
朝鮮半島系‥‥‥‥‥‥‥‥‥‥‥‥‥‥‥44
天華寺式‥‥‥‥‥‥‥‥‥‥43,44,49〜51,56
統一新羅系‥‥‥‥‥‥75,136,159,162〜165,175
東大寺式‥‥‥‥‥‥‥‥‥‥‥‥‥‥‥150
凸面布目平瓦‥‥‥‥‥‥‥‥‥‥‥‥‥‥50
凸面布目丸瓦‥‥‥‥‥‥‥‥‥‥‥‥‥‥39

都府楼式鬼瓦‥‥‥‥‥‥‥‥‥‥‥164,165,174

な　行

難波宮式(重圏文・重廓文)‥‥‥48,49,57,88〜91,93,108,
　　111
忍冬蓮華文‥‥‥‥‥‥‥‥‥‥‥‥‥‥108

は　行

嵌め込み技法‥‥‥‥‥‥‥‥‥‥‥‥21,46
飛雲文‥‥‥‥‥‥‥‥‥‥23,31,36,38,44,55
備中式‥‥‥‥‥‥‥131,133〜137,147,189
複線鋸歯文‥‥‥‥‥‥‥‥49,50,56,88,91,148
輻線文縁・輻線珠文縁‥‥‥‥‥‥‥‥27,99,108
複々弁蓮華文‥‥‥‥‥‥‥‥‥‥‥‥‥82
藤原宮式‥‥‥‥49,51,64,71,143,144,146,147,148,151,
　　153〜156
葡萄唐草文‥‥‥‥‥‥‥‥‥‥‥‥‥36,198
船橋廃寺式‥‥‥‥‥‥‥‥‥‥‥‥‥132,137
平安京系‥‥‥‥‥‥‥‥‥‥‥‥‥‥‥‥38
平城宮・京系‥‥‥‥27,28,37,50,70,89,93,95,111,118,
　　126〜128,130,131,134,136,141,143,151,156,159,
　　197
方形平瓦‥‥‥‥‥‥‥‥‥‥‥‥‥‥21,30
宝相華文‥‥‥‥‥‥‥‥‥‥‥‥‥‥72,75,82
法隆寺式‥‥‥‥72,108,110,118,151,156,159,161,164,165,
　　168

ま　行

水切り瓦(寺町廃寺式)‥‥‥‥‥‥‥‥131,189

や　行

山田寺式‥‥28,41,44,46,49,71,72,75,81〜83,85,89,91,
　　92,94,95,136,151,184
有稜素弁蓮華文‥‥‥‥‥‥‥19,71,127,131,200
横置型一本作り‥‥‥‥‥‥‥‥‥44,51,64,198

ら　行

蓮華文帯鴟尾‥‥‥‥‥‥‥‥‥‥112,118,120
簾状重弧文‥‥‥‥‥‥‥‥‥‥‥‥‥65,72
老司式‥‥‥‥‥‥159,161,162,168,172〜175,206

Ⅲ 研 究 者 名

あ 行

足利健亮……………………………………123,131
網伸也……………………………………3,4,7〜9,197
今里幾次……………………………98,102,109,120
上杉和央…………………………………………4
上原真人…………3,8,74,183,185,188,189,198,199
大橋泰夫…………………………………………206
大脇潔……………………………………………120
小笠原好彦…………………………………40,74
岡本東三…………………………………………75,94
小田富士雄………………………………159,165,180

か 行

梶山勝……………………………………………73
鎌田元一…………………………………………189
上川通夫……………………………………18,198
亀田修一………………………………123,159,165,179
岸俊男……………………………………………184
木下良……………………………………………123
草原孝典…………………………………………141
久保智康…………………………………2,8,15,187,198

さ 行

志賀崇……………………………………183,184
菅 豊……………………………………………204
須田勉……………………………………2,4,17,18,194
妹尾周三……………………………………189,205
関野貞……………………………………………3
薗田香融……………………………8,97,108〜110,205

た 行

高橋美久仁………………………………………123
竹内亮…………………………182,185,188,189,205
舘野和己…………………………………………180
田村圓澄…………………………………………205,206
出宮徳尚…………………………………………123

時枝務……………………………………………206

な 行

直木孝次郎………………………………………18
永井邦仁……………………………………200,203
中井真孝………………………………181,204,205
長岡龍作………………………………8,15,205,206
中村太一…………………………………………123
中村英重…………………………………………185
西垣彰博…………………………………………179
野澤暁子…………………………………………204

は 行

畑中英二…………………………………………40
八賀晋……………………………………………187
花谷浩……………………………………………204
原島礼二…………………………………………180
菱田哲郎…4,38,74,98,108〜110,112,120,121,157,188,
　　194,199,203,206
櫃本誠一…………………………………………74
穂積裕昌……………………………………46,56
本郷真紹…………………………181,182,184,205

ま 行

間壁葭子……………………………………2,15,186
松下正司…………………………………………205
湊哲夫……………………………………………123
三舟隆之……………………2,181,182,184,205
宮瀧交二…………………………………………18
桃崎祐輔……………………………………178,180
森郁夫……………………………………1,184,199

や 行

山路直充……………………3,4,75,94,95,193,199
山中敏史………112,181〜183,191,193,196,203,205
吉田一彦…………………………………………18

Ⅳ　その他用語

あ 行

一郡一寺…41,44,51,83,131,140,157,169,178,179,182,
　　191,193,206

か 行

伽藍地……………………………………………3
川合の地………………………………68,147,156

勧進僧‥‥‥‥‥‥‥‥‥‥‥‥‥‥‥‥‥‥94,156
神奈備‥‥‥‥‥‥‥‥37,129,150,157,187,198
拠点寺院‥‥‥‥‥‥‥‥‥‥‥‥‥‥‥‥‥57,72
郡寺・郡名寺院‥‥‥‥‥‥11,131,181,182,191
国府寺‥‥‥‥‥‥‥‥‥‥‥‥‥‥‥‥‥‥‥131

さ　行

寺院地‥‥‥‥‥‥‥‥‥‥‥‥‥‥‥‥‥‥‥‥3
寺院併合令‥‥‥‥‥‥2,37,40,73,182,194,197,198

式内社‥‥‥‥‥‥‥‥‥‥‥‥‥‥‥‥‥‥‥‥37
定額寺‥‥‥‥‥‥‥‥‥‥‥‥38,65,73,131,199
神宮寺‥‥‥‥‥41,51,55,56,147,150,165,175,187,188

は　行

付属院地‥‥‥‥‥‥‥‥‥‥‥‥‥‥‥‥‥‥‥9

ま　行

屯　倉‥‥‥‥‥‥‥‥111,172,173,176〜180,183,184,187

著者略歴

1974年　滋賀県に生まれる
2001年　京都大学大学院文学研究科博士後期課程中退
2010年　博士（文学）　京都大学
現在　　名古屋大学大学院人文学研究科准教授
〔主要著書・論文〕
『国分寺瓦の研究―考古学からみた律令期生産組織の地方的展開―』
（名古屋大学出版会，2010年）
「古代寺院の選地に関する考察―近江地域を題材として―」（『考古
学雑誌』95-4，2011年）
「国分寺の諸段階―造瓦組織からの考察―」（『日本史研究』583，
2011年）

古代地方寺院の造営と景観

2017年（平成29）11月1日　第1刷発行

著　者　　梶
　　　　　かじ
　　　　　原
　　　　　わら
　　　　　義
　　　　　よし
　　　　　実
　　　　　みつ

発行者　　吉　川　道　郎

発行所　株式
　　　　会社　吉川弘文館
〒113-0033 東京都文京区本郷7丁目2番8号
電話 03-3813-9151〈代〉
振替口座 00100-5-244
http://www.yoshikawa-k.co.jp/

印刷＝藤原印刷株式会社
製本＝誠製本株式会社
装幀＝古川文夫

© Yoshimitsu Kajiwara 2017. Printed in Japan
ISBN978-4-642-04638-1

JCOPY 〈（社）出版者著作権管理機構 委託出版物〉
本書の無断複写は著作権法上での例外を除き禁じられています．複写される
場合は，そのつど事前に，（社）出版者著作権管理機構（電話 03-3513-6969，
FAX 03-3513-6979，e-mail: info@jcopy.or.jp）の許諾を得てください．